KB145798

시네마-테크-아트: 기술과 영화예술의 확장

이선주(李宣珠, Lee Sun Joo)

중앙대 첨단영상대학원에서 '열정과 불안: 1960년대 한국영화의 모더니즘과 모더니티 (2012)'로 박사학위를 받았고, 2016년부터 한양대 현대영화연구소 연구교수로 일하고 있다. 주요 연구분야로 미디어 미학, 기술과 관람성, 영화비평사, 시네필리아 등이 있고, 이와 관련해 다수의 논문을 발표해 왔다. 『현대영화연구』 편집위원으로 활동 중이고, 현재 해방 후 한국영화비평사에 관한 책을 준비중이다.

시네마-테크노-아트: 기술과 영화예술의 확장

초판 인쇄 2021년 12월 10일
초판 2쇄 발행 2022년 10월 31일

저 자 이선주
펴낸이 박찬익
편 집 정봉선
펴낸곳 ㈜**박이정** | **주소** 경기도 하남시 조정대로45 미사센텀비즈 F749호
전 화 031) 792-1195
홈페이지 www.pjbook.com | **이메일** pijbook@naver.com
등 록 2014년 8월 22일 제2020-000029호

ISBN 979-11-5848-327-2 (93680)

* 책값은 뒤표지에 있습니다.

이 책은 2019년 대한민국 교육부와 한국연구재단의 지원을 받아 수행된 연구임 (2019S1A5B8099559)

시네마-테크-아트
Cinema-Tech-Art

기술과 영화예술의 확장
Technology and the Expansion of Cinematic Art

이 선 주 지음

(주)박이정

영화는 카메라, 필름, 에디슨의 키네토스코프(Kinetoscope), 뤼미에르 형제의 시네마토그래프(Cinématographe) 등 19세기 기술 발전의 결실과 경쟁 속에서 태어났지만, 영화연구에서 테크놀로지는 시각효과, 색채 및 사운드를 중심으로한 기술 진화의 역사라는 관점, 문화산업의 토대라는 관점, 또는 이데올로기적 효과를 구성하는 장치라는 관점 등을 통해 주로 분과 학문적으로 연구되었다. 이와 같은 경향들 속에서 테크놀로지는 종종 숭배 혹은 경시라는 이분법으로 다루어져 왔다. 『시네마-테크-아트: 기술과 영화예술의 확장』은 도구나 산업으로서의 영화 테크놀로지에 대한 이해에 머무르지 않고, '매체'로서의 테크놀로지가 영화예술의 역사와 개념을 정립하고 동시대의 급변하는 영화의 경계와 역량을 재정립하는데 중요하다는 점을 주장한다. 20세기 후반부터 부상하여 21세기 초에 발전해 온 디지털 테크놀로지는 영화산업을 넘어 영화언어(미학), 영화수용 문화를 포괄하는 전통적인 '영화'의 관념 및 정체성에 광범위하고도 심원한 영향을 미쳐 왔다. 코로나 팬데믹 이후 동시대 영화제작 환경과 영화작품의 대상, 관객의 영화 선택 및 향유 방식이 넷플릭스를 비롯한 OTT 플랫폼을 중심으로 재편되고 있듯 디지털 시대의 영화는 새로운 플랫폼과 인터페이스를 경유하는 가운데 끊임없이 변형되고 재정의되며 영화학의 지평을 확장해가고 있다. 하지만 영화와 인접 예술·학문의 경계, 영화사와 영화이론의 경계, 영화기술과 영화미학의 경계는 여전히 공고하다. 이에 따라 기술을 중심으로 예술, 문화의 경계를 가로지르며 영화의 영역을 확장시키는 학제간 연구의 생산적인 방법론은 충분히 시도되지 못했다.

이러한 문제의식에 따라 이 책은 초기 영화부터 아날로그 영화시기와 디지털로의 이행기를 거쳐 디지털화 이후 '표준적인 영화'의 경계를 넘어 미적 대상과 경험, 세계상에 대한 새로운 성찰을 통해 영화의 역사와 현재를 지속적으로 재창안한 일련의 실천들을 탐색한다. 이를 통해 영화연구가 독자적인 학문 분과로 자리하면서 제기했던 '영화란 무엇이고, 영화를 예술로 특징짓는 요소가 무엇인가'에 대한 매체특정성에 기반한 존재론적 탐구를 넘어, 영화예술과 기술의 다층적이고 역동적인 만남을 역사적, 이론적으로 재구성하는 '영화-기술-예술' 연구의 새로운 지평을 그리는 것이 이 책이 지향하는 목표다. 보다 구체적으로 이 책의 연구 대상은 필름으로서의 영화에서 VHS와 DVD를 넘어 디지털 비디오, 디지털 시각효과, 영상 설치작품, 스트리밍 플랫폼, 유튜브 등 다양한 포맷과 기법, 플랫폼을 포함하는 '뉴미디어 시대의 무빙 이미지'라는 범주를 포괄한다. 이는 영화라는 미디어가 태생적으로 품고 있는 산업이자 예술이라는 모순, 독자적으로 생존할 수 없는 기술적 특성들과 혼종성에 대한 다면적인 성찰을 지향한다. 이를 통해 이 책은 영화 미디어가 다양한 기술들, 주변 예술 및 담론과 접속해 왔음을 드러내고, 아날로그 영화와 동시대 디지털 시각문화가 어떻게 변증법적으로 연관되는가를 역사적으로 고찰하는 새로운 패러다임을 제안하고자 한다.

영화를 중심으로 기술과 예술이 협상해 온 다양한 방식들을 탐구하는 이 책은 총 3부로 구성되어 있다. 1부에서는 '영화'라는 매체에 대한 코페르니쿠스적 전환이 이루어진 '비디오의 등장' 이후를 다룬다. 1장에서는 필름과 비디오의 변증법으로서의 아날로그 비디오 테크놀로지가 영화의 내러티브 및 몽타주, 시간성, 공간성, 관람성에 미친 영향을 자기반영적 영화제작의 두 대가인 장-뤽 고다르와 미카엘 하네케를 통해 살펴본다. 필름과 디지털의 상호작용이라는 매체 성찰의 주제는 2010년대 이후 좀 더 상업적인 할리우드 주류 영화들에서도 주목할 만한 경향을 이루는데, 2장에서는 디지털 시각효과를 활용한 포스트-

시네마 시대의 '노스탤지어 영화'를 통해 과거와 현재의 생산적인 대화 가능성을 가늠해 본다. 한편 디지털 기술의 역량을 활용해 온 21세기의 가장 선도적인 감독들이 실천해 온 '디지털 슬로우 시네마'는 다큐멘터리와 픽션 또는 리얼리즘과 형식주의의 경계를 무화시키며 영화예술의 가능한 어떤 미래를 전망하게 하는 차원에서 1부 마지막 장에서 논의된다. 그러나 이 책을 관통하는 중요한 관점은 아날로그와 디지털을 단절적 역사의 관점으로 다루거나, 영화사를 기술 발전의 진화론적 관점에서 바라보지 않는다는 점이다. 포스트-시네마를 필름 영화와 디지털 영화의 공존 및 이들 간의 다양한 대화의 가능성이라는 관점에서 사유한다는 점이 이 책 전체, 특히 1부에서 강조된다.

2부는 여성 감독과 '기술적 작가성'이라는 주제로 묶었는데 개인적으로는 공부하는 과정에서 가장 즐거웠던 연구들이다. 우선 영화역사에서 주로 남성 감독들 중심으로 논의되어 왔던 기술이 초기영화 시기 뤼미에르 형제나 멜리에스 못지않게 알리스 기에 의해 선구되었다는 점에 주목하면서, 기의 놀라운 기술적 실험과 도전들(시각적 스타일과 동시사운드 등)을 다루었다. 당연시 여겨지던 뤼미에르, 멜리에스 중심의 초기영화사에 대한 이분법적 이해를 문제시하면서, 영화기술의 선형적 진보에 질문을 제기하는 것은 설레는 도전이었다. 이에 초기영화라는 특수한 맥락에서 영화제작 전반은 물론 영화 테크놀로지의 기법적, 미학적 차원들에도 직접 개입해 자신의 서명을 남긴 알리스 기의 작가성을 '기술적 작가성'으로 명명했다. 한편 다른 매체들과 경합하며 '기술'로 출발해 '예술'로서의 가능성을 입증해야 했던 초기영화 시기와는 다른 방식이지만, 제작, 배급, 상영이 모두 디지털화된 포스트-시네마 시대에 누벨바그 시기부터 영화를 만들어온 아녜스 바르다의 21세기 디지털 기술 전유 및 영화-쓰기(씨네크리튀르)의 확장을 탐구하는 것은 '영화란 무엇인가'라는 매체 특정성에 기반한 전통적 질문을 넘어 영화가 얼마나 인접예술들과 협동하며 경계를 확장해온 상호미디어적 매체인가를 확인하는 과정에 다름 아니었다. 이에 디지털 카메라와 비디오 영사를 자신의 영화를 갱신하는 동시에 영화관의 경계를 넘어서기 위해 활용했던 동시대 아녜스 바르다에 대한 질문으로 '기술적 작가성' 개념을 연장해 살펴보았다. 주류 영화에서 디지털 기술이 블록버스터의 스펙터클이나 하이퍼리얼리티, 가상현실에서 관객의 몰입적 지각과 관련된 이슈를 제기한다면, 바르다의 21세기 영화에서 디지털 사용은 재활용이나 저예산, 피사체에의 접근성이나 관찰의 지속이라는 화두와 함께, 현상학적이고 페미니스트적 실천을 통해 영화와 미술, 사진 등의 경계를 '유연하게' 넘나들며 디지털 테크놀로지의 가능성을 유물론적으로 탐구한다. 영화 제작과 유통 및 개봉 방식의 다양화로 과거에 비해 여성들의 영화 제작이 활발해지고 여성 관객성이 더욱 주목되고 있으며 대학원에서도 여성 영화 연구에 관심을 가진 학생들이 증가하고 있는 시기에, 두 감독에 대한 접근 방식을 다양하게 하고 영화사를 새롭게 이해하는데 조금이나마 자극이 되었으면 한다.

3부 '21세기 새로운 내러티브의 모색'에서는 '내러티브' 매체로 간주되어온 영화가 디지털 테크놀로지로의 전환 이후 영화의 서사 및 영화형식, 나아가 관객의 위치 및 영화수용 문화에 미친 영향을 탐구한다. 이를 위해 1990년대 이후 동시대 할리우드와 예술영화가 실험하고 확장해 온 21세기 극영화의 '복잡성 내러티브'의 경향들을 살펴본 후, 현대 서사학의 어느 갈래에도 온전히 분류되지 않으며 끊임없는 자기-생성 과정을 통해 서사영화 안에서 탈주의 길을 만들어가고 있는 홍상수의 '도망치는 영화'를 '미니멀한 복잡성'이라는 대안적 내러티브의 관점에서 분석한다. 마지막 장에서는 온라인 집단지성에 의한 사용자의 콘텐츠 참여를 활용한 크라우드소스 다큐멘터리를 탐구함으로써 영화기술의 변화가 촉발하는 기존 스토리텔링을 넘어선 스토리텔링, 즉 포스트-스토리텔링의 어떤 경향을 살펴본다. 공모를 통해 시민들이 촬영 및 제공한 영상을 박찬욱, 박찬경이 선별하고 편집해 유튜브를 통해 상영한 〈고진감래〉는 내러티브의 새로움에 대한 질문을 넘어, 전통적인 다큐멘터리 영화의 제작, 미학, 작가성, 관람성 등 21세기 영화-기술-예술의 미래에 관한 흥미로운 문제들을 사유하게 한다.

앞서 요약적으로 제시한 전체적인 구성의 세부를 정리하면 다음과 같다.

1장은 지금은 쇠퇴하거나 죽은 미디어로 위상이 변동한 아날로그 비디오의 매체 특정성을 영화의 관람성 및 자기반영성과 관련하여 고찰한다. 아날로그 비디오를 구성하는 매체 특정성의 층위들이 전자 미디어로의 이행기에 영화의 내러티브 및 몽타주에 미친 영향을 미카엘 하네케와 장-뤽 고다르의 작품들에서 비디오가 자기반영적으로 다루어진 양상을 분석함으로써 살펴본다. 이를 통해 필자는 아날로그 비디오의 매체 특정성이 한편으로는 전자 미디어의 영향으로 변화하는 영화적 관람성을 반영하고, 다른 한편으로는 필름 기반의 영화 이미지를 시공간적으로 재배치하는 두 가지 영향을 발휘했다고 주장한다. 이러한 영향은 아날로그 비디오를 단지 소멸한 낡은 미디어가 아니라 필름 영화의 관람성 및 미학적 가치를 변형한 동시에 디지털/인터넷을 통한 무의식과 관람성의 일부를 예고한 미디어로 간주해야 함을 시사한다.

2장은 2010년대 이후 20세기 영화사의 미학적, 산업적 전통을 환기시키는 노스탤지어 영화들을 대표하는 마틴 스코시지의 〈휴고〉(2011)와 토드 헤인즈의 〈원더스트럭〉(2017)을 다룬다. 한편으로 이 영화들은 포스트-시네마 시대에 필름 시대의 영화가 소멸해 가는 현상에 대한 불안을 투사하면서 필름 시기 영화의 제작 과정과 미학을 상실한 대상으로서 회고적으로 예찬한다. 그럼에도 불구하고 이러한 영화를 포스트-시네마 시대를 가져온 일차적 동인인 디지털 테크놀로지에 대한 거부로 읽을 수는 없을 것이다. 오히려 이 영화에서 디지털 3D 촬영, 디지털 합성 및 색보정과 같은 디지털 영화 제작 기법은 초기영화와 테크니컬러 등 필름 시대의 영화적 아우라를 재창조하거나 강화하는데 사용된다. 이러한 사용 방식의 기술적, 미학적 층위를 분석함으로써 이 글은 포스트-

시네마 시대의 노스탤지어 영화에서 디지털이 아날로그와의 단절을 넘어 영화사에 대한 자기반영적 회고를 위해 생산적으로 융합할 수 있음을 주장한다.

3장은 2000년대 이후 디지털 슬로우 시네마의 관점에서 영화매체의 특성에 대한 존재론적 혹은 미학적 질문을 던지는 논의들을 발전시켜 영화의 리얼리즘과 지속의 미학을 탐구한다. 동시대 예술영화의 흐름에서 느림의 확산은 영화제작에서 디지털 기술이 등장한 것과 불가분의 관계에 있다. 디지털 기술은 시퀀스 샷 내에서 지속성을 위한 용량을 증가시킴을 넘어 동시대 영화에서 급진적으로 새로운 관찰적 실천의 양식을 발전시키는데 기여했다. 장시간의 기록과 이로 인한 피사체와의 밀착성 등으로 다큐멘터리와 픽션 또는 리얼리즘과 형식주의의 경계를 지우고 다시 그리는 '사이의 영화'들이 21세기 영화예술의 미래를 선도하고 있는 것이다. 이런 전제 하에 3장에서는 '느림'의 디지털 기술 역량으로 '완만한 삶의 지속'이라는 현실을 재규정한 페드로 코스타의 〈반다의 방〉(2000)과 지아 장커의 〈스틸 라이프〉(2006)를 분석함으로써 포스트 시네마 시대의 리얼리즘 미학을 재질문하고 영화의 본질을 고찰한다.

1896년 첫 극영화를 만든 최초의 여성감독 알리스 기는 영화역사에서 가장 오래된 영화사 중 하나인 고몽(Gaumont)을 탄생시킨 주역이었다. 고몽사의 총괄제작자로서 컬러 영화 기법의 일종인 수작업-착색 색채와 초기 사운드-이미지 동기화 시스템인 크로노폰(Chronophone)과 같은 새로운 영화기법을 실험했던 알리스 기는 뤼미에르 형제 및 멜리에스와 함께 초기영화 역사의 선구자였다. 그럼에도 불구하고 영화사는 기를 오랫동안 주변적으로 다루거나 뒤늦게 인정해 왔다. 4장은 초기영화라는 특수한 맥락에서 영화제작 전반은 물론 영화 테크놀로지의 기법적, 미학적 차원들에도 직접적으로 개입해 자신의 서명을 남긴 알리스 기의 작가성을 '기술적 작가성'으로 규정하고, 그녀가 고몽 시절(1896~1907) 만든 영화들에서의 시각적 스타일과 사운드 실험 등을 살펴봄으로써 이를 입증한다. 하지만 이 연구는 기를 '최초의 여성감독'으로서보다는 '최초의 개척자 감독'중 한 사람으로 인식하고, 그녀가 탐구하고 발견했던 기술적 특성들을 통해 초기영화의 역사를 맥락화한다. 또한 초기 컬러 영화와 사운드 영화를 조명함으로써 흑백에서 컬러로, 무성에서 유성으로의 변화라는 영화 기술 발전의 진화론적 관점에 문제제기를 한다.

5장은 소니 DV카메라의 활용과 함께 다큐멘터리와 설치미술에 몰두한 아녜스 바르다의 21세기 작업을 영화학(film studies)을 넘어선 영화미디어학 (cinema and media studies)의 관점에서 고찰하고자 한다. 장르와 매체, 형식의 경계를 가로지르며 영화미디어를 탐구해온 바르다에 대한 국내 연구의 주목은 '20세기 영화'에 머무른 경향이 있었다. 바르다는 영화언어를 향한 자신의 미학적 결정들의 집합을 가리키는 자기반영적 탐색에 대해 '씨네크리튀르 (cinécriture: 영화-쓰기)'라는 용어를 창안했고, 에세이 영화적 다큐멘터리나 공유와 참여를 중시하는 설치미술 작업에 몰두해온 2000년대 이후에는 이러한 성찰을 더욱 확장했다. 둘 이상의 서로 다른 미디어가 서로를 참조하며 상호작용하는 양상을 가리키는 개념인 '상호미디어성(intermediality)'은 자신의 영화 속에 회화와 사진 등 인접 예술의 관계를 반영하고 이러한 반영을 설치미술의 형식으로 확장한 바르다의 씨네크리튀르를 고찰하는데 유용하다. 바르다의 21세기 작품에서 디지털 기술은 그녀를 젊은 시각예술가의 열정으로 이끌었고, 관객의 경험과 공유가 더 중시된 전략은 정치적인 것과 미학적인 것의 협상을 매개하며 21세기 여성감독의 기술적 작가성을 사유하게 한다.

6장은 현대서사이론을 이루는 '복잡성 내러티브 영화(complex narrative film)'의 경향들 속에서 김민희의 등장 이후 홍상수의 영화가 보여주는 내러티브의 새로움을 고찰한다. 극도로 제한된 공간과 반복되는 등장인물, 제한된 변수의 촬영과 미장센으로 서사의 시공간적 복잡성이 구조적으로 탐구하는 이 일련의 영화들을 데이비드 보드웰 및 에드워드 브래니건의 인지주의 이론과 토마스 엘새서의 마인드-게임(mind-game film) 영화의 관점에서 분석한다. 2010년대 이후 〈북촌방향〉(2011)과 〈자유의 언덕〉(2014) 등이 본격적인 다중 플롯의 복잡한 구성 및 시간의 재배열을 보여주는 영화들이었다면, 김민희를 페르소나로 한 최근 영화들에서 홍상수는 더욱 미니멀한 도식을 변주하면서 여성 자아의 '산책자'적인 존재론적 탐구에 천착하거나 '네트워크 내러티브'를 구축해 '영화/현실의 경계들'을 질문함으로써 자신의 영화적 세계를 한층 확대해 가고 있다. 이 글은 이러한 진화 속에서 발견되는 홍상수 영화의 서사적, 시공간적 연속성과 차이를 '미니멀한 복잡성'이라고 규정하고, 이를 통해 동시대 복잡성 서사 영화의 지형 속에서 '김민희 시기' 홍상수 영화가 갖는 대안적 내러티브로서의 새로움과 확장성을 탐구한다.

7장은 서울시가 글로벌 및 로컬 시민을 대상으로 공모한 시민 제작 영상을 박찬욱, 박찬경 형제의 공동 프로젝트인 파킹찬스(PARKing CHANce)가 선별하고 편집해 유튜브에 공개한 다큐멘터리 〈고진감래〉(2014)를 도시교향곡(city symphony)의 관점에서 논의하고 분석한다. 도시교향곡은 도시의 일상과 사건에 대한 인상을 기록하면서 도시적 현대성의 물질적, 문화적, 인류학적, 지리적 차원을 성찰하는 작품을 말하며, 1920년대 이후 다큐멘터리와 아방가르드 영화 양식의 상호교차를 추구한 감독들에 의해 발달해 왔다. 크라우드소스 다큐멘터리는 웹 2.0이 영화 매체의 민주화와 참여 미디어적 실천을 촉진하는 가능성을 열어놓지만, 전통적인 다큐멘터리 영화의 제작, 미학, 작가성, 관람성에 다양한 질문을 제기하기도 한다. 이 글은 〈고진감래〉를 아마추어와 전문가, 개인적인 것과 집단적인 것, 온라인과 오프라인의 대립 등 이러한 전통적 이항대립을 넘어서는 크라우드소스 기반의 '21세기 디지털 도시교향곡'으로 규정하고 이 영화가 도시교향곡 장르의 고전들을 계승하고 갱신하는 방식, 참여 영상 문화의 가능성과 한계 모두를 드러내는 방식을 고찰한다.

부족한 결실이지만 감사해야 할 분들이 많다. 우선 '영화와 테크노컬처럴리즘'이라는 주제로 2016년부터 한국연구재단 대학중점연구소 지원사업을 이끌어 오신 한양대학교 현대영화연구소 정태수 소장님과 연구소 동료들, 공동연구원 선생님들께 깊은 감사를 전한다. 또한 영화연구자로서의 출발점에서 비평사와 시네필 연구에 천착하게 해주신 문재철 선생님께 감사드린다. 영화에 대한 사랑을 '직업으로서의 학문'으로 전환하는 길목에서 응원을 아끼지 않으신 김호영 선생님께 감사드린다. 어려운 시기에 영화연구서의 출판을 결정해주신 박이정출판사와 편집자님께 감사의 마음을 전한다. 이 책에 수록된 글들은 지난 5년여간 현대영화연구소에서 발표하고 연구해온 결과물들을 재구성한 것이다. 논문을 그대로 수록한 경우는 없고 내용이나 제목 수정, 영화분석 및 이미지 보완, 최근 연구 상황이나 업데이트된 영화들의 논의까지 보완하고자 했다.

영화사 연구자로 시작했지만, 포스트-시네마 시대의 급변하는 환경에 대응하며 매체미학과 기술담론, 관람성 이론들을 공부하다 보니 영화-기술-예술의 존재론과 역사화가 중요한 연구과제로 다가왔다. 함께 공부하는 즐거움을 가르쳐 주고 길을 밝혀준 동료 연구자들과 세미나 팀들, 학문적 인연들에 감사한다. 다른 한편에서 한결같은 지지를 보내주는 소중한 친구들과 지인들, 특히 언제나 무한 신뢰를 보내주시는 든든한 버팀목인 양가 부모님과 가족들에게 감사한다. 오랜 친구 재화, 안순, 희영, 미영, 진혁은 떠올리는 것만으로도 힘이 되는 이름들이다. 마지막으로, 그러나 가장 특별한 마음을 전해야 할 이름이 있다. 마르지 않는 '대화의 즐거움'을 통해 연구자로서의 고민을 나누고 나의 한계 너머로의 '확장'을 격려해 온, 학문적 동지이자 인생의 동반자 김지훈에게는 말로 다 표현하지 못할 고마움을 전한다.

목 차

Cinema-Tech-Art

1. 비카인드 리와인드, 죽은 미디어(Dead Media)로서의 아날로그 비디오를 돌아보기

디지털 기술이 동영상의 제작과 수용 모두에 있어서 보편화된 지금, 아날로그 비디오는 죽은 미디어(dead media)로 여겨진다. 2015년 소니(Sony)는 베타맥스(Betamax) 포맷의 비디오테이프 중단을 선언했다. 또한 2016년 7월 일본의 전자제품 제조기업 후나이전자(Funai Electric)는 VHS(Video Home System) 재생기의 제작을 중단한다고 밝혔다.[1] 1970년대 중반 도입된 이 두 홈 비디오 시스템은 방송 시간에 구애받지 않고 텔레비전 프로그램의 녹화와 재생을 가능하게 했고, 영화관람을 극장으로 보러가기(moviegoing)에서 해방시켜 가정으로 이동시켰다는 점에서 혁명적이었다. 그러나 1997년 DVD(Digital Versatile Disc)가 보급되어 대중화되고, 유튜브(YouTube)를 비롯한 온라인 비디오 공유 서비스 및 넷플릭스(Netflix) 같은 상용화된 영화 및 TV 프로그램

---

1) Aaron Pressman, "End of Era as Last VCR Maker Ends Production," *Fortune*, July 21, 2016, http://fortune.com/2016/07/21/last-video-cassette-recorder-maker (2017년 3월 30일 접근).

스트리밍 서비스 등의 새로운 상호작용적 멀티미디어 플랫폼이 등장하면서 아날로그 비디오 시스템은 쇠퇴했다.

디지털화에 따른 아날로그 비디오의 쇠퇴는 동영상 제작의 영역에서 더 빠르게 일어났다. 1967년 소니가 개인 촬영/녹화용 비디오 시스템인 포타펙(Portapak)을 처음으로 상용화한 이후, 그리고 1960년대 후반과 70년대 초에 걸쳐 백남준이 엔지니어 아베 슈야(Shuya Abe)와 함께 다채널 이미지의 실시간적 조작과 시각효과 삽입을 가능하게 한 신서사이저 시스템을 창안한 이후 아날로그 비디오는 동영상의 제작과 후반작업을 위한 새로운 장치로 도입되었다. 이 과정에서 아날로그 비디오는 비디오아트라는 이름 하에 전통적 매체예술은 물론 영화와는 다른 새로운 종류의 시각적 언어와 경험을 실험하기 위한 도구가 되었다. 그러나 개인용 컴퓨터와 스마트 기기의 발달 및 다양한 동영상 편집 소프트웨어의 대중화를 포괄하는 디지털화는 동영상 촬영과 후반작업에 이르는 이 모든 과정들을 체계적으로 통합해 왔다. 미디어 컨버전스(media convergence)의 한 과정으로도 볼 수 있는 이러한 통합 과정은 동영상 제작 및 후반작업 과정에서도 아날로그 비디오의 종언을 알리는 또 다른 요인이 되었다. 결국 수용과 관람의 차원에서 극장용 영화와 구별되었고, 제작의 차원에서 필름 기반 영화와 구별되는 매체로 수용되고 실험되었던 아날로그 시대의 비디오와 달리, 디지털 시대에 이르러 비디오는 고유한 변별성을 잃고 영화, TV, 디지털 동영상과 유사하게 되었다. 마이클 뉴먼(Michael Newman)이 말하듯 "디지털 시대에 비디오는 활동사진과 음향을 결합한 사실상 모든 종류의 대상을 포괄하게 되었다."[2]

이처럼 지금은 죽은 미디어로 여길 수도 있는, 제작과 수용 면에서 나타난 아날로그 비디오의 존재방식은 비디오에 대한 지금까지의 연구들과 대체로 일

---

2) Michael Z. Newman, *Video Revolutions: On the History of a Medium*, New York: Columbia University Press, 2014, 73

치한다. 먼저 제작과 미학의 차원에서 접근한 담론들은 아날로그 비디오를 물질적, 기술적 요소들은 물론 미학적 요소들(시간과 공간의 경험)마저도 영화와 근본적으로 다른 것으로 간주한다. 이러한 담론들은 미술사에서 초기 비디오아트의 하위 장르들인 비디오 조각, 비디오 퍼포먼스, 신서사이저 기반 이미지 조작 비디오 등에 대한 설명들은 물론,3) 비디오 이미지의 시공간적 불안정성과 미학적 파편성을 포스트모던 주체의 징후로 간주했던 프레드릭 제임슨(Fredric Jameson)의 견해에서도 발견된다.4) 다른 한편 수용의 차원에서 접근한 연구들로는 홈 비디오의 도입과 대중화가 할리우드 산업의 변화에 미친 영향에 대한 산업적 연구,5) 비디오 재생장치의 기술적 특징과 비디오테이프에 녹화된 영화의 미학적 특징들을 시네필리아에서 비디오필리아(videophilia)의 이행이라는 관점에서 성찰한 연구,6) 그리고 홈 비디오 유통과 비디오가게의 발달이 극장 기반 영화의 가치와 사회적 의미를 변화시킨 과정에 대한 연구들이 있었다.7) 아날로그 비디오의 문화적 존재론에 대한 뉴먼의 설명 또한 이와 같은 두 가지 연구 방향의 관점들과 호응하는 듯 보인다. 뉴먼은 한편으로는 비디오가 TV가 가진 문제들을 해결할 수 있는 대안적 매체이자 영화와는 다른 방식으로

---

3) 1960-70년대 비디오아트를 영화와 미학적, 기술적으로 구별하는 모더니즘적 담론들을 모은 당대의 문헌들로는 다음을 참조하라. Ira Schneider and Beryl Korot (eds.), *Video Art: An Anthology*, New York: Harcourt Brace Jovanovich, 1976; John Hanhardt (ed.), *Video Culture: A Critical Investigation*, Rochester, NY: Visual Studies Workshop Press, 1986.

4) Fredric Jameson, "Video: Surrealism without the Unconscious," in *Postmodernism, or The Cultural Logic of Late Capitalism*, Durham, NC: Duke University Press, 1991, 67-96.

5) Janet Wasko, *How Hollywood Works*, London: Sage Publications, 2003, 123-133; Frederick Wasser, *Veni, Vidi, Video : The Hollywood Empire and the VCR*, Austin, TX: University of Texas Press, 2009.

6) Charles Shiro Tashiro, "Videophilia: What Happens When You Wait for It on Video," *Film Quarterly*, vol. 45, no. 1 (Autumn 1991): 7-17; Lucas Hilderbrand, "Cinematic Promiscuity: Cinephilia after Videophilia," *Framework: The Journal of Cinema and Media*, vol. 50, nos. 1-2 (Fall 2009): 214-217.

7) Joshua M. Greenberg, *From Betamax to Blockbuster: Video Stores and the Invention of Movies on Demand*, Cambridge, MA: MIT Press, 2010; Daniel Herbert, *Videoland: Movie Culture at the American Video Store*, Berkeley, CA: University of California Press, 2014.

현실에 접근할 수 있는 수단으로 등장했지만, 그와 동시에 "필름 영화보다는 시각적으로나 경험적으로는 열악한 매체로 구별되었다"[8]라고 설명한다.

정리하자면 아날로그 비디오에 대한 지금까지의 연구 및 담론은 영화에 대해 양가적으로 존재했다. 즉 제작과 미학의 차원에서 아날로그 비디오는 영화와는 엄밀하게 구별된 미디어였고, 그것은 수용과 관람의 차원에서만 영화에 일정한 영향을 끼쳤다는 것이다. 여기서 다음과 같은 질문이 가능하다. 아날로그 비디오의 고유한 기술적, 미학적 특성들이 영화의 몽타주와 내러티브에 미친 영향은 없었는가? 또한 녹화와 재생은 물론 수집에 있어서 극장 기반 영화와는 다른 경험을 허용했던 아날로그 비디오가 영화의 유통과 관람을 넘어 영화의 기술적, 미학적 국면에도 영향을 미치지 않았을까? 이와 같은 질문에 답하기 위해 이 장에서는 아날로그 비디오의 여러 특성들 중 영화의 기술적, 미학적 요소들과 밀접히 관련되는 국면들을 식별하고, 그 국면들이 영화에서 어떻게 반영되었는가를 미카엘 하네케(Michael Haneke)와 장 뤽 고다르(Jean-Luc Godard)의 자기반영적 영화들의 사례를 통해 살펴본다. 이를 살펴보기 위해 이 장은 영화와의 상호미디어적 관계 속에서 영화와 구별되는 동시에 영화의 미학적, 기술적 층위를 변형하고 갱신한 비디오의 매체 특정성들을 시간적 존재론, 공간적 존재론, 그리고 관람성이라는 관점에서 조명한다. 이를 통해 이 장은 한편으로는 아날로그 비디오가 영화와 물질적, 기술적으로 변별된다는 기존의 관점을 영화연구의 맥락에서 심화하는 것을 목적으로 한다. 또한 아날로그 비디오의 고유한 성질들이 영화와 완전히 분리된 채로 존재하지 않았으며 영화의 기법과 예술적 형태를 확장하는데 기여하기도 했다는 점을 밝힘으로써, 비디오 매체에 대한 기존 담론과 연구의 한계를 극복하고자 한다.

---

8) Newman, *Video Revolutions*, 2.

비디오의 시간적 존재론이 영화와는 다른 방식으로 설명된 근거는 두 가지였다. 첫째는 비디오의 즉시성(instantaneity)과 동시성(simultaneity)이다. 영화의 시간성은 카메라 앞에 존재하고 기록된 사건의 과거, 그리고 그 과거의 기록을 운동의 환영으로 체험하는 관람자의 현재 사이의 간극으로 설명된다. 과거의 흔적이 스크린 앞의 관람자에게 지나가는 현재(passing present)로 체험된다는 것은 리얼리즘 영화이론 및 이에 토대를 마련하는 사진적 이미지의 존재론을 발전시킨 앙드레 바쟁(André Bazin)과 스탠리 카벨(Stanley Cavell) 등이 공유하는 것이다. 반면 전자적 신호의 흐름에 근거한 비디오는 텔레비전의 기술적 토대로부터 파생된 덕택에 영화에서의 시간적 간극과는 다른 시간성을 파생시켰다. 즉시성이란 현재 일어나고 있는 사건을 카메라에 의해 기록할 수 있음은 물론 그 기록을 시간적 지연 없이 전송할 수 있음을 뜻한다. 동시성이란 비디오 장치에 의한 기록과 전송의 시간이 관람자가 해당 사건을 관람하는 시간과 중첩된다는 것을 뜻한다. 이러한 즉시성과 동시성이라는 비디오의 두 가지 시간성은 1960년대 후반부터 발달한 초기 비디오아트 중 폐쇄회로(closed-circuit) 장치를 활용한 설치작품들의 주요한 관심사였고, 이 시간성들은 비디오를 영화와 구별하는 매체 특정성 담론의 근거가 되었다. 예를 들면 영화를 과거시제(past tense)와 동일시하고 비디오를 현재시제(present tense)와 구별하는 주장, 또는 영화와 구별하여 텔레비전과 비디오의 고유한 시간성을 라이브성(liveness)으로 규정하는 주장 등이 있다.

이와 같이 관람자의 시간과 기록-전송의 시간이 일치되는 구조는 영화와는 상이한 텔레비전 및 비디오의 관람성, 즉 전자 미디어에 고유한 주체성을 형성했다. 미술비평가 로잘린드 크라우스(Rosalind Krauss)는 기록과 전송의 동시성이 다른 예술과는 다른 비디오의 고유한 속성이며 이로 인해 관람자 또는

예술가의 신체가 "여는 괄호와 닫는 괄호라는 두 기계 사이에서 중심을 잡는
것처럼 자리한다"[9]고 말한다. 이로부터 크라우스는 비디오가 구축하는 주체성
을 자기애(narcissism)로 규정하면서 비디오를 물질적, 기술적 매체를 넘어
심리적 매체로 간주한다. "비디오의 실제 매체는 심리적 상황이며 그 조건은
외부 대상, 즉 타자에 주어진 관심을 거두어 자아에게로 돌리는 것이다."[10] 비
디오를 자기애의 심리적 모델로 간주하는 크라우스의 견해는 영화의 관람성과
비교할 때 더욱 의미를 갖는다. 영화는 카메라로 기록된, 관람자와 공간적으로
떨어진 과거의 세계를 관람한다는 점에서 '외부 대상' 또는 '타자'와의 대면을
목표로 한다. 반면 관람자 자신의 모습을 실시간으로 볼 수 있는 폐쇄회로 비디
오에서는 자신의 이미지를 반영되거나 왜곡된 형태로 보게 된다. 또한 관람자
스스로 카메라를 들고 촬영한 영상을 관람할 때도 그가 동일화하게 되는 것은
카메라의 눈으로 기록한 피사체 못지않게 카메라의 눈으로 결정되고 매개되는
자신의 응시다. 기록과 전송의 동시성을 근거로 한 자기애적인 모델에 가까운
비디오의 관람성은 이 두 경우 모두에 있어서 자기-감금적이다. 이와 같은 자
기애적인 모델은 일견 폐쇄적, 통제적으로 보이지만 두 가지 면에서 불안정하
다. 첫째는 촬영과 전송, 재생으로 이르는 일련의 과정에서 주체가 긴밀하게
장치의 응시에 밀착하고 동일화되기 때문에 이미지와 현실 사이의 거리가 붕괴
되는 (즉 이미지 자체가 현실을 근본적으로 재구성하는 일반 논리가 되는 것)
특성과 연관된다. 이는 장 보드리야르(Jean Baudrillard)가 '시뮬라시옹
(simulation)'이라는 개념으로 설명했고 데이비드 크로넨버그(David
Cronenberg)의 〈비디오드롬 (Videodrome, 1983)〉과 같은 영화가 직접적으
로 그려낸 바 있다.[11] 둘째는 이미지의 입력(기록)과 출력(디스플레이 또는 재
생) 사이의 근본적인 가변성이라는 비디오 장치의 속성과 관련된다. 촬영된 이

---

9) Rosalind E. Krauss, "Video: The Aesthetics of Narcissism," *October*, no. 1 (1976): 53.
10) Ibid., 57.
11) Jean Baudrillard, *Simulacra and Simulation*, trans. Sheila Faria Glaser, Minneapolis, MN: University of Minnesota Press, 1994.

미지의 기록이 필름스트립에 사진소(photogram)라는 물리적 대상으로 보존되는 영화와는 달리, 비디오는 촬영된 이미지가 최종적으로 출력될 때까지 신서사이저의 조작을 거칠 수도 있고, 모니터와 같은 디스플레이 장치에 따라 최종적인 재생 형태 또한 달라질 수 있다.[12] 이와 같은 가변성은 비디오의 관람성이 갖는 불안정성을 배가시키는데 여기에는 비디오가 감시(surveillance)의 용도로 쓰일 때 구축하는 불가해한 타자의 응시도 포함된다.

두 번째 구별의 근거는 정지와 되감기 등을 통해 구현되는 시간 전환(time-shift)이다. 즉시성과 동시성이 생방송 텔레비전과 폐쇄회로라는 비디오 장치의 한 측면에서 비롯된다면, 시간 전환은 저장(storage)과 재생(playback) 장치로서의 비디오라는 또 다른 측면에서 비롯된다. 숀 커빗(Sean Cubitt)에 따르면 VCR의 활용은 프리즈 프레임, 역재생 등의 기능들을 통해 네트워크 텔레비전 편성의 지배, 생방송 텔레비전의 아우라, 또는 방송 이벤트의 지금-여기(here-and-now)를 파괴했다. 이는 비디오가 즉시성 및 동시성과는 다른 시간성들인 과거의 지연과 반복을 도입한다는 것을 뜻한다. 이와 같은 시간성은 테이프에 저장된 기록을 무한히 복사하고 다른 방식으로 재생할 수 있는 가능성으로부터 비롯된다. 커빗에 따르면 "비디오는 사건과 감각들의 보충적 기억이자 이것들의 복제를 위한 가능성을 가진 다른 기록 미디어와 합류한다."[13] 물론 과거의 지연과 반복이라는 비디오테이프의 시간성은 상영 중간에 정지와 역행이 불가능하고 불가역적으로 상영 시간이 흘러가는 표준적 영화장치의 시간성과도 구별된다. 이러한 차이는 1980년대에 들어 비디오테이프가 영화산업에 도입되면서 영화의 새로운 유통과 배급, 수용을 위한 매체로 정착되는 근거가 되었다. 즉 VCR이 단순히 방영중인 TV 프로그램의 실시간적 녹화를 위한 기계를 넘어 영화의 저장과 관람을 위한 새로운 재생 매체라는 위상을 획득한 이유는 극장에서의 영화 관람에서는 얻을 수 없는 여러 시간-전환

---

12) 데이비드 노먼 로도윅, 『디지털 영화 미학』, 정헌 옮김, 커뮤니케이션북스, 2012, 193-196쪽.
13) Sean Cubitt, *Timeshift: On Video Culture*, New York: Routledge, 1991, 37.

기능들 때문이었다.

산업적 관점에서 새로운 배급 매체의 도입이라는 의의 외에도 비디오의 이러한 시간-전환 기능은 영화의 존재론에도 영향을 미쳤다. 앤 프리드버그(Anne Friedberg)가 요약하듯 "VCR은 영화들을 마치 그것들이 연구되어야 할 과거의 사건들처럼 탐구, 조사, 해체될 수 있는 지식의 대상으로 취급한다."[14] 로라 멀비(Laura Mulvey)는 다음과 같이 말한다. "영화의 흐름이 지연의 과정으로 대체됨으로써 관람성 또한 오래된 영화를 새로운 시각과 디지털 테크놀로지를 통해 관람할 수 있도록 영향 받고 재구성된다 … 지연의 과정은 단지 정지성을 가시성 속으로 데려오는 것일 뿐만 아니라 연속성을 파편화하면서 전통적인 서사의 선형적인 구조를 바꾼다."[15] 기록된 영화를 언제든지 반복할 수 있고, 그 영화의 특정 장면으로 돌아갈 수 있다는 것은 재생 매체로서의 비디오가 가진 시간성이 이에 상응하는 관람성, 즉 영화관에 근거한 전통적 관람성과는 상이한 관람성을 구축한다는 것을 의미한다. 티모시 코리건(Timothy Corrigan)은 이를 수행적(performative) 관람성이라고 말하면서 그 특징을 리모컨에 의한 제어에서 찾는다. 수행적 관람성에 대해 코리건은 "영화 관람의 중심은 스크린에서 이전보다 훨씬 많은 (실제적이고 원격적) 제어를 갖게 된 관람자의 손으로 확산된다"[16]라고 설명한다. 멀비는 이와 같은 관람자를 소유적 관람자(possessive spectator)라 부르면서 다음과 같이 말한다. "영화는 지연되고 이처럼 선형적인 서사로부터 좋아하는 순간이나 장면으로 파편화되기 때문에 관객은 예전에는 붙잡기 어려웠던 이미지를 붙잡거나 소유할 수 있다."[17] 그러나 비디오의 이러한 수행적, 소유적 관람성에도 또한 불안정성이 내재한다. 케

---

14) Anne Friedberg, "The End of Cinema: Multimedia and Technological Change," in *Reinventing Film Studies*, eds. Christine Gledhill and Linda Williams, London: Bloomsbury Academic, 2000, 444.

15) 로라 멀비, 『1초에 24번의 죽음』, 이기형, 이찬욱 옮김, 현실문화, 2007, 33쪽.

16) Timothy Corrigan, *A Cinema without Walls: Movies and Culture after Vietnam*, New Brunswick, NJ: Rutgers University Press, 1991, 1.

17) 멀비, 『1초에 24번의 죽음』, 213쪽.

이틀린 벤슨-앨롯(Caetlin Benson-Allott)은 VHS가 가정용 영화 시청 포맷으로 대중화될 때부터 항상 "눈이 볼 수 있는 것 이상의 그 무엇을 포함했다"라고 말하면서 그 근거를 영화장치와의 차이에서 찾는다. "이미지를 먼 거리에서 수용하는 영화 스크린과는 반대로 텔레비전은 자신의 이미지를 내부에서부터 생산하고 이를 창문과 같은 유리 스크린을 통해 전시한다."[18] 비디오의 스크린과 비디오테이프가 갖고 있는 물질적 모호성(즉 스크린과 비디오테이프 안에 무엇이 있는지를 관람자는 볼 수 없다)은 육안으로는 보이지 않는 그 무엇이 기록되어 있다는 불안, 누가 촬영했는지 알 수 없는 불가해한 응시에 대한 불안으로 이어진다. 이러한 불안은 비디오테이프로 전송되고 재생되는 영적 존재를 형상화한 〈링(Ring, 1998)〉과 같은 영화에도 반영되어 왔다.

미카엘 하네케는 표준적인 영화장치의 시간성과 대비되는 비디오의 두 가지 시간성 – 즉시성과 동시성, 그리고 시간-전환의 가능성 – 및 이것이 주체성에 미치는 영향을 자기 반영적으로 탐구해 왔다. 〈베니의 비디오〉(Benny's Video, 1992)에서 주인공 베니는 자신의 24시간을 라이브로 기록하면서 뷰파인더를 통해 세계의 리얼리티를 파악하는 소년이다. 베니는 단골 비디오 가게에서 몇 번 본 적이 있는 비디오광 소녀를 집으로 데려와 자신이 촬영한 돼지 도살 비디오를 보여주다 우발적으로 살해한다. 처음 베니의 방에 들어온 소녀는 마치 CCTV처럼 창밖 풍경을 실시간으로 보여주고 있는 화면에 주목하면서 커튼 밖의 실제 풍경과 비교해 보고는

(그림 1) 하네케, 〈베니의 비디오 Benny's Video (1992)〉

놀라워한다 (그림 1). 이러한 완벽한 미디어 장비와 시설들을 갖춘 방에 감탄하

---

18) Caetlin Benson-Allott, *Killer Tapes and Shattered Screens: Video Spectatorship from VHS to File Sharing*, Berkeley, CA: University of California Press, 2013, 120.

는 소녀를 향해 베니는 스위치를 전환해서 갑자기 자신과 소녀를 촬영하는데, 이처럼 기록 및 전송의 시간과 관람의 시간이 일치하는 이 장면을 통해 비디오라는 매체로 세상과 사물들을 손쉽게 통제할 수 있다는 베니의 자기애적 환상을 엿볼 수 있다. 모든 상황을 미디어를 통해 인식하고 수행하며 여러 개의 리모컨을 소유한 베니는 버튼 하나만 누르면 복잡한 현실들을 사라지게 할 수 있다고 믿고 있는 것으로 보인다. 감정이 거세된 베니는 소녀의 살해 장면을 비디오로 찍는다거나 소녀의 시체를 어떻게 처리할 것인가를 의논하는 부모의 대화 장면까지도 촬영하고, 심지어는 자신의 우발적 살인 사실을 부모에게 고백할 때도 말이 아니라 자신이 촬영한 비디오를 틀어서 보게 한다. 이는 비디오에 중독(관람 뿐 아니라 제작 및 상영의 모든 과정)되어 자기만의 방에 '스스로 감금'되어 있는 이미지 '수집가'의 모습이다. 이렇듯 미디어에 과잉 노출된 환경 속에서 리얼리티에 대한 감각이 무뎌진 채로, 현실과 환상, 실재와 이미지 사이의 구분에 혼란을 겪는 베니는 돼지 도살 비디오를 소녀에게 보여주며, 리모컨으로 살해 장면을 되감기(rewind)하고, 클로즈업하며 슬로우 모션으로 속도를 전환한다. 시간 전환 장치로서의 비디오는 베니와 같은 '소유적 관람자'에게 이미지를 소유할 수 있다는 믿음과 함께 타자와 세계를 완벽하게 통제할 수 있다는 환상을 심어주지만, 다른 한편으로 그것은 주체의 불안과 상실을 야기한다. 마티아스 프레이는 베니가 생각하는 이 '촬영'이 매개된 절대적 통제에 대해, "오제의 수퍼모더니티, 들뢰즈의 병든 에로스, 보드리야르의 비디오 나르키소스 이후 중요한 문제는 '더 이상 무슨 일인가?'가 아니라 '누가 리모컨을 갖고 있는가?'에 달려 있다"고 지적한다.[19]

〈베니의 비디오〉에서 흥미로운 것은 베니가 찍은 영화 속 비디오들(돼지 살해, 소녀 살인, 이집트 여행 등)과 관객이 보고 있는 영화라는 이중의 반영적

---

19) 마티아스 프레이, 「슈퍼모더니티, 병든 에로스 그리고 비디오 나르키소스; 이론과 시간에 따른 〈베니의 비디오〉」, 『미카엘 하네케의 영화』, 벤 매컨 외 지음, 안미경 옮김, 본북스, 2018, 290-292쪽.

장치를 통해 관람객이 일정한 거리를 두고 두 매체의 속성을 성찰[20]하게 된다는 점이다. 그런 점에서 폭력적인 돼지 살해 장면을 찍은 베니의 비디오 화면으로 시작해서, 그것을 되감기하고 멈춤으로써 그것이 '가공된 영화 속 현실'임을 드러내는 영화의 오프닝 장면은 포스트모더니즘 시대의 일종의 미디어 교육과도 같다. 즉 비디오라는 매체는 조작의 자율성으로 인해 삶과 죽음을 가볍게 '즐길만한' 것으로 여기게 하고 리얼리티와 허구를 뒤섞이게 하지만, 관객은 단지 관음증적 시선의 주체를 넘어 자신이 어디에 위치해 있는지를 깨닫고 냉정하게 현실을 인식해야 한다는 것이다.

〈베니의 비디오〉에서 영화와 비디오 테크놀로지의 아날로그적 매체성을 성찰했던 하네케는 〈히든〉(Caché, 2005)에 이르러서는 '경계 없는 이미지들'[21]의 다양한 활용을 통해 디지털 시대의 감시와 재생의 문제를 심화시킨다. 평화로운 중산층 주택가 풍경을 고정된 앵글로 보여주는 〈히든〉의 오프닝 쇼트는 전자 스캔 라인의 존재로 인해 필름 이미지와 비디오가 식별가능했던 〈베니의 비디오〉의 오프닝 장면과 달리, HD 디지털 카메라로 촬영되어 디지털 비디오의 시각적 특질이 디제시스 내 현실과 구분하기 어렵다. 따라서 주인공들의 대화나 되감기 장면 등이 등장하지 않는다면 이 화면이 누군가가 조르주의 집을 감시하려고 촬영한 CCTV 화면이라는 것을 알아채는 것이 불가능하다. 이같은 디지털 이미지는 실재적인 것과 조작적인 것, 기록된 것과 상상된 것, 잠재적인 것과 현실적인 것 사이의 경계를 이전의 이미지 체제보다 더욱 모호하게 만든다.[22] 〈히든〉에서 특정한 쇼트의 시점을 모호하게 만드는 이러한 이중 스크린, 이미지 속의 이미지는 미디어를 불신하는 하네케가 진실에 이르기 위한 장치로, 〈베니의 비디오〉보다 한층 복잡하고 정교하게 구성되어 있다. 〈히든〉은

---

20) 임유영, 「미디어 폭력에 대한 성찰과 형상화 전략 : 미하엘 하네케의 〈베니의 비디오〉를 중심으로」, 「독일언어문학」 53권 (2011), 37쪽.
21) 정찬철, 「시네마에서 포스트시네마로의 전환에 관한 연구」, 한양대학교 대학원 연극영화학과 박사학위논문, 2016, 127쪽.
22) 김지훈, 「우발성의 테크놀로지들: "마음─게임 영화"에서의 디지털 미디어 인터페이스 효과들」, 「문학과 영상」 12권 1호(2011년 봄), 73쪽.

'누가 테이프를 촬영해서 보냈는가?'[23] 라는 스릴러 장르의 관습으로 관객을 강력하게 유인하지만, 인간의 지각 범위를 넘어서는 감시 카메라의 이미지들은 이러한 관습적 영화관람 방식이 실패할 수밖에 없는 것임을 깨닫게 한다.

〈히든〉의 주인공 조르주는 그의 집으로 보내진 비디오테이프들을 통해 자신의 어린 시절 가해의 기억과 마주치게 되고, 그것은 또한 프랑스와 알제리의 식민의 역사를 환기시킨다(그림 2). TV 진행자이자 프로그램의 편집권을 가진 조르주는 가족의 일상을 위협하는 비디오 이미지들 때문에 신경쇠약에 걸린다. 언제나 이미지의 통제자이자 시선의 주체, 권력자였던 조르주는 비디오테이프가 이끄는 대로 무기력하게 자신의 과거의 내면적 환상과 대면하게 되는데, 현재와

(그림 2) 하네케, 〈히든 Caché (2005)〉

과거, 실재와 환상, 객관성과 주관성을 넘나드는 이러한 내러티브 구조는 고전적 서사의 논리로는 설명 불가능한 것으로 디지털 비디오라는 매체가 가진 속성들에 근거한다. 〈히든〉에는 스릴러적 내러티브를 이끌고 가는 디제시스적 이미지 외에 누군가에 의해 촬영된 CCTV 영상, 조르주의 꿈 장면(플래시백), 수많은 뉴스화면, 조르주의 텔레비전 방송 등 다양한 이미지가 주체와 타자의 이분법을 교란시키며 혼합되어 있는데, 이러한 디지털 이미지들이 어떠한 경계나 질적 차이 없이 동질적으로 존재하고 있는 것이다. 하네케는 이 영화에 대한 수많은 해석가능성에 대해서 "1초에 24 프레임의 진실"이라는 고다르의 아포리즘을 전복시키며 "영화는 진실을 서비스하는 1초에 24 프레임의 거짓말"[24]이라고 말한다. 하네케의 영화에서 진실은 손쉽게 드러나지 않는다. 그리

---

23) 이와 관련해 하네케는 "당신이 〈히든〉을 다 보고나서도 누가 테이프를 보냈는지 알고 싶어한다면, 그것은 영화를 전혀 이해하지 못했다는 의미다"라고 밝힌 바 있다. 「씨네 21」 서면 인터뷰: 김도훈, 〈히든〉의 미카엘 하네케 2006.3.28. http://www.cine21.com/news/view/?mag_id=37448 (2017년 6월 1일 접근).

24) 「씨네21」 하네케, 앞의 인터뷰 중.

고 범람하는 미디어는 진실을 폭로하고, 리얼리티에 다가가기 위한 반영적 장치로서 존재한다. 폭력적이고 모호한 리얼리티의 세계에서 이미지들을 세심하게 지켜보고 윤리적 책임을 져야하는 것은 관객의 몫이다.

3. 비디오의 공간적 존재론: 유동적 스크린, 합성과 공간적 몽타주 ─ 〈여기와 저기〉, 〈넘버 2〉

질 들뢰즈는 시간-이미지의 개념을 구체화한 현대영화 이후의 전자 미디어(텔레비전과 비디오를 포함한)를 새로운 정신적 자동기계로 간주하면서 이 미디어에서 이미지, 프레임, 스크린의 위상 및 이미지-사운드 관계는 영화에서의 이미지, 프레임, 스크린의 위상 및 이미지-사운드 관계와 다르다는 점을 지적한다. 카메라 운동에 의해 연속적으로 변하거나 몽타주에 의해 순차적으로 변화하는 영화 이미지와는 달리 전자 이미지(electronic image)는 "앞선 이미지의 어떤 지점에서도 새로운 이미지가 생겨날 수 있도록 하는 지속적인 조직화의 대상"이다. 또한 수직적이고 수평적인 조망을 안정적으로 유지하는 영화의 프레임과는 달리 텔레비전과 비디오 스크린 내에서 프레임 공간은 "끊임없이 각도와 좌표를 변경하고 수직적인 것과 수평적인 것이 교환되는 전방위적인 공간"이 된다. 마지막으로 텔레비전과 비디오에서는 음향적인 요소가 시각적인 것에 비해 더욱 자율성을 획득하면서 이 둘은 "서로 종속되지도, 공약 가능하지도 않은 복잡한 관계를 형성"[25]할 수 있게 된다. 들뢰즈의 서술은 매우 압축적임에도 불구하고 전자 미디어로서의 아날로그 비디오가 이미지의 표면, 스크린과 프레임의 위상학, 몽타주의 원리 등에서 영화와 어떻게 다른가를 언급하고 있다. 이 세 가지 국면이 모두 공간적인 요소들을 가리킨다는 점에서 비디오의 공간적 존재론을 생각해볼 수 있다.

---

25) 질 들뢰즈, 「시네마 2: 시간-이미지」, 이정하 옮김, 시각과 언어, 2002, 251쪽.

들뢰즈의 서술에서 이미지가 "지속적인 조직화"의 대상이 되고 스크린 내의 이미지 표면이 "수직적인 것과 수평적인 것이 교환되는 전방위적인 공간"이 되는 특징들은 비디오가 텔레비전과 마찬가지로 전자 신호의 전송에 의한 미디어라는 점에 근거한다. 즉 비디오는 시각적 정보가 기록된 전자 신호를 지속적으로 주사선(scan line)의 형태로 변환하고 모니터에 기록함으로써 최종적으로 이미지를 전시한다(들뢰즈가 '수직적인 것과 수평적인 것의 교환'이라 일컫는 부분). 이때 이 주사선이 좌우 또는 상하에 따라 규칙적으로 기입되고 대체될수 있는 반면, 모니터와 같은 디스플레이 장치를 조작하거나 전송 과정에서 신서사이저를 통해 실시간으로 주사선을 변조함으로서 이미지를 자유롭게 왜곡할수 있다. 이처럼 시각적 정보의 구현이 전자 신호의 흐름에 따라 좌우되기 때문에 비디오 이미지는 그 형태는 물론 이미지의 프레임에 있어서도 근본적으로불안정할 수밖에 없으며, 특정 형상이 프레임의 어디에나 자유롭게 놓이고 모든 방향으로 자유롭게 움직일 수 있다. 이본느 스필먼(Yvonne Spielmann)에 따르면 이 모든 특성들로 인해 비디오의 이미지는 "변형 이미지(transformation imagery)", 즉, "유동적이고 불안정하며 고정되지 않은 이미지 형태"[26]이며이는 영화와 변별되는 비디오의 매체-특정적 속성이다. 스필먼은 이와 같은 속성을 다음과 같이 부연한다. "전자 미디어는 다른 아날로그 미디어와 구별되는다차원적, 전방위적 잠재력을 갖는다 ⋯ 비디오 장치가 가진 개방성이 시청각적 디스플레이의 여러 방향과 연장을 포함하기 때문이다."[27]

전자 신호의 지속적인 재조직으로 인한 이미지의 유동성 및 공간의 전방위성은 이미지의 공간을 구축하는 몽타주에 있어서도 영화의 몽타주와는 다른 가능성들을 개방한다. 들뢰즈의 언급에서 "앞선 이미지의 어떤 지점에서도 새로운 이미지가 생길 수 있다"라는 말은 비디오의 이미지 조직 및 이미지들의 연결방식이 순차적인 시간 질서에 근거한 영화의 몽타주와는 다르다는 점을 시사한

---

26) Yvonne Spielmann, *Video: The Reflexive Medium*, Cambridge, MA: MIT PRess, 2008, 4.
27) Ibid., 53.

다. 레프 마노비치(Lev Manovich)가 논의하는 합성(compositing)과 공간적 몽타주(spatial montage)는 비록 디지털 시각효과 및 편집을 일차적 대상으로 논의하지만 사실상은 아날로그 비디오가 이들의 중요한 선구자임을 시사한다. 하나의 프레임 안에 서로 다른 층위의 이미지들을 겹치는 합성은 비록 필름 영화 시기에도 있었지만 텔레비전 및 아날로그 비디오의 발달과 더불어 본격적으로 발달했다. 전자 미디어의 시기에 성숙되어 보편화된 키 기법(keying)은 두 개의 다른 공간을 가진 이미지를 하나의 프레임에 합성하는 방식이다. 이 기법은 전자 신호로 구축되는 프레임 공간이 여러 이미지의 자유로운 삽입과 변형을 가능케 하는 개방적인 공간임을 전제로 한 것이다. 마노비치는 키 기법이 영화적 몽타주와는 상이한 전자적 몽타주의 공간적 질서를 낳는다고 말한다. "전통적인 몽타주가 일치하는 공간의 환상을 만들면서 그 실상을 숨기는 반면, 전자 몽타주는 관객에게 서로 다른 공간이 확실하게 충돌하고 있음을 숨기지 않고 보여준다"[28]는 것이다. 형상이나 미디어(사진, 회화, 영화, 텍스트) 차원 등에 있어서 서로 구별되는 이미지들의 '충돌'과 공존으로 말미암아 만들어진 복잡한 전자 이미지를 스필먼은 클러스터(cluster)라고 불렀으며 그 미학적 특징을 공간적 조밀성(spatial density)으로 규정한다.[29] 이미지들의 자유로운 삽입과 중첩으로 인한 공간적 조밀성 이외에도 비디오 편집은 분할화면(split-screen)이나 프레임-내-프레임(frame-within-a-frame) 같은 기법들을 활성화한다.

마노비치는 이 모든 기법들이 시간의 순차성 및 한 이미지의 다른 이미지로의 대체라는 영화적 몽타주의 논리를 넘어선다는 점에서 '공간적 몽타주'라는 용어를 쓰고 이를 전자 미디어 이후의 미디어에 지배적인 몽타주의 원리로 간주한다. 그에 따르면 컴퓨터에서는 "새로운 이미지가 바로 앞에 보이는 이미지에만 병치되는 것이 아니라 지금까지 스크린상에서 보이는 다른 모든 이미지

---

28) 레프 마노비치, 『뉴 미디어의 언어』, 서정신 옮김, 커뮤니케이션북스, 2014, 205쪽.
29) Spielmann, "Expanding Film into Digital Media," *Screen*, vol. 40, no. 2 (1999): 133-145.

들과 병치"되기 때문에 "영화의 특성인 교체의 논리는 추가와 공존의 논리에 자리를 내주었다"[30]라는 것이다. 사실 마노비치가 '공간적 몽타주'를 제시할 때 이를 영화의 몽타주와 완전히 변별적인 것으로 고립시킨 것은 아니었다. 그는 이중노출을 몽타주의 기법과 동시적으로 활용한 지가 베르토프의 〈카메라를 든 사나이〉(1927) 등을 합성과 공간적 몽타주의 전례로 파악한다. 고다르가 비디오를 비롯한 전자 미디어의 영향력에 대응하여 그것의 공간적 본성

을 '영화적 몽타주의 재창안'으로 연결시키기 위해 안느-마리 미에빌(Anne-Marie Miéville)과 협력하여 제작한 1970년대 작품 또한 이러한 사례에 포함될 것이다.

비디오 몽타주와 스크린의 반영을 작품 안에 포함시킨 고다르-미에빌의 영화들 중 〈여기와 저기〉(Ici et Ailleurs, 1974)와 〈넘버 2〉(Numéro Deux, 1975)를 살펴보자. 〈여기와 저기〉는 고다르가 장-피에르 고랭(Jean-Pierre Gorin)과 함께 활동했던 지가 베르토프 집단(Dziga Vertov Group) 시기인 1970년 팔레스타인해방기구(PLO)의 초청을 받아 제작한 16mm 선전영화를 4년 후 프랑스에서 미에빌과 함께 재검토하는 과

(그림 3, 4, 5) 고다르,
〈여기와 저기 (Ici et Ailleurs, 1974)〉

---

30) 마노비치, 「뉴 미디어의 언어」, 404쪽.

정을 거쳐 완성되었다. 10시간 남짓의 선전영화 촬영본을 편집실에서 검토하는 과정은 이스라엘과 팔레스타인해방기구의 지정학적 대립에 대한 분석을 넘어 이 대립이 20세기의 정치적, 인종적 갈등의 역사에 갖는 의미, 그리고 이 대립을 멀리 떨어진 서구에서 텔레비전 뉴스로 본다는 것의 의미 등에 대한 성찰로 확장되었다. 그 결과 〈여기와 저기〉는 본래의 선전영화 촬영본은 물론 2차 세계대전 당시의 뉴스릴과 1970년대 당시의 텔레비전 뉴스 녹화본, 뉴스를 시청하는 당대의 프랑스 가정을 허구적으로 재연한 촬영본, 그리고 영화 및 텔레비전 제작 과정을 비판적으로 재연하는 배우들을 새로 촬영한 장면들을 결합하여 완성되었다.

고다르와 미에빌이 〈여기와 저기〉에서 필름과 비디오 포맷을 혼합한 이유는 새롭게 촬영한 장면들과 기존에 존재하는 자료들을 다양하게 결합하여 시청각적 역사를 재구성하고자 했기 때문이다. 비디오의 공간적 속성들은 이러한 시청각적 역사의 재구성에 긴요한 도구가 되었으며, 고다르가 1960년대 이후부터 영화적 사유와 표현의 핵심으로 간주했던 몽타주를 확장시키는데 기여했다. 〈여기와 저기〉에서는 순차적 몽타주가 확장된 사례로, 프레임 내에서의 몽타주를 통해 두 개의 이질적인 이미지들을 하나로 합성하는 중첩(superimposition)에 해당하는 장면들을 발견할 수 있다. 예를 들면 히틀러의 사진 이미지와 동시대 이스라엘의 정치가를 담은 사진 이미지가 '이스라엘'이라는 새로 삽입된 자막과 함께 '프레임-내-프레임'의 모습으로 하나의 화면에 동시에 배치된다(그림 3). 2차 대전과 1970년대 중반, 독일과 이스라엘이라는 시공간 차이를 보이는 두 개의 이미지가 서로 연결되면서 새로운 사유를 발생시킨다. 이와 같은 기법은 정치가의 이미지와 여성 엉덩이 클로즈업 이미지를 동시에 배치함으로서 정치와 섹슈얼리티 간의 관계에 대한 새로운 사유를 유도하는 장면에서도 적용된다(그림 4). 이러한 사유의 발생 가능성은 고다르가 몽타주를 지속적으로 탐구하고 확장한 이유가 될 것이다. 그런데 여기서 중요한 것은 이러한 몽타주의 가능성이 비디오의 고유한 합성과 공간적 몽타주의 원리로 구현되었다는 것이다. 〈여기와 저기〉에서 고다르는 이러한 공간적 몽타주의 원리를 텔레비전과 비디오의 새로운 스크린 존재론을 성찰하는데 사용기도 했다. 네 대의 서로 다른 이미지들이 하나의 화면에 동시에 배치되는데, 이는 하나의 프레임 안에 여러 개의 이미지들이 자유롭게 자리를 점유하며 발생하고 사라질 수 있다는 비디오 스크린의 특성을 반영함은 물론, 서로 다른 신호를 전송하는 텔레비전 또는 비디오 모니터들의 집합을 연상시킨다(그림 5).

한편 고다르가 지가 베르토프 집단 시기 이후 영화제작의 새로운 시작으로 선언한 〈넘버 2〉는 현대사회를 규정하는 다양한 짝패들과 관계들, 그리고 이 관계들과 영화제작의 관계에 대한 성찰이다. 즉 자본주의의 생산 과정을 결정하는 기계와 인간과의 관계, 이 생산 과정의 본부인 공장과 자연적 풍경과의 관계, 공장에서의 노동과 가정생활과의 관계, 가정생활에서 부모와 아이와의 관계, 성생활과 경제와의 관계, 섹슈얼리티와 정치와의 관계 등을 조명한다. 〈넘버 2〉는 이 일련의 관계들을 다루면서 영화를 성찰의 대상이자 도구 모두로 삼는다. 감독 자신이 직접 등장하는 오프닝의 작업실 장면은 이러한 양가적 국면을 압축하면서 고다르가 여러 영화들에서 반복해 온, 매체에 대한 자기 성찰적 개입의 또 다른 사례를 보여준다. 공장에서의 노동, 가정생활, 성행위 등의 다양한 장면들이 두 대의 텔레비전 모니터에서 동시적으로 배치되고 다양한 쌍으로 교차한다. 이 모니터들 너머에는 때때로 필름 영사기가 배치된다. 고다르는 이 모든 장면들을 아날로그 비디오카메라로 촬영하고 이를 두 개의 계열로 나누어 비디오 편집 과정에서 다양한 위치와 위상으로 배열한 후, 그 프레임 전체를 35mm 카메라로 다시 촬영했다. 그 결과 오프닝 장면에서는 두 개의 비디오 이미지들이 서로 다른 크기와 위치로 배치된다(그림 6-11). 이는 텔레비전과 비디오 스크린 내에서 프레임 공간이 "끊임없이 각도와 좌표를 변경하고 수직적인 것과 수평적인 것이 교환되는 전방위적인 공간"이 된다는 들뢰즈의 고찰을 환기시키며, 스필먼이 "다른 아날로그 미디어와 구별되는 다차원적, 전방위적 잠재력"이라 칭했던 비디오의 공간적 특징과도 공명한다. 이러한 특징들을 자신의 몽타주에 반영하면서 영사기를 나란히 배치한 고다르의 전략은 텔레비전과 비디오의 새로운 공간적 존재론이 영사를 바탕으로 한 영화장치와 어떻게 다른가를 고려하면서 이러한 존재론을 영화적 사유로 어떻게 연장시킬 것인가에 대한 고민을 담고 있다.

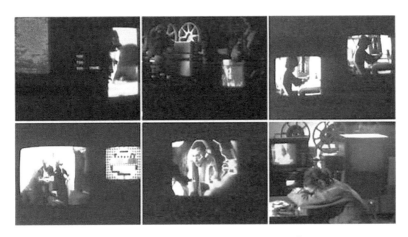

(그림 6-11) 고다르, 〈넘버 2 (Numéro Deux, 1975)〉

요약하면, 〈여기와 저기〉, 〈넘버 2〉는 비디오 매체에 특징적인 공간적 미학과 기법의 양상들인 전방위적인 프레임과 스크린 공간, 합성, 공간적 몽타주를 활용하여 고다르가 영화와의 관계 속에서 생각했던 비디오의 복합적 역할들을 다양한 방식으로 예시한다. 그 역할들은 "이미지를 통해 호흡하는 하나의 방식"을 제시하고 "질문을 제기하고 답하는 과정"을 구성하며 필름 기반 영화와는 다른 시공간적 표현 양식으로 "영화에 대해 성찰하는" 새로운 방식들을 모색하는 것이었다.[31] 고다르는 비디오의 이 모든 역할들이 사유로서의 영화적 몽타

---

31) Philippe Dubois, "Video Thinks What Cinema Creates: Notes on Jean-Luc Godard's Work in Video and Television," in *Jean-Luc Godard: Son + Image, 1974-1991*, eds.

주가 갖는 잠재력을 연장하는 동시에 필름 기반 영화에서는 얻을 수 없는 새로운 공간적 표현의 가능성들을 제공할 수 있을 것으로 생각했다. 그래서 그는 1975년에 다음과 같이 말했다. "비디오에 대한 관심은 주로 내가 원하는 모든 이미지를 다시 주입할 수 있게 하고, 모든 방식의 변경 및 조작을 허용하게 하는 데 있다. 그리고 무엇보다 이미지로 사유할 수 있도록 한다는 데 있다."[32] 마이클 위트(Michael Witt)가 잘 요약하듯 이때부터 고다르에게 "비디오는 발견된 이미지와 사운드를 처리하기 위한 유사-과학적 도구, 즉 그로 하여금 이질적 원천들로부터 온 재료를 결합하고 해부하게 만드는 사유의 도구로 기능했다."[33] 그런데 '이미지로 사유'하고 '발견된 이미지와 사운드를 처리하기 위한' 도구로서의 비디오, 나아가 영화를 포함한 시청각적 이미지의 역사를 재구성할 수 있는 도구로서의 비디오라는 고다르의 이상은 비디오 편집 기술의 발달로만 이루어질 수 있는 것은 아니었다. 이러한 이상은 많은 영화들이 필름 상태로부터 해방되어 비디오테이프에 저장되고 재생될 수 있다는 가능성을 통해서만 실현 가능한 것이다.

4. 비디오필리아와 사색적인 관람성: 〈영화사(들)〉

1970년대 이후 아날로그 비디오 편집 장비의 도입 및 VHS와 같은 비디오 녹화 및 재생 시스템의 대중화는 필름 영화에 기반한 시네필리아와는 다른 비디오필리아(videophilia)의 관람성을 가능하게 했다. 비디오필리아가 시네필리아에 대해 미친 영향은 양가적이다. 우선 VHS와 같은 아날로그 비디오에 전

Raymond Bellour and Mary Lea Bandy, New York: Museum of Modern Art, 1992, 169.

32) "Jean-Luc Godard: L'important c'est les producteurs." Interview by Monique Annaud, Le film français, 14 March 1975, 13. 다음에서 재인용. Michael Witt, Jean-Luc Godard: Cinema Historian, Bloomington, IN: Indiana University Press, 2015, 52.

33) Witt, Ibid.

송(transfer)된 영화의 사본은 필름 영화 원본에 비해 해상도가 낮고 색채의 깊이감과 채도 또한 상대적으로 열악하며, 레터박스(letterbox) 처리가 되지 않을 경우 원본의 화면비율 또한 왜곡될 수 있다. 이런 점들을 지적하며 타시로 (Charles Shino Tashiro)는 "극장관람(filmgoing)의 유사-종교적 측면이 가정에서의 비디오 관람에서는 결여되어 있다"[34]고 주장한다. 그러나 다른 한편으로 타시로는 비디오가 "반복재생, 느린 재생, 프리즈 프레임, 관조적 관람을 할 수 있는 능력을 통해 황홀경을 창조하는 과잉으로의 접근을 허용한다"[35]라고 말한다. 이러한 기능들은 실물보다 큰 스크린에의 몰입을 통한 영화적 순간의 드러남이라는 전통적인 시네필리아에서는 얻을 수 없는, 비디오필리아에 고유한 경험이다.

반복재생, 느린 재생, 프리즈 프레임, 관조적 관람과 같은 기능은 비디오와 영화를 상호 변별적인 매체로 규정하는 관념을 넘어 이 둘을 조우시킨다. 극장에서 관람하는 영화의 이미지는 관람 순간에만 일회적으로 경험되며 찰나적이다. 따라서 필름 영화의 경우 관람자가 특정 이미지를 성찰하고 재해석할 수 있는 순간, 그리고 필름 영화를 규정하는 운동의 환영을 지탱하는 사진적 정지성(stillness)과 만날 수 있는 순간은 슬로우 모션이나 프리즈 프레임의 사용과 같은 특정한 기법들을 통해서만 가능하다. 레이몽 벨루(Raymond Bellour)는 영화 이미지가 필름의 기계적 영사가 부과하는 운동의 환영에서 잠시 유예되어 감속하거나 정지할 때 영화의 본성을 성찰할 수 있는 관람성을 사색적인 관객 (pensive spectator)이라고 불렀다.[36] 로라 멀비는 벨루의 이 개념을 비디오와 DVD라는, 필름을 넘어선 관람 장치로 연장시켜 적용한다. 비디오와 DVD는 반복재생, 느린 재생, 프리즈 프레임을 통해 필름 영화를 자유롭게 지연시키거나 중단시키고, 극장에서의 관람에서는 놓칠 수 있는 필름 영화의 디테일을

---

34) Tashiro, "Videophilia," 13.
35) Ibid.,
36) Raymond Bellour, "The Pensive Spectator," *Wide Angle*, vol. 3, no. 4 (1984): 6–10.

새롭게 발견하도록 이끌며, 나아가 필름 영화 이면의 사진적 정지성과의 만남을 촉진한다는 것이다. 그래서 멀비는 "새로운 테크놀로지를 사용하여 이미지를 멈춰 세우는 사색적인 관객이 정사진이 주는 반향, 즉 일반적으로는 영화의 움직임에 의해 감추어진 죽음과 결합하는 공명, 특히 지표의 아주 강한 흔적을 영화로 가져오게 될 지도 모른다"[37]라고 전망한다. 멀비에게 있어서 비디오와 DVD는 사색적인 관람성을 전문가의 영역에서 더 나아가 일반적 관람객으로 확대시키는데, 이는 비디오필리아가 고전적 시네필리아의 정치학을 변동시킨다는 점 또한 시사한다. 루카스 힐데브란트(Lucas Hilderbrand)가 요약하듯 "만일 현대 시네필리아의 정치학 같은 것이 있다면 - 나는 오늘날의 시네필리아에 있어 지배적이거나 일관된 정치적 입장이 있다고 생각하지 않는다 - 그것은 그 용어의 엄격한 개념에 대한 붕괴일지도 모른다. 시네필리아는 희귀한 전문가 환경이나 순수미학에서 벗어난 보다 일상적인 실천들을 포함하고 있다."[38]

비디오와 DVD가 활성화하는 사색적인 관람성은 영화 소비의 영역은 물론 제작과 편집의 영역과도 관련된다. 마틴 르페브르(Martin Lefebvre)와 마크 퍼스테노(Marc Furstenau)는 VCR을 통한 재생이 비록 필름 영화의 영사와 같은 조건은 사라지게 하지만 빠른 재생, 역재생, 프리즈 프레임과 같은 기능들을 제공함으로써 "스틴벡(Steenbeck) 편집기에 감겨진 필름에 접근하는 편집기사의 역할을 모방한다"[39]라고 주장한다. 르페브르와 퍼스테노는 VCR의 이러한 모방이 가져온 가장 중요한 효과가 영화 분석(film analysis)의 대중화라는 점을 다음과 같이 지적한다. "편집 테이블의 일정한 기능들을 모방하고 영사되는 필름의 미리 결정된 시간적 흐름을 변경함으로써 VCR은 필름 영화들에 대한 보다 엄격한 묘사와 철저한 분석을 가능하게 한다."[40] 물론 영화 분석

37) 멀비, 『1초에 24번의 죽음』, 246쪽. (번역 일부 수정)
38) Hilderbrand, "Cinematic Promiscuity," 217.
39) Martin Lefebvre and Marc Fursteneu, "Digital Editing and Montage: The Vanishing Celluloid and Beyond," Cinémas: Journal of Film Studies, vol. 13, nos. 1-2 (2002), 73.
40) Ibid., 74.

의 대중화는 느린 재생, 역재생, 빨리감기와 같은 기능들의 대중화 이외에도 많은 필름 영화들을 상용 비디오테이프의 구입이나 녹화 작업을 통해 수집하고 개인적으로 아카이빙(archiving)할 수 있다는 가능성 덕분이기도 하다. 여기서 영화 분석은 비디오필리아와 만난다. 힐데브란트가 덧붙이듯 "처음부터 복제의 기술이었던 비디오는 녹화본들을 만들기 위해 도입되었고, 영화광은 처음부터 해적판 제작자였다."[41]

고다르의 〈영화사(들)〉(Histoire(s) du cinéma, 1988-1998)은 아날로그 비디오의 시간-전환 기능들이 활성화하는 사색적인 관람성과 이를 뒷받침하는 비디오테이프의 수집 및 아카이빙이라는 물적 토대를 충분히 활용하고 이를 비디오의 고유한 공간적 편집 기법과 결합하여 영화사의 지층들을 분석하고 20세기의 영화사를 다시 쓰고자 하는 원대한 시도다. 이 거대한 프로젝트를 위해 고다르는 다양한 필름 영화 이미지들을 간헐적으로 감속시키거나 정지시킴으로써 관람자에게 사유의 순간을 촉발하고, 이 이미지들을 정지 이미지로 추출하고 제시함으로써 관람자를 '생각에 잠기'도록 이끄는 동시에 필름 영화를 지탱하는 사진의 정지성을 환기시킨다. 무엇보다도 고다르는 자신이 1970년대 중반부터 편집자 미에빌의 협력으로 발전시킨 비디오 기반의 공간적 몽타주 기법들을 〈영화사(들)〉에서 폭넓게 적용함으로써 스크린 공간을 전방향적이고 다층적으로 활용한다. 그 결과 〈영화사(들)〉에서 가장 두드러진 이미지들은 다양한 중첩의 이미지들이다. 서로 다른 시기의 영화들이 정사진이든 동영상이든 하나의 화면에 겹쳐지고, 그 위에 비디오로 삽입한 텍스트들이 겹쳐진다.

예를 들어 〈영화사들〉의 챕터 1(a)인 〈모든 역사들〉(Toutes les histoires)에서 〈젊은이의 양지〉(A Place in the Sun, 1951)로부터 추출된 엘리자베스 테일러(Elizabeth Taylor)의 모습이 중세 시기 성모 마리아의 아이콘과 중첩되는 장면(그림 12), 챕터 1(b)인 〈유일한 역사〉(Un Histoire seule)에서 19

---

41) Hilderbrand, "Cinematic Promiscuity," 215.

세기의 풍속화와 앙리 랑글루아(Henri Langlois)의 사진이 중첩되면서 '유일한 역사'라는 비디오자막이 첨가되는 장면(그림 13), 챕터 2(b)인 〈치명적 아름다움〉(Fatale beauté)에서 미소를 짓는 여배우의 움직이는 이미지가 카메라를 조작하는 촬영기사의 흑백사진, 그리고 무도회를 스케치한 19세기의 풍속화와 하나의 화면에 나란히 공존하는 장면(그림 14) 등을 들 수 있다. 이와 같은 장면들은 이질적인 이미지들의 자유로운 삽입과 공간적 배열이라는 비디오의 공간적 존재론을 드러내면서, 시간적으로 동떨어진 이미지들의 충돌을 통해 영화사를 과거로부터 현재까지의 선형적 진화로 보는 역사관에 도전한다. 산업적, 기술적 발전으로서의 영화사라는 내러티브를 벗어나 과거의 잊혀진 영화적 잔해들을 부활시키고, 이 잔해들을 영화와 예술사, 영화와 20세기 역사 사이의 다층적 관계 속에서 다시 읽어내는 것이다. 이처럼 선형적 발전의 역사에 균열을 일으키기 위해 이미지에서 과거를 부활시키는 고다르의 기획은 발터 벤야민(Walter Benjamin)이 『아케이드 프로젝트』에서 제안하고 실천한 '변증법적 이미지(dialectical image)'로부터 영향을 받은 것이었다.[42] 중요한 것은 고다르가 이러한 벤야민의 개념을 참고하여 영화 이미지에 함축된 과거가 다른 이미지와의 충돌을 통해 스스로를 말하게 하는 전략을 비디오의 시간-전환과 공간적 몽타주를 통해 수행했다는 것이다. 자크 랑시에르(Jacques Rancière)의 〈영화사(들)〉에 대한 다음과 같은 언급 또한 이 점을 뒷받침한다. "비디오는 고다르에게 이미지를 나타나게 하고 사라지게 하고 혼합시키며, 이미지의 함께-속함의 순수한 왕국과 이미지의 무한한 상호-표현의 잠재성을 구성할 수 있는 새로운 능력을 주었다."[43]

---

42) 고다르의 〈영화사(들)〉에 반영된 벤야민의 변증법적 이미지 및 유물론적 역사관의 영향에 대한 글들은 다음의 연구를 참조할 것. Witt, Jean-Luc Godard: Cinema Historian, 183-184; Kaja Silverman, "The Dream of the Nineteenth Century," Camera Obscura, vol. 17, no. 3(2002): 1-25.; 김성욱, 「역사의 유령과 영화사의 뮤지올로지 : 장 뤽 고다르의 〈영화사〉를 중심으로」, 중앙대학교 첨단영상대학원 박사학위논문, 2009.

43) 자크 랑시에르, 「이미지의 운명」, 김상운 옮김, 현실문화, 2014, 126쪽.

〈그림 12-14〉 영화사(들) (Histoire(s) du cinéma, 1988-1998)〉

5. 올드/뉴 미디어의 연속성과 불연속성

튜브, 테이프 및 디스크가 파일, 픽셀 및 클라우드로 대체되면서 미디어 역
사에서 현재 순간은 비디오를 모든 기술과 실천들을 연결하는 적응력 있고 지
속적인 용어로서 독해할 수 있는 좋은 시점(vantage point)을 제공한다.44)

이 장은 아날로그 비디오가 필름 영화와 물질적, 기술적, 미학적으로 다르다
는 매체 특정성의 양상들 자체를 존중하면서도, 이것들로 인해 아날로그 비디
오의 형태가 영화와 근본적으로 다르다는 기존의 담론들에 도전한다. 즉, 아날
로그 비디오와 필름 영화는 차이들 속에서도 역사적으로 일정하게 조우했다는
것이다. 필름 영화와 구별되는 아날로그 비디오의 본성들이 영화에 영향을 미
칠 때 기존 영화의 형식을 유지하면서도 필름 영화에서는 획득할 수 없는 형태
적, 미학적 변화가 발생한다. 이 글에서는 하네케와 고다르의 영화들이 그런
변화를 드러내고 반영한다는 점을 통해 아날로그 비디오 테크놀로지가 영화의
내러티브 및 몽타주에 미친 영향을 시간, 공간, 그리고 관람성의 측면에서 고찰
해 보았다. 이들의 영화는 피터 그리너웨이의 〈프로스페로의 서재〉(Prospero's
Books, 1991), 아톰 에고이안의 〈스피킹 파츠〉(Speaking Parts, 1989), 빔
벤더스의 〈도시와 의상에 대한 노트〉(Notebook on Cities and Clothes,

---

44) Newman, *Video Revolutions*, 1.

1989)처럼 비디오의 기술적, 미학적 특성들을 드러내면서도 이를 영화와의 관계를 탐구하는데 활용하는 작품들과 연결된다.

기술에 대한 진보적, 유토피아적 수사학은 비디오를 과거와 현재의 문제를 해결하고 더 나은 미래를 제공하는 약속을 실현하는 혁명적 매체로 표현해왔다. 아날로그 비디오는 게릴라적 정치성과 대중적 접근성, 친밀성을 바탕으로 급진적 미학과 일상적 영화문화의 변화를 동시에 가져왔지만, DVD 및 디지털의 등장 이후, 아날로그 비디오의 시대는 그리 오래 지속되지 않았다. 로도윅이 말하듯 영화학은 언제나 기술 변화의 시기를 흥미롭게 받아들이는데, 이 시기에 영화들은 '영화란 무엇인가'에 대한 정체성에 대한 질문을 제기하게 하기 때문이다. 영화학의 아이러니 중 하나는 더 이상 존재하지 않는 대상을 옹호함으로써 새로운 연구대상을 받아들인다는 점이다. 그러나 낡은 매체와 새로운 매체 사이에는 불연속성만큼이나 많은 연속성이 있다.45) 즉 아날로그 비디오는 한편으로는 자신의 고유한 미학적, 기술적 본성들인 즉시성과 동시성, 시간 전환, 유동적 스크린, 공간적 몽타주 등을 유지하면서 이들이 필름 영화의 시공간과 관람성에 영향을 미치게 했다. 그러나 다른 한편으로 이 본성들이 이후 편집 소프트웨어와 DVD, 온라인 스트리밍 서비스를 망라하는 디지털 비디오에 의해 포용될 때 아날로그 비디오는 디지털 시대에도 자신의 잠재적 삶을 유지한다. 그런 점에서 아날로그 비디오는 단지 소멸한 낡은 미디어가 아니라, 필름 영화의 관람성 및 미학적 가치를 변형한 동시에 현재의 디지털 및 인터넷을 통한 무의식과 관람성의 일부를 예고한 미디어로 간주할 수 있을 것이다.

이 장은 아날로그 비디오의 기술적, 미학적 특성이 영화언어를 변화시키고 시네마를 확장시킨 측면에 초점을 맞춘 연구다. 그러나 아날로그 비디오가 보다 대중적인 영역에서 영화문화와 사람들의 일상을 변화시키고 영화의 패러다임을 바꿔놓은 수용 및 관객성의 측면에 대한 논의는 충분히 다루지 못했다.

---

45) 로도윅, 『디지털 영화 미학』, 43쪽.

'가족 이벤트(family events)'를 홈무비의 형태로 담아 녹음과 녹화를 동시에 결합했다든가(기동성, 휴대성), 사전 녹화된 컨텐츠를 시청하도록 하는 홈시어터의 경험, 수집(collecting)과 비디오필리아 같은 유통 및 비디오의 수용과 이것이 가져온 영화문화의 변화에 대한 고찰은 후속연구를 위한 과제로 남겨 둔다.

2장

1. 노스탤지어 영화

2010년대 이후 지금까지 할리우드 영화를 비롯한 주류 영화의 두드러진 경향 중 하나는 노스탤지어 영화(nostalgia film)가 다시 부상했다는 점, 또는 노스탤지어 영화라고 분류하지 않더라도 과거의 문화적 기억에 대한 노스탤지어에 호소하는 장면이나 설정이 영화의 중요한 동력으로 작용하는 경우가 많아졌다는 점이다. 물론 현재에는 도달할 수 없는 과거의 시대적 분위기나 정서를 그 시기의 장르적 요소나 문화적 스타일을 통해 상상적으로 재구성하는 노스탤지어 영화는 프레드릭 제임슨(Fredric Jameson)이 포스트모더니즘의 문화 형식 중 하나로 지적한 바 있기에 그 자체로 새로운 것은 아니다. 제임슨은 노스탤지어 영화의 특징을 "스타일의 함축을 통해 '과거'에 접근한다는 것, 이미지의 화려한 특질로써 '과거성(pastness)'을 담아내고 패션의 속성으로서 '1930년대성' 또는 '50년대성'을 담아내는 것"[1] 으로 규정한다. 여기서 '스타일', '이

---

1) Fredric Jameson, Postmodernism, *or The Cultural Logic of Late Capitalism*. Durham, NC: Duke University Press, 1991), 19.

미지', '패션'은 일차적으로는 과거에 유행했던 음악, 의상, 상품 등의 소비 대상 또는 그러한 대상이 구성하는 시대적 분위기를 재현하는 미장센 또는 사운드의 영역이다. 하지만 노스탤지어 영화가 재구성하는 것은 특정 시기의 대상이나 문화만이 아니다. 과거에 유행했던 특정 영화나 라디오 프로그램, TV 시리즈를 다룰 경우 노스탤지어 영화는 이들의 장르 관습, 무드, 내러티브를 재구성하기도 한다. 제임슨은 조지 루카스의 〈아메리칸 그래피티〉(American Graffiti, 1973)와 〈스타 워즈 에피소드 IV: 새로운 희망〉(Star Wars Episode IV: A New Hope, 1977)을 노스탤지어 영화의 이 두 가지 경향을 예시하는 것으로 본다. 〈아메리칸 그래피티〉는 1950년대의 낙관주의에서 1960년대 초 정치적, 문화적 격변으로 이행하던 시대의 분위기를 로큰롤과 모터사이클, 주크박스 등의 문화적 대상으로 재현한다. 반면 〈스타 워즈 에피소드 IV〉는 영화 내러티브의 자체의 시간성으로는 가까운 역사적 과거를 환기하지 않지만, 외계인 악당과 진정한 미국적 영웅이 등장했던 1930년대 주말 라디오 연속극을 다시 "경험하고자 하는 깊은 열망을 만족"2)시킨다는 점에서 노스탤지어 영화로 간주될 수 있다. 또한 제임슨이 노스탤지어 영화의 중요한 사례로 언급하는 〈보디 히트〉(Body Heat, 로렌스 캐스단, 1981)는 동시대적인 세팅과 미장센을 활용함에도 불구하고 1930년대의 시대적 분위기와 1940년대 초 필름 느와르의 관습 및 무드를 복원한다.3)

그러나 2010년대 이후 노스탤지어 영화의 부상에 기폭제가 되었던 세 편의 영화인 〈아티스트〉(The Artist, 미셸 아자나비시우스, 2011), 〈휴고〉(Hugo,

---

2) Jameson, "Postmodernism and the Consumer Society," in *The Cultural Turn: Selected Writings on the Postmodern, 1983-1998*, New York: Verso, 1997), 8.

3) 이러한 다양성은 노스탤지어 영화가 특정한 주제와 소재, 등장인물 그리고 스토리와 담화구조 등을 공유하는 장르 영화라고 말할 수 없다는 태지호의 견해와 공명한다. 태지호는 노스탤지어 영화가 멜로드라마나 코미디 등 다양한 기존의 영화 장르들과 결합되어 그 장르들의 스타일과 형식을 차용한다는 점에서, "과거에 대한 향수를 불러일으킬 수 있는 현대 대중 영화의 특정한 경향성으로 설명되어야 한다"고 주장한다(태지호, 「문화적 기억으로서 '향수 영화'가 제시하는 재현 방식에 관한 연구」, 「한국언론학보」, 57권 6호 [2013], 427쪽).

마틴 스콜세지, 2011), 〈미드나잇 인 파리〉(Midnight in Paris, 우디 앨런, 2011)와 같은 영화가 재구성하고 환기하는 과거는 제임슨이 노스탤지어 영화의 사례로 거론했던 〈아메리칸 그래피티〉나 〈보디 히트〉 등과 같은 종류의 과거 라고 재단될 수만은 없다. 제임슨이 예시한 노스탤지어 영화는 이전에 유행한 노래나 패션과 같은 "스타일의 함축을 통해 '과거'에 접근"[4]하거나(〈아메리칸 그래피티〉에서의 1950년대 후반 유행했던 미국의 패션과 음악), 〈보디 히트〉처럼 1940년대 필름 느와르와 같은 이전 장르의 관습 또는 무드를 차용하는 혼성모방(pastiche)의 전략을 따른다. 〈아티스트〉, 〈휴고〉, 〈미드나잇 인 파리〉 또한 '스타일의 함축' 또는 '장르적 혼성모방'을 활용하지만, 이 세 편의 작품은 영화학자 제이슨 스퍼브(Jason Sperb) 의 표현을 빌리자면 "영화에 대한 일련의 노스탤지어적인 러브레터"로, 2011년 영화비평가와 영화산업이 수여하는 "시상식의 상찬을 받았다."[5] 즉 이 세 편의 영화가 재구성하고 환기시키는 과거는 무성영화에서 발성영화로의 이행기에 직면한 배우의 위기와 극복 과정(〈아티스트〉), 이러한 이행기가 지난 이후 재조명되는 영화 탄생의 개척자 조르주 멜리에스와 그를 알게 된 소년의 모험(〈휴고〉), 그리고 영화의 탄생기인 1890년대와 무성영화의 황금기 및 첫 번째 아방가르드 영화가 정립된 시기인 1920년대로의 시간여행(〈미드나잇 인 파리〉) 등 모두 필름 시대 영화의 역사적 국면과 다양한 양상으로 연관된 과거다.

이처럼 과거의 영화사 혹은 영화산업에 대한 직접적인 자기 반영적 서사를 전개하거나 필름 시대 영화의 시청각적 요소나 장르적 유산을 현대적으로 복원한 영화들은 다양한 방식으로 최근 몇 년 간 유행해 왔다. 35mm 필름으로 촬영되고 와이드스크린과 테크니컬러의 미학을 복원하여 할리우드와 유럽 뮤지컬영화의 내러티브와 화면구성을 동시대 로스앤젤레스와 파리에 매혹적으로 복원

---

4) Jameson, Postmodernism, 19.
5) Jason Sperb, *Flickers of Film: Nostalgia in the Time of Digital Cinema*, New Brunswick, NJ: Rutgers University Press, 2016, 52.

한 〈라라 랜드〉(La La Land, 데이미언 셔젤, 2016)는 '영화에 대한 노스탤지어적 러브레터'의 유행을 지속시키는데 결정적으로 기여했다. 〈셰이프 오브 워터: 사랑의 모양〉(The Shape of Water, 기예르모 델 토로, 2017) 또한 이와 같은 흐름을 보여준다. 비록 〈라라 랜드〉처럼 음악산업 또는 영화산업에 대한 자기반영적 내러티브를 전개하지는 않지만, 이 영화는 1950년대 냉전 시기의 SF영화를 1960년대 초를 배경으로 한 괴생명체와 장애인과의 로맨스로 변환하는 과정에서 영화 관람의 주요 매체로서의 텔레비전의 정착 및 이에 따른 영화산업의 위기를 참조하는 장면들을 삽입했다. 엘라이자의 이웃인 가난한 동성애자 삽화 화가 자일즈는 신문사로부터 일감을 받지 못하는 현실로부터 위로를 받는 수단으로 텔레비전에 의존하는데, 텔레비전은 1930년대 뮤지컬 영화를 비롯한 과거 할리우드 영화의 유토피아를 안방에서 접근할 수 있게 하는 매체로 그려진다. 이는 엘라이자의 아파트 아래층에 있는 오피움(Orpheum) 영화관의 쇠락과 대비되는데, 〈룻 이야기〉(The Story of Ruth, 헨리 코스터, 1960) 등 와이드스크린 포맷으로 많은 자본과 인력을 투입하여 제작된 성서 소재의 서사극 영화를 보는 관객은 소수에 불과하다는 점에서 텔레비전의 등장과 보편화로 위기에 빠진 1960년대 초 할리우드의 상황과 연결된다. 이처럼 과거의 영화사나 영화산업에 대한 향수를 불러일으키는 최근 할리우드의 경향은 과거를 복원한 영화에만 그치지 않고, 〈레디 플레이어 원〉(Ready Player One, 스티븐 스필버그, 2018)에서도 〈샤이닝〉(Shining, 스탠리 큐브릭, 1980)에서 '룸22호'를 재연한 공간이 게임의 한 상황으로 출몰하듯 가상적 미래의 게임 공간을 현란한 디지털 시각효과로 펼쳐내는 영화들까지도 적용된다. 이처럼 필름 시대의 영화에 대한 노스탤지어를 전체적 또는 부분적으로 포함한 영화들의 유행은 암울한 서부극의 배경을 생생한 색감과 넓은 화면비로 재창조하기 위해 울트라 파나비전 70mm로 〈헤이트풀 8〉(Hateful 8, 2015)을 촬영한 퀜틴 타란티노, 그리고 아이맥스(IMAX) 필름 카메라의 옹호자임을 〈다크 나이트 라이즈〉(The Dark Knight Rises, 2012)와 〈덩케르크〉(Dunkirk, 2017)로 입증하면서 필름의 중요성을 제작 및 담론의 차원에서 강조해 온 크리스토퍼 놀란의 사례와도 공명한다.

즉 필름 시대의 영화에 대한 노스탤지어를 자아내는 영화에는 디지털로의 이행이 미친 산업적, 문화적 영향에 대한 반응인 필름 영화의 소멸에 대한 인식, 필름 영화가 구축해 온 풍부한 미학적, 장르적, 기술적 전통이 도달 불가능한 과거가 되고 있다는 인식, 시각효과에서 상영에 이르기까지 디지털로 제작 및 산업의 표준이 빠르게 대체되어 왔다는 인식이 자리하는 것이다. 2000년대부터 급속하게 이어지고 있는 필름 카메라의 생산 감소와 필름 현상 시설의 폐쇄 증가, 필름 상영에서 디지털 영사 시스템으로의 대체, 2012년 이스트먼 코닥(Eastman Kodak) 파산 등의 기술적, 산업적, 문화적 변동과 호응하는 이러한 인식은 필름 시대의 시네마를 넘어서는 포스트-시네마(post-cinema)의 상황에 호응하는 인식이며,6) 필름 시대의 영화에 대한 노스탤지어에 호소하는 영화는 이러한 인식에 내포된 현재의 위기와 과거의 재구성이라는 두 가지 반응을 내러티브와 화면구성, 그리고 이미지의 미학적 차원에서 기입한다. 앤드류 길버트(Andrew Gilbert)의 표현을 인용하자면 셀룰로이드에서 디지털로의 전환에 대한 할리우드의 대응을 예시하는 이러한 영화는 "과거와 현재를 화해시키고자 하는 갈등을 다루고 그 자체의 해결과 결말을 제공"하며, 관객은 이 영화에서 "노스탤지어의 고통, 전환의 문제, 그리고 과거의 힘과 필요성을 발견"7)하게 된다.

이때 이러한 영화가 기입하는 이러한 두 가지 반응은 다음과 같은 질문을 제기한다. 첫째, 필름 시대에 대한 노스탤지어 영화는 노스탤지어 양식에 대한

---

6) 이러한 상황을 잘 요약한 연구는 다음을 참조. 정찬철, 「포스트시네마로의 전환」, 『영화연구』 64호 (2015), 135-175쪽.

7) Andrew Gilbert, "The Death of Film and the Hollywood Response," *Senses of Cinema* 62, http://sensesofcinema.com/2012/feature-articles/the-death-of-film-and-the-hollyw ood-response (2018년 6월 20일 접근).

부정적인 견해인 역사의식의 상실, 또는 과거의 역사적 모순과 다양성을 소거시키고 혼성모방에 의존하는 피상적인 과거 재구성으로 이어지는 것인가? 둘째, 이러한 영화를 포스트-시네마 상황에 대한 대응으로서 바라본다면, 이러한 영화의 제작 과정과 미학적 특질은 과연 필름 시대를 과거로, 디지털을 현재로 구분하는 인식에 의존하는 것인가? 이 장은 〈휴고〉와 〈원더스트럭〉(Wonderstruck, 토드 헤인즈, 2017)을 분석하면서 이러한 질문에 대한 답을 모색한다. 첫 번째 질문에 대해 이 장은 이 두 편의 영화가 필름 시기 영화의 제작 과정과 미학을 상실한 과거로 다루면서도 과거 영화사를 성찰적으로 접근하거나(〈휴고〉) 서로 다른 과거의 영화적 세계를 창조적으로 접속시킨다는 점에서(〈원더스트럭〉), 제임슨이 노스탤지어 양식의 징후로 지적한 '역사의식의 감퇴'로 귀결되지 않음을 주장한다. 아울러 두 번째 질문에 대해서는 이러한 노스탤지어 영화가 포스트-시네마 시대를 가져온 일차적 동인인 디지털 테크놀로지의 확산에 대한 반응임을 전제하면서도, 이러한 영화의 기술적, 미학적 차원을 독해함으로써 디지털을 현재로, 필름을 과거로 엄밀히 구별하고 이 둘을 대립적인 관계로 고착시키는 이분법적 견해를 넘어설 필요가 있음을 시사한다. 〈휴고〉와 〈원더스트럭〉에서 디지털 합성, 디지털 3D 촬영 및 디지털 색보정과 같은 디지털 영화제작의 기법들은 초기영화와 테크니컬러 등 필름 시대의 영화적 아우라를 재창조하거나 창조적으로 재구성하는데 사용된다. 이러한 사용 방식의 기술적, 미학적 층위를 분석함으로써 본 논문은 포스트-시네마 시대의 노스탤지어 영화가 필름 시대를 단순한 상실과 그리움의 대상으로 물신화하는 것을 넘어 이 시대 영화의 미학과 관람성, 시대적 분위기에 대한 생산적 접근과 재구성 또한 가능하게 한다는 점을, 또한 디지털이 아날로그와의 단절을 넘어 영화사에 대한 자기반영적 회고를 위해 생산적으로 융합할 수 있음을 주장한다.

제임슨이 미장센, 세팅, 내러티브, 장르 등의 다양성을 포괄하는 노스탤지어 영화의 특징으로 지적하는 것은 이러한 요소들이 과거의 역사적 사건이나 주체를 재현하는 근대적 리얼리즘의 패러다임이 아니라, 상호텍스트성을 활성화함으로써 과거에의 접근을 특정한 문화적 대상으로 환원하는 혼성모방의 기능을 수행한다는 것이다. 그가 말하듯 상호텍스트성은 노스탤지어 영화가 발휘하는 "미학적 효과의 정교한 붙박이(built-in) 특성"이며, 이를 통해 "미학적 스타일의 역사는 '실제' 역사의 자리를 대신한다."[8] 제임슨에 따르면 혼성모방으로 구성되고 상호텍스트적인 독해를 촉진하는 노스탤지어 영화는 "우리의 역사성이 줄어드는 것에 대한, 어떤 능동적인 방식으로 역사를 경험할 수 있는 우리의 생생한 가능성이 줄어드는 것에 대한 정교한 징후로 출현"[9]한다. 그럼에도 불구하고 제임슨은 노스탤지어 영화가 역사성의 감퇴를 긍정적으로 보상하지 못하기 때문에 부정적으로 바라본다. 이러한 영화에서 "한 시대의 스타일은 내용이 되고, 그 시대의 사건은 그것의 유행으로 대체됨으로써 일종의 전형적인 세대적 시대구분을 낳으며," 이러한 시대구분에는 역사를 재구성할 수 있는 "내러티브로 기능할 역량이 결여"[10]되어 있기 때문이다.

그러나 노스탤지어 영화에 대한 제임슨의 부정적 견해를 넘어, 노스탤지어가 반드시 역사 감각의 상실만을 확인하거나 과거에 대한 물화된 미적 경험만을 제공하는 것만은 아니라는 점을 지적할 필요가 있다. 즉 노스탤지어는 현재의 위기에 대응하여 과거의 기억을 회복하고자 하는 미적 형태 또는 감성적 구조가 될 수 있다. 안드레아스 후이센(Andreas Huyssen)은 제임슨과 마찬가지로 노스탤지어를 포스트모던 문화의 중요한 특징으로 지적하지만 제임슨에 비

---

8) Jameson, *Postmodernism*, 20.
9) Ibid., 21.
10) Jameson, "Transformation of the Image in Postmodernity," in *The Cultural Turn*, 129.

해서는 노스탤지어에 대해 보다 양가적인 판단을 내린다. 한편으로 포스트모던 미디어와 정보 기술이 생산하는 노스탤지어는 체험된 기억을 대체하는 '상상된 기억(imagined memory)'의 산물이라는 점에서 건망증의 문화(culture of amnesia)[11]를 구축한다. 여기서 '건망증의 문화'란 과거를 상실된 것으로 상정함으로써 현재의 문화적, 경제적, 정치적 모순에 대한 총체적 인식을 유예시키는 문화다. 후이센은 "역사와 기억에 대한 욕망이 나머지 시간에 대한 현재의 공격으로부터 방어하기 위한 정교한 형식일 수도 있다"[12]라고 덧붙임으로써 이 점을 분명히 한다. 그럼에도 불구하고 후이센은 다른 한편으로 노스탤지어가 촉진하는 "기억으로의 전환"에 동력을 공급하는 것이 "시간의 점증하는 불안정성과 체험된 공간의 파편화를 특징으로 하는 세계 속에 스스로를 정박하고자 하는 욕망"[13]이라는 점을 덧붙인다.

후이센의 이와 같은 양가적 입장은 노스탤지어에 대한 탁월한 연구를 남긴 스베틀라나 보임(Svetlana Boym)의 견해와 공명한다. 노스탤지어가 다른 시공간으로 회귀하고자 하는 달콤 쌉싸름한(bittersweet) 감정 구조임을 강조하면서 보임은 노스탤지어가 "사이버스페이스와 가상 지구촌에 대한 우리의 매혹" 못지않게 전지구적인 열망의 대상이 되었으며, 이는 "집단적 기억을 가진 공동체에 대한 정서적 열망, 파편화된 세계 속에서의 연속성에 대한 갈망"이라는 점에서 "가속화된 리듬의 삶과 역사적 격변의 시간 속 방어 기제로 다시 출현한다"[14]라고 주장한다. 제임슨과 마찬가지로, 또는 후이센의 일부 입장과 결을 같이 하면서 보임 또한 노스탤지어의 위험이 "실제 고향과 상상적 고향을 혼동하는 경향이 있는 것"[15]이라는 점을 덧붙인다. 하지만 후이센의 다른 입장

11) Andreas Huyssen, ""Present Pasts: Media, Politics, Amnesia," *Public Culture*, vol. 12, no. 1 (2000), 27.
12) Huyssen, *Twilight Memories: Making Time in a Culture of Amnesia* , New York: R outledge, 1995, 88.
13) Huyssen, ""Present Pasts," 28.
14) Svetlana Boym, *The Future of Nostalgia*, New York: Basic Books, 2001, xiv.
15) Ibid., xvi.

과 마찬가지로 보임은 노스탤지어의 과거 지향성에 시간의 불안정성과 공간의 파편화에 대응하고자 하는 긍정적 기능이 일정 부분 있음을 인정하는 셈이다. 노스탤지어의 이러한 양가적 국면을 심화하면서 보임은 회복적 노스탤지어 (restorative nostalgia)와 성찰적 노스탤지어(reflective nostalgia)를 구별하고, 이 둘이 상호 배타적인 구별이라기보다는 과거를 향한 열망에 형상과 의미를 부여하는 두 가지 경향을 말한다고 덧붙인다. 회복적 노스탤지어는 귀향 (nostos=homecoming)에 중점을 두고 상실한 집을 재구축하고 기억의 격차를 해소할 것을 제안한다. 반면 성찰적 노스탤지어는 그리움과 상실 자체의 고통(algia=pain)을 체화하면서 불완전한 기억으로의 접근과 그 기억의 재구성 과정에 초점을 맞춘다. 회복적 노스탤지어가 재구성되는 과거의 진정성을 단언하는 반면, 성찰적 노스탤지어는 시간과 역사의 녹을 간직한 채 폐허 속에 남아, 또 다른 공간과 시간을 꿈꾼다.16) 결국 후이센과 보임의 입장을 정리하면, 이들은 노스탤지어가 실제 역사로의 접근에 완전히 성공하지는 못하는 상상된 기억으로부터 비롯된다는 점을 지적하면서도, 그것이 바로 그 기억의 시간에 대한 강력한 그리움을 촉발한다는 점에서 생산적인 역할을 수행한다는 점 또한 간과하지 않는다. 특히 보임은 노스탤지어가 "과거에 대한 것만은 아니며 … 회고적일 수 있지만 전망적 (prospective)이기도 하다"17)라고 덧붙임으로써 그것의 생산성을 더욱 부각시킨다.

리처드 다이어(Richard Dyer)와 팸 쿡(Pam Cook)은 후이센과 보임이 부분적으로 밝힌 노스탤지어에 대한 생산적 입장을 영화미디어연구의 맥락에서 보다 분명하게 강조한다. 다이어는 "혼성모방을 통해 우리의 정서가 가진 역사성을 느낄 수 있다"18)고 말한다. 이는 노스탤지어 영화에서 관객이 혼성모방이 환기하는 원전 텍스트의 존재를 혼성모방으로 복원된 과거의 미적 경험

---

16) Ibid., 41.
17) Ibid., xvi.
18) Richard Dyer, *Pastiche*, New York: Routledge, 2006, 130.

과 병치함으로써 과거에 대한 역사성을 체험할 수 있음을 시사한다. 쿡은 이러한 가능성을 다음과 같이 보다 분명하고 상세하게 피력한다. "노스탤지어는 진보와 현대성을 향한 이행의 일부를 형성할 수 있다. 불신의 유예는 이러한 이행에 중심적인데, 노스탤지어가 상실되었고 이상화된 무엇을 갈망하는 것과 그것이 실제로 결코 회복될 수 없고 이미지를 통해서만 접근될 수 있음을 시인하는 것 간의 변증법에 기초하는 한 그렇다."[19] 이러한 견해를 바탕으로 쿡은 노스탤지어 영화가 사회적 변화와 역사적 분석이 결여된 무시간적 지대에 과거를 상상적으로 재생함으로써 과거를 탈-역사화한다는 비판에 맞선다. 쿡은 노스탤지어 영화가 과거의 재현을 통해 그 과거를 이상화하는 충동에도 불구하고 그 과거가 이미 상실되었다는 점을 전제한다고 주장한다. 이런 관점에서 볼 때 노스탤지어 영화가 과거로의 퇴행적 도피가 아니라 현재의 자각을 위한 과거로의 접근을 가능하게 하는 지점은 실제 역사와 재현된 역사 사이의 바로 그 간극이다.

지금까지 논의한 노스탤지어 영화에 대한 양가적 입장은 필름 영화의 시대적 분위기나 미학적, 기술적, 장르적 요소를 재구성하는 최근 영화들에도 적용될 수 있다. 디지털 영화의 시대에 다양한 방식으로 환기되는 노스탤지어에 대한 심화된 연구를 펴낸 제이슨 스퍼브는 〈휴고〉와 〈아티스트〉가 포스트모던 혼성모방의 스타일로 필름 영화 시대의 과거를 회고하는 방식을 부정적으로 평가한다. 이 두 편의 영화는 모두 무성영화에서 발성영화로의 산업적, 기술적, 미학적 이행기(transitional period)를 다루었는데, 스퍼브는 이 두 편의 영화가 이러한 이행기에 내재된 모순과 갈등을 조명하기보다는 이들을 지우거나 유토피아적으로 봉합하는 방식을 취한다고 주장한다. 〈휴고〉는 한때 잊혀진 초기영화의 창안자 조르주 멜리에스를 주인공 소년의 매개로 복권시켜 그를 영화의

---

19) Pam Cook, *Screening the Past: Memory and Nostalgia in Cinema*, New York: Routledge, 2005, 3.

기술적, 미학적 출발점을 알린 선구자로 인증하는 신화적 결말로 나아간다. 이와 유사하게 〈아티스트〉는 발성영화로의 이행기에 존재론적 위기에 직면한 무성영화 전문 배우가 기술적 변화를 받아들이는 화해의 결말로 나아간다. 이러한 내러티브를 전개하는 가운데 이 두 편의 영화는 초기영화의 색채와 화면구성(〈휴고〉), 흑백 무성영화와 초기 발성영화의 시청각적 미학(〈아티스트〉)을 충실히 재구성함으로써 영화사와 관련된 상호텍스트적인 독해를 촉진하지만, 과거에서 미래로 이어지는 영화의 기술적, 양식적 발전에 대한 선형적 역사로 회귀함으로써 과거에 대한 비판적 의식은 휘발시킨다. 스퍼브는 〈휴고〉와 〈아티스트〉에 공통적인 배경인 발성영화로의 이행기를 아날로그 영화에서 디지털 영화로의 이행기에 대한 알레고리로 해석하면서, 이 두 편의 영화가 그러한 이행기를 시청각적 스타일로 물화하거나 지나간 과거의 신화로 다루는 방식이 오늘날의 포스트-시네마 상황이 야기한 산업적, 기술적 모순들을 은폐하는 효과를 낳는다고 지적한다. "노스탤지어는 미학적, 기술적 변화의 상상된 불가피성을 촉진하는 재확인의 서사들을 통해 필름의 과거와 영화의 미래 사이의 관계를 예찬한다. 그런데 이러한 종류의 자각적 노스탤지어는 디지털 이행이 갖는 복잡한 경제적 현실들과 관련한 의심, 비판, 대안들에 대한 저항적 공간의 가능성을 봉쇄한다."[20] 이러한 맥락에서 볼 때 〈휴고〉와 〈아티스트〉가 필름 시대 영화의 미학을 복원함에도 불구하고 디지털 영사 시스템으로 상영된 점, 그리고 〈휴고〉가 디지털 3D로 상영된 점은 필름에서 디지털로의 이행을 자연스러운 발전으로 취급하는 할리우드 영화산업의 역량을 찬미하는 결과로 이어지며, 이러한 이행기의 모순에 해당하는 셀룰로이드 영사 시스템의 종식, 필름 카메라의 생산 축소 등에 대한 고려는 봉쇄된다.

제임슨의 비판적 견해를 필름 시대를 다룬 동시대 노스탤지어 영화에 적용한 스퍼브의 견해는 이러한 영화의 제작 및 유행과 관련된 포스트-시네마 상황의

---

20) Sperb, *Flickers of Film*, 8.

산업적, 문화적, 미학적 맥락을 이해하는데 상당히 유용하다. 하지만 보임과 다이어, 쿡의 논의를 연장하자면 이러한 영화의 노스탤지어 양식이 비단 필름 시대의 영화에 대한 역사적 인식을 총체적으로 감퇴시킨다고 보기는 어렵다는 점에서 반론의 여지가 있다. 또한 스퍼브의 견해에는 왜 이러한 영화가 필름 시대 영화의 역사와 미적 경험을 복원함에도 불구하고 제작과 상영의 차원에서 필름 기반 장치나 기법이 아니라 디지털 기술에 의존하며 이러한 기술이 어떤 효과를 낳는가에 대한 정교한 분석이 빠져 있다. 이러한 분석이 요구되는 까닭은 스퍼브의 견해에 다음과 같은 질문이 결여되어 있기 때문이다. 즉 포스트-시네마 시대의 일련의 영화들이 필름 시대에 대한 노스탤지어를 환기시키고자 한다면, 이를 목표로 하는 영화들은 일차적으로 그 시대의 시청각적 스타일과 기법, 매체에 의존해야 할 것이다. 하지만 이러한 범주에 묶이는 동시대의 영화들이 촬영부터 후반작업에 이르기까지 필름 기반의 도구와 기법들로만 제작되는 것이 아니라면, 이러한 영화들이 드러내는 필름 시대에 대한 노스탤지어와 멜랑콜리를 "셀룰로이드라는 죽어가는 매체에 대한 마지막 슬로건"[21]으로만 바라보는 스퍼브의 견해는 필름과 디지털을 각각 과거와 현재로 이분법적으로 바라보는 한계를 드러내는 것으로 보인다. 이를 극복하기 위해서는 필름 시대를 다룬 동시대 노스탤지어 영화에서 디지털 기술이 여전히 포스트-시네마 시대에도 존속하는 필름 시대 영화의 물질적, 기술적, 미학적 구성요소와 어떻게 상호작용하는가, 또는 그러한 구성요소를 어떻게 회복함으로써 필름 시대의 영화사라는 상실된 과거에 접근하게 되는가를 질문하는 것이 긴요하다.

이러한 질문을 〈휴고〉와 〈원더스트럭〉에 대해 제기하고 답하기 전에 〈라라랜드〉를 간략히 살펴보기로 한다. 〈라라 랜드〉는 1950년대 할리우드 영화에

---

21) Sperb, "Specters of Film: New Nostalgia Movies and Hollywood's Digital Transition," *Jump Cut*, no. 56 (2014-2015), https://www.ejumpcut.org/archive/jc56.2014-2015/SperbDigital-nostalgia/index.html (2018년 6월 1일 접근).

유행했던 테크니컬러(Technicolor)의 화려하고 선명한 색감, 그리고 이를 바탕으로 제작된 스튜디오 뮤지컬 영화 및 〈이유 없는 반항〉(Rebel without a Cause, 니콜라스 레이, 1955)과 같은 다른 동시대 영화의 시각적 스타일과 미장센을 회고적으로 재구성한다. 이를 위해 감독 데이미언 셔젤은 1950년대 할리우드에서 확산되었던 와이드스크린 포맷의 일종인 2.55:1 시네마스코프(Cinemascope)를 채택했고 35mm 파나비전(Panavision) 카메라와 애너모픽(anarmorphic) 렌즈를 활용했다.[22] 따라서 전반적으로 이 영화의 노스탤지어 양식은 필름 시대 영화의 장르와 미장센, 내러티브뿐 아니라 매체 및 장치에 의존하지만, 이 영화의 제작 과정 전체가 디지털을 완전히 배제하지는 않았음을 염두에 둘 필요가 있다. 셔젤은 두 주인공이 사랑을 확인하는 그리피스 천문대에서의 장면 등 촬영만으로는 구현할 수 없는 일부 장면들에 디지털 합성(digital compositing), 즉 프레임 내에 "단일한 이음매 없는 대상을 창조하기 위해 여러 요소들(실사 이미지, 가상 세트, 디지털로 창조된 2D 또는 3D 대상 등)을 결합하는"[23] 기법을 활용했다. 특히 이 영화에서 동시대적 현재와 필름 시대 뮤지컬 영화의 스펙터클을 접속시키는데 결정적으로 기여한 로스앤젤레스 고속도로에서의 오프닝 장면은 8,000개 이상의 프레임을 포함한다. 이 프레임들이 역동적이고 연속적인 롱 테이크로 지각될 수 있도록 하기 위해 영화의 후반제작팀은 수백 대의 컴퓨터를 동원하여 촬영 중에는 포함되지 않은 여러 디지털 배우와 자동차를 삽입하고 현장의 촬영 장비와 트럭을 지우는 작업, 촬영된 수십 개의 커트를 하나의 시퀀스로 이어붙이는 작업을 수행했다.[24]

---

[22] Anon., "Technology Was Used To Make *La La Land* So Visually Rich And Colorful?", *Forbes*, March 3, 2017.
https://www.forbes.com/sites/quora/2017/03/03/what-technology-was-used-to-make-la-la-land-so-visually-rich-and-colorful/#52cc3b393b58 (2018년 6월 15일 접근).

[23] Lev Manovich, *The Language of New Media*, Cambridge, MA: MIT Press, 2001, 139.

[24] Tom Huddleston Jr. "This Studio Had a Special Effect on *La La Land*," *Fortune*, February 23, 2017.
http://fortune.com/2017/02/23/crafty-apes-movie-digital-special-effects-la-la-land (2018년 6월 10일 접근).

스테판 프린스(Stephen Prince)의 지각적 리얼리즘(perceptual realism)의 개념을 적용한다면 이 오프닝 시퀀스는 "지시대상의 차원에서는 허구적이지만 지각적으로는 사실적인"25) 인상을 전달한다는 점에서 할리우드 영화에서의 디지털 합성의 주된 목표인 환영성의 요건을 충족하고, 이 시퀀스의 목표인 고전 뮤지컬 영화에 대한 오마주의 토대가 된다. 그런데 카메라 앵글과 거리의 차이를 초월하는 방식으로 이 시퀀스가 제공하는 공간적인 연속성의 감각은 촬영과 몽타주의 상호작용에 근거한 스튜디오 뮤지컬의 제작 체계 내에서는 불가능한 연속성이기도 하다. 따라서 이 연장된 동시에 합성된 롱 테이크는 이음매 없음을 전제로 한 환영주의적 사실성을 넘어서는 거리감을 남기는데, 보임과 다이어, 쿡의 견해를 연장해볼 때 이러한 거리감은 두 가지를 시사한다. 하나는 아무리 필름 카메라에 의존한다고 하더라도 고전 할리우드 뮤지컬의 세계를 온전히 현재에는 회복할 수 없음을 암시한다는 점에서 이러한 거리감은 과거를 허구적으로 회복하는 충동으로서의 노스탤지어보다는 과거의 상실을 수반하는 노스탤지어를 표시한다는 것이다. 다른 하나는 이러한 상실에도 불구하고 필름 시대 영화가 과거가 된 지금 이 시기 영화의 미학적 유토피아와 대면하기 위해서는 디지털이 비록 필름과 여러 가지로 대립됨에도 불구하고 그것이 과거를 현재에 일정 부분 생산적으로 회복하는데 기여할 수 있다는 점이다. 이러한 역할 중 하나는 이 시퀀스가 비록 일차적으로는 필름 시대 뮤지컬의 통합적 스펙터클에 대한 오마주임에도 불구하고 이 스펙터클에서는 얻을 수 없었던 새로운 미학적 경험을 창조하는 것인데, 이는 〈라라 랜드〉의 내러티브가 고전 뮤지컬 장르의 통합적 결말을 반복하지 않고 그 불가능성을 드러내는 결말로 선회하는 것과 간접적으로 연결된다.26)

---

25) Stephen Prince, "True Lies: Perceptual Realism, Digital Images, and Film Theory," *Film Quarterly*, vol. 49, no. 3 (1996), 32.

26) 고전 할리우드 뮤지컬 영화가 추구하는 통합의 이상에 대해서는 다음을 참조. Dyer, "Entertainment and Utopia," in Dyer, *Only Entertainment*, 2nd edition, New York: Routledge, 2002, 19-35.

〈휴고〉는 무성영화에서 발성영화로의 전환기와 멜리에스의 영화제작 과정에 대한 상상적 서사라는 차원 이외에도 디지털 3D와 디지털 합성을 비롯한 다양한 디지털 시각효과를 전통적인 영화에서의 물리적 세트 디자인과 유기적으로 이음매 없이 결합하여 필름 시대에 대한 노스탤지어를 시청각적으로 복원한다. 예를 들어 주인공이 매달리는 커다란 시계탑은 영화가 발명되기 이전부터 존재했고, 영화 내에서도 휴고 카브레의 아버지가 남긴 유산인 자동기계의 전통을 떠오르게 하면서, 기계장치에 힘입어 발명된 현대성의 시간을 환기시킨다. "온갖 기어와 휠, 플라이휠 등이 전부 움직이는데 진짜 시계 그대로"[27]였다는 스콜세지의 언급처럼, 이 시계의 외부는 물론 내부를 구성하는 부품들은 프로덕션 디자인 팀에서 물리적으로 직접 제작한 것이다. 미로와 같은 시계 내부를 돌아다니며 톱니바퀴들의 다양한 동작에 매혹을 느끼는 휴고의 모습은 아버지의 유산인 자동기계에 대한 휴고의 애착과 호응하면서 현대성의 경험에 대한 노스탤지어를 강화한다. 이렇게 제작된 시계에 휴고 카브레가 아슬아슬하게 매달린 장면은 해롤드 로이드(Harold Lloyd)의 잘 알려진 무성 코미디 영화 〈마침내 안전!〉(Safety Last!, 1925)를 떠올리게 한다는 점에서 또 다른 노스탤지어의 기폭제가 된다(실제로 이 영화는 휴고 카브레가 영화관에서 관람한다). 무성영화의 황금기에 창조된 기계–신체의 스펙터클을 복원한 이 장면은 전통적인 특수효과의 영역인 물리적 세트로서의 시계와 이를 둘러싼 1920년대 파리의 도시 경관의 회화적 이미지를 디지털 합성으로 이어붙임으로써 완성되었다(그림 1-3).

---

27) 〈휴고〉 DVD 제작과정 다큐멘터리, 스콜세지 인터뷰.

(그림 1-3)

필름 시대부터 지속된 물리적 세트 위주의 특수효과와 디지털 시각효과 사이의 상호작용이 초기 영화와 1930년대 초의 노스탤지어를 창조하는 또 다른 사례는 〈휴고〉의 가장 역동적인 장면 중 하나인 몽파르나스역에서의 열차 사고 장면일 것이다. 사실상 휴고 카브레가 꾸는 악몽인 이 장면은 플랫폼으로 다가서는 소년의 모습으로 시작된다. 이 순간은 분명 뤼미에르 형제의 〈기차의 도착〉(The Arrival of a Train, 1895)을 떠올리게 하지만, 열차가 탈선하면서 발생하는 충격과 파괴의 모습은 영화의 원초적 출발과는 다른 과거의 사건을 재창조한다. 즉 이 장면은 영화 탄생과 같은 해에 몽파르나스역에서 실제로 발생했고 1명의 사망자와 131명의 부상자를 낳은 탈선 사고를 재창조한 것이다. 이 장면을 복원하기 위해 〈휴고〉의 제작팀은 몽파르나스역 외부와 증기 기관차의 미니어처를 제작하고 아리 알렉사 52(Arri Alexa 52) 디지털 카메라로 충돌 장면을 재연하여 촬영한 후 역사 내의 배경을 촬영 장면에 디지털 합성했다(그림 4-7).[28] 디지털 입체경 3D 효과는 화면의 소실점을 향해 역동적으로 돌진하는 기차의 시점을 강화함으로써, 〈기차의 도착〉 당시 관객이 느꼈을 생생함의 충격을 복원하면서도 초기 영화의 입체감보다 훨씬 강화된 심도와 운동감을 전달한다.

---

28) Mike Seymour, "*Hugo*: A Study of Modern Inventive Visual Effects," *fxguide.com*, December 1, 2011, https://www.fxguide.com/featured/hugo-a-study-of-modern-inventive-visual-effects/ (2018년 6월 20일 접근).

(그림 4-5)

(그림 6-7)

스퍼브는 〈휴고〉를 논의하면서 이 영화에서 활용된 디지털 고화질 촬영 및 디지털 3D 촬영 시스템이 1930년대 파리의 불가능할 만큼 완벽한 비전, 즉 당시의 파리를 역사적으로 충실히 재현하는 풍경보다는 이 도시의 이상화된 그림을 제공한다고 주장한다. 이 그림은 디지털로 구성된 세계로, 이 세계는 "디지털 이전 시대(우리가 여전히 대상이 어떻게 작동하는가를 물리적으로 볼 수 있었을 때)의 물질성을 위한, 1931년과 2011년 사이의 어딘가에 오고 갔던 모더니티의 잠재력에 대한 영광스러운 짧은 단상을 위한 풍경"29)이다. 이러한 풍경 속에서 관객에게 필름 시대에 대한 경이롭고 이상화된 이미지를 제공하는 것은 스펙터클하고 풍부한 디지털 시각성만이 아니라 필름 시대의 기술적 모더니티와 연결된 자동적 사물들, 즉 시계, 기차, 태엽 장난감, 수동 영사기, 그리고 소년과 죽은 아버지 간의 마지막 물질적 연결고리를 대표하는 자동인형에 이르

---

29) Sperb, *Flickers of Film*, 67.

는 기계들과 그 기계의 동작 부위의 일관된 물신화다. 이러한 물신화를 지적하면서 스퍼브는 다음과 같이 덧붙인다. "〈휴고〉에서 기계 시대의 가능성을 향한 향수적인 과거의 유사물인 로봇의 제작은 촬영 이전과 후반작업에서의 컴퓨터 작업으로 세심하게 창조되었으며 이 특별한 자동인형이 창조하는 정교한 예술 작품(멜리에스의 〈달세계 여행〉의 드로잉된 스틸)은 그러한 장치들이 역사적으로 가졌던 실제 능력을 훨씬 넘어섰다."[30]

〈휴고〉에서 필름 시대의 사물들을 물신화하는 방식에 대한 스퍼브의 해석에 일정 부분 동의하면서도, 나는 이 작품의 제작 과정에 활용된 디지털 합성 및 디지털 3D 촬영이 단순히 영화사의 과거를 혼성모방을 통해 신화적으로 찬미하는 것을 넘어 초기영화의 미학과 관람성에 대한 현재 관점에서의 접근을 가능하게 한다고 주장한다. 〈휴고〉는 톰 거닝(Tom Gunning)이 내러티브의 인과론적 전개를 목표하기보다는 스펙터클과 영화의 기술적 역량을 관객에게 직접적으로 전시했던 초기영화의 고유한 제작 양식으로 명명했던 '어트랙션의 영화(cinema of attractions)'[31]와 오늘날 디지털 스펙터클 영화와의 관련성을 확인시키기 때문이다. 스콜세지는 영화 중반부터 결말까지 이어지는 멜리에스의 영화제작 과정과 관련된 에피소드에서 〈달세계 여행〉(A Trip to the Moon, 1902)을 비롯한 주요 작품이 가진 영화장치의 마술적 형상 변형 능력을 충실히 재현하고자 했다. 이러한 의도를 실현하는 과정에서 디지털 합성은 멜리에스의 초기 트릭 테크닉을 동시대 영화 제작 환경에 부합하게 번역하고, 디지털 3D 촬영은 이러한 테크닉으로 변형되는 형상에 생생한 입체감을 더해 멜리에스의 영화에 대한 당대 관객의 경이감을 상상적으로 현대에 환기시킨다. 또한 주인공이 멜리에스와 조우하기 전 주 무대가 되는 파리 몽파르나스역을 중심으로 한 시퀀스들은 디지털 합성에 근거한 운동감 있고 스펙터클한 장면들

---

30) Ibid.
31) Tom Gunning, "The Cinema of Attractions: Early Film, Its Spectator and the Avant-Garde," in *Early Cinema: Space, Frame, Narrative*, ed. Thomas Elsaesser, London: British Film Institute, 1990, 56-62.

을 전시한다. 이는 '어트랙션의 영화'가 1910년대에 고전적 할리우드 영화 양식에 주도권을 내주었음에도 불구하고 1970년대 이후의 스펙터클 영화에서 여전히 이어지고 있다는 거닝의 주장("최근의 스펙터클 영화는 자신의 뿌리를 자극과 카니발적인 탈것에 두어 왔다"[32])과 호응한다. 그런데 이러한 형식적 관련성 이상으로 〈휴고〉에서 몽파르나스 역에서의 열차 사고 장면이 환기시키는 〈기차의 도착〉은 '어트랙션의 영화'의 관람성에 내재된 양가적 면모와 연결된다. 거닝은 '어트랙션의 영화'와 관련된 후속 논의에서 〈기차의 도착〉 최초 상영 당시 파리 그랑 카페를 혼비백산하여 뛰쳐나온 관객들의 에피소드를 언급하며 이들이 느낀 현실감을 다음과 같이 해석한다. "관객은 이미지를 현실로 착각했다기보다는 새로운 영사된 운동의 환영에 의해 그 현실이 변형되는 것에 놀랐다."[33] 즉 당시의 관객은 〈기차의 도착〉의 이미지가 현실이 아니라 기계적 장치에 의한 영사 이미지임을 알고 있었음에도 불구하고 그 이미지의 심도와 완성도가 너무나 생생했기 때문에 놀라움을 일으켰다는 것이다. 안젤라 느달리아니스(Angela Ndalianis)에 따르면 '어트랙션의 영화'의 이와 같은 두 가지 국면, 즉 영화적 기술이나 스펙터클의 전시주의(exhibitionist)적인 차원과 이미지의 변형이 자아내는 관객의 양가적 반응(그것이 가짜라는 것을 알지만 그럼에도 불구하고 충격을 받는 것)은 1990년대 이후 디지털 시각효과를 초기 영화와 연결시키는 두 개의 공통분모가 된다.[34] 몽파르나스 기차 사고 장면에서 디지털 합성과 디지털 3D 촬영은 기차의 돌진이 허구임을 알면서도 압도적이고 충격적인 이미지를 오늘날의 관객에게 전시한다는 점에서 초기 영화와 디지털 스펙터클 영화를 접속시키는 중요한 장면이 된다. 이런 점에서 이 영화가

---

32) Ibid., 61.
33) Gunning, "An Aesthetic of Astonishment: Early Film and the (In)credulous Spectator," in *Viewing Positions: Ways of Seeing*, ed. Linda Williams, New Brunswick, NJ: Rutgers University Press, 1995, 118.
34) Angela Ndalianis, "Special Effects, Morphing Magic, and the 1990s Cinema of Attraction," in *Meta-morphing: Visual Transformation and the Culture of Quick-change*, ed. Vivian Sobchack, Minneapolis, MN: University of Minnesota Press, 2000, 251-271.

채택한 디지털 3D 촬영은 초기영화를 평면적인 2차원 이미지로 간주하는 보편적인 영화사적 가정에도 도전하는데, 토마스 앨새서(Thomas Elsaesser)가 "이전에 억압되거나 버려진 재현적 양식들을 부활"함으로써 "2차원에 새로운 가치를 부여"[35]하는 최근 디지털 3D 영화의 한 경향 속에서 〈휴고〉를 바라보는 것도 이 때문이다.

4. 무성영화와 유성영화, 필름과 디지털의 상호작용, 〈원더스트럭〉

〈휴고〉의 원작인 『위고 카브레』를 쓴 브라이언 셀즈닉이 원작 및 각본을 담당한 〈원더스트럭〉은 영화의 기원에 대한 21세기적 오마주였던 〈휴고〉와 마찬가지로, 큐레이팅 혹은 박물관의 기원을 탐색하면서 동시에 영화사의 특정 시기를 감각적인 영화언어로 구현해낸다. 1920년대와 1970년대라는 두 개의 다른 시대를 가로지르는 청각 장애인의 만남을 환상적으로 교차시키는 〈원더스트럭〉은 이 시대와 호응하는 필름 시대의 분위기를 효과적으로 복원한다. 엄격한 아버지의 통제에 시달리다 무성영화 스타인 엄마를 만나기 위해 무작정 가출해 뉴욕으로 향하는 뉴저지 출신 로즈의 모험은 무성영화에서 유성영화로 이행하는 과도기인 1927년을 배경으로 한다. 또한 불의의 교통사고로 엄마를 잃은 미네소타 출신 소년 벤이 한 번도 본 적 없는 아빠에 대한 단서가 담긴 책 『원더스트럭』과 한 서점의 주소를 우연히 발견하고 뉴욕으로 떠난 시기는 1977년이다. 〈원더스트럭〉의 감독 토드 헤인즈는 1970년대라는 시대의 시각적 분위기를 창조하는 과정에서 어렸을 때 자신에게 크게 영향을 미친 영화들을 다시 보게 되었다고 말한다. 감독을 포함한 제작진에 따르면 1970년대의 뉴욕을 재창조하는데 영감을 준 영화들은 반드시 뉴욕을 배경으로 한 작품일 필요는 없었

---

35) Thomas Elsaesser, "The "Return" of 3-D: On Some of the Logics and Genealogies of the Image in the Twenty-First Century," *Critical Inquiry*, no. 39 (2013), 239.

다. 헤인즈는 "독특한 방식으로 당시 젊은이들의 관점을 뒷받침하고 자극했던 영화들"을 언급하면서 니콜라스 뢰그(Nicholas Roeg) 의 〈워크어바웃 (Walka bout)〉(1971)과 마틴 리트(Martin Ritt)의 〈사운더 (Sounder)〉(1972)를 언급한다.36) 〈워크어바웃〉은 호주 오지에 고립된 두 남매가 원주민 소년을 만나면서 겪게 되는 문화 충돌을 보여 주며, 〈사운더〉는 1930년대 초 대공황기 루이지애나주를 배경으로 흑인 일가족이 서로를 도와가며 생존하는 과정을 극화한 드라마다. 헤인즈는 이 영화들이 낯선 환경에서 생존을 위해 노력하는 주인공들의 방황과 모험을 다룬다는 점에서 〈원더스트럭〉이 묘사하는 주요한 사건인 뉴욕에서의 두 청각 장애인의 생존을 표현하는데 영향을 주었다고 생각한 것으로 보인다. 이러한 유사성 이외에도 주목할 만한 점은 화면의 색감이다. 이 두 1970년대 영화는 모두 디럭스컬러(DeluxeColor)로 현상되었는데, 1950년대에 코닥에서 개발된 이스트만컬러(Eastmancolor)의 다른 이름이었던 디럭스컬러는 테크니컬러(Technicolor)의 생생한 색감과 뚜렷한 윤곽의 화면 질감을 구현할 수 있는 필름 인화 기술을 제공할 수 있었기에 1970년대에도 유행했다.37) 1970년대 영화의 분위기가 뉴욕에서의 벤의 모험을 묘사하는데 영향을 주었다는 점은 영화의 촬영기사 에드워드 라흐만(Edward Rachman)의 언급에서도 발견된다. 라흐만은 뉴욕에 도착해서 길을 잃고 방황하는 벤의 모습을 촬영하는 과정에서 뉴욕을 배경으로 한 고전적 범죄 스릴러인 윌리엄 프리드킨의 〈프렌치 커넥션〉(The French Connection, 1971)에 영감을 받았다고 말한 바 있다. 그에 따르면 〈프렌치 커넥션〉에서도 적용된 디럭스컬러 특유의 색감 이외에도 영화의 "거친 70년대식 화면, 카메라의 자연주의와 생생한 움직임"을 벤의 방황 장면에 재생할 경우 로즈의 이야기가 펼쳐지는 "1920년대 후

---

36) Michael Koresky, "Interview: Todd Haynes, Ed Lachman, and Mark Friedberg," *Film Comment*, September 25, 2017, https://www.filmcomment.com/blog/interview-todd-haynes-ed-lachman-mark-friedberg/ (2018년 5월 10일 접근).
37) Richard W. Haines, *Technicolor Movies: The History of Dye Transfer Printing*, Jefferson, NC: McFarland & Company Inc., 1993, 119.

반 뉴욕의 표현주의적인 흑백 화면과 좋은 대조를 이룬다고 생각했다."[38] 헤인즈와 라흐만은 영화의 대부분을 35mm 필름으로 촬영하면서 촬영된 필름을 변환하여 디지털 색보정(color correction)을 가하고 일부 장면은 CGI로 합성하여 위와 같은 제작 의도를 구현했다. 라흐만에 따르면 이러한 접근 방식은

(그림 8-9)

"헤인즈가 시대의 정치, 역사, 인구, 예술, 영화언어를 포함하는 자신의 생각을 보여주는 화면을 만들기"[39]를 항상 원하기 때문이었다. 이에 따라 로즈의 모험이 펼쳐지는 1920년대의 뉴욕을 촬영하기 위해 35mm 흑백 필름을 활용하였으며, 벤이 아버지의 흔적을 찾아 방황하는 1970년대의 뉴욕 또한 35mm 필름으로 대부분 촬영되었다. 그럼에도 불구하고 이러한 과정이 순수하게 필름으로만 이루어

진 것은 아니었다. 우선 벤이 아버지에 대한 증거를 탐사하다가 과거의 기억과 역사가 담긴 유물과 인공물의 세계에 매혹되는 공간으로 설정된 뉴욕 자연사박물관 내부의 장면은 조명 조절의 어려움과 시간의 제한 등으로 디지털로 촬영되었다. 이 영화에 참가한 컬러리스트 조 골러(Joe Gawler)에 따르면 색보정

38) Chris O'Fait, "'Wonderstruck' DP Edward Lachman Tells All: How He Created the Eloquence of Silent Movies and the Grit of 'The French Connection,'" *Indiewire.com*, May 20, 2017, http://www.indiewire.com/2017/05/edward-lachman-wonderstruck-interview-cinematography-cannes-1201829397/ (2018년 5월 12일 접근).

39) Jon Silberg, "Edward Lachman, ASC, Develops the Visual Language for 'Wonderstruck,'" *Creative Planet Network*, December 23, 2017, https://www.creativeplanetnetwork.com/news-features/edward-lachman-asc-develops-visual-language-wonderstruck-636530 (2018년 5월 11일 접근).

과정에서 한편으로는 디지털로 변환된 35mm 필름을 다루고 다른 한편으로는 자연사박물관 내부를 촬영한 디지털 푸티지를 다루었기 때문에, 흑백과 컬러 모두를 포함한 필름 푸티지 자체의 색감과 질감을 디지털 도구로 강화하는 것 못지않게 필름과 디지털 간의 색채와 화면 질감을 일치시키는데 많은 노력을 기울였다고 한다. 골러는 자연사박물관 내부 장면에서 필름 특유의 그레인 (grain)을 시뮬레이션할 수 있는 외부 프로그램을 적용하여 이를 디지털 푸티지에 통합함으로써 필름으로 촬영된 장면과의 일관성을 유지할 수 있었다. 이러한 작업의 결과물에 대해 그는 "헤인즈와 라흐만은 그 영화 안에서 필름에서 디지털로 얼마나 이음매 없이 이어지는지 놀랐고 아무도 그걸 알아보지 못할 거라는 걸 안다"[40]라고 말했다. 그 결과 〈원더스트럭〉의 디지털 색보정은 필름에 반한다기보다는 필름과 상호작용하면서, 지나간 시대와 그 시대의 영화적 분위기를 향수적으로 재현하는 지각적 리얼리즘에 기여하는 것으로 보인다. 디지털 색보정은 로즈의 시대인 1920년대 후반 장면에 적용될 때 흑백 무성영화 특유의 표현주의적인 질감을 더욱 생생하고 매끄럽게 전달하고, 벤의 시대인 1970년대 후반에 적용될 때 디럭스컬러로 현상된 색채의 다채로움과 역동적인 질감을 강화한다 (그림 8, 9). 즉 과거의 매체인 35mm 필름이 디지털 색보정에 의해 온전히 대체되는 것이 아니라는 점을 〈원더스트럭〉의 디지털 색보정은 입증한다. 디지털 색보정은 필름을 현재와 구별되는 과거의 매체로 구획하는 것을 넘어, 필름을 통해 가능했던 화면과 필름 카메라가 발달시킨 영화언어가 주는 주관적 분위기의 재생을 돕는데 활용된다. 그리하여 로즈의 시대는 선천적 청각장애인이 경험하듯 시각과 촉각 등의 감각에 더욱 민감하고, 극단적 앵글과 그림자를 통한 위협적 표현, 빠른 편집 스타일 등과 함께 1920년대 시각 문화를 체험하게 하고 영화 속 영화 〈폭풍의 딸〉(The Storm Daughter)[41]을 통

---

40) Michael Murie, "Color Grading Film and Digital for *Wonderstruck*," *filmmakermagazine.com*, October 26, 2017.
https://filmmakermagazine.com/103145-color-grading-film-and-digital-for-wonderstruck/#.Wvw70KSFOM8 (2018년 5월 13일 접근).

해 무성영화 시대의 상실을 애도한다. 이와 대조적으로 벤이 경험하는 1970년 대는 미네소타 시골출신의 소년이 뉴욕에 입성한 첫날 바라본 다양한 색채의 화려함과 도시의 활력, 강한 비트의 펑키음악, 소매치기 같은 촉각적 감각과 더불어 〈프렌치 커넥션〉, 〈워크어바웃〉, 〈미드나잇 카우보이〉(Midnight Cowboy, 존 슐레진저, 1969) 등 1960년대 말-70년대 색채 영화를 참조한 거친 화면과 카메라의 줌 사용 등을 통해 생생하게 형상화 된다.

5. 과거와 현재의 대화로서의 포스트-시네마

포스트-시네마 시대에 대한 가장 보편적인 통념은 촬영과 기록 매체와 후반 작업의 기법, 상영과 관람 양식 모두에 있어서 필름에 근거했던 영화적인 것이 디지털에 의해 쇠퇴한 과거의 대상으로 지각되고 필름 시대의 영화가 하나의 단절을 고했다는 것이다. 이러한 단절에 대한 감각은 필름과 디지털의 환원 불가능한 물질적, 기술적 차이를 강조하면서 필름 영화가 가진 과거의 기록과 역사적 시간성 형성의 존재론을 강조하는 영화연구의 한 경향에서도 발견되는데, "필름이 디지털 인터미디어트(digital intermediate)로 구축된 미적 세계와 컴퓨터 합성 및 캡처를 결합한 이미지 속으로 사라질 때, 그리고 내가 많은 동시대 영화에 계속해서 관여한다고 느낄 때, 나는 여전히 잃어버린 시간(time lost)을 깊이 느낀다"[42]라는 로도윅의 언급은 이러한 경향을 입증한다. 한편으로 필름 시대의 영화적 양식과 미학, 문화를 회고하고 재창조하는 포스트-시네마 시대의 노스탤지어 영화는 분명 한편으로는 이러한 과거를 '잃어버린 시간' 으로 설정함으로써 로도윅의 언급과 공명하는 것처럼 보인다. 그러나 포스트-시네마라는 용어의 의미에 대해 "[그것은] 과거와의 분명한 단절을 지정하기보

---

41) 실제로 이는 조지 아케인보드(George Archainbaud)가 감독하고 프리실라 딘(Priscilla Dean) 이 주연한 1924년의 동명의 유실된 영화를 참조한 것이다.

42) 데이비드 노먼 로도윅, 『디지털 영화미학』, 정헌 옮김, 커뮤니케이션북스, 2012, 244쪽.

다는 … 이전 미디어 체제와 새로운 미디어 체제 간의 관계를 사유하도록 한다"[43]라고 주장하는 셰인 댄슨(Shane Danson)과 줄리아 레이다(Julia Leyda)의 언급을 염두에 둔다면, 최근의 필름 시대에 대한 노스탤지어 영화는 혼성모방에 의존하여 과거의 영화에 대한 역사의식의 단절을 나타내기보다는 필름 영화와 디지털 영화 간의 다양한 관계를 질문하고 필름 영화의 상실에 기술적, 미학적으로 대응하는 징후가 될 수 있다. 이러한 대응은 한편으로는 셀룰로이드를 촬영과 필름 포맷의 상영이 디지털 카메라와 영사 시스템에서는 얻을 수 없는 시각적 특질들을 제공한다는 믿음에 근거한 실천으로도 나타나지만, 디지털 촬영과 상영 시스템에서 필름 영화의 미학과 경험을 복원하려는 시도(〈휴고〉)나 셀룰로이드를 활용하면서도 이를 디지털 색보정 및 디지털 합성과 같은 현재의 제작 시스템과 생산적으로 융합하려는 시도(〈원더스트럭〉)로서도 또한 존재했던 것이다. 이러한 다양성을 고려하자면, 포스트-시네마 조건 하에서 필름 시대를 다루는 노스탤지어 영화는 포스트-시네마를 필름 영화의 이후(after)로만 간주하는 통념에서 벗어나게 한다. 즉 이러한 최근의 경향을 통해 우리는 포스트-시네마라는 용어를 디지털 시각효과와 상영 및 관람 시스템 등의 새로운 미디어 기술이 필름 시대 영화의 미학, 기법, 관람성과 대화하는 다양한 방식이라는 관점에서 사유하게 된다. 〈휴고〉와 〈원더스트럭〉은 이러한 사유의 가능성이 후이센, 보임, 다이어, 쿡 등이 노스탤지어에 대해 제시했던 양가적인 관점, 즉 과거의 접근 불가능성에 대한 시인과 그럼에도 불구하고 과거를 생산적으로 재구성하고 체험할 수 있게 하는 가능성의 모색 모두와 연결됨을 보여준다.

포스트-시네마를 필름 영화와 디지털 영화의 공존과 이들 간의 다양한 대화의 가능성이라는 관점에서 사유한다면, 〈휴고〉와 〈원더스트럭〉이 취하는 노스탤지어 양식은 한편으로는 필름 시대라는 과거에 상상적으로 접근하면서도 다

---

43) Shane Denson and Julia Leyda, "Perspectives on Post-Cinema: An Introduction," in *Post-Cinema: Theorizing 21st-Century Film*, eds. Shane Denson and Julia Leyda, Falmer: REFRAME Books, 2016, 2.

른 한편으로는 디지털 영화에 적합한 새로운 미학적, 양식적 가능성에 맞게 과
거를 재창조하는 이중적 방향을 취하는 것으로 보인다. 산드라 아네트(Sandra
Annette)는 이러한 이중적 방향을 '노스탤지어적 재매개(nostalgic remedi
ation)'라고 명명하면서 그 특징을 "셀룰로이드 영화의 초월과 이로의 회귀를
향한 갈망 사이의 전환, 영화의 역사적 기억의 회복과 상실 사이의 전환"44)이
형성하는 긴장으로 설명한 바 있다. 〈휴고〉와 〈원더스트럭〉에서 우리는 셀룰
로이드 영화의 회귀를 향한 갈망 못지않게 동시대 영화의 고유한 새로운 미학
적, 서사적 국면을 발견하게 된다. 〈휴고〉의 오프닝 장면에서 조감도 시점으로
부터 출발하여 물리적 장벽과 인간 눈의 한계를 초월하며 몽파르나스역 곳곳을
누비는 카메라는 눈 입자가 관객의 눈앞에 밀려드는 돌출 효과(protrusion
effect)와 결합되어, 필름 카메라에서는 구현하기 힘든 디지털 3D 촬영의 수직
적 연속성을 과시하고, 이는 시계탑 주변과 내부에까지 이어지면서 필름 영화
시대의 복원을 넘어서는 가상적 공간을 구성한다. 〈원더스트럭〉은 1920년대와
1970년대의 시대적 분위기와 이에 호응하는 영화적 분위기를 재구성하면서도,
동시대 영화의 평행 내러티브(parallel narrative) 양식을 채택하여 서로 무관
해 보이는 두 시대와 각각에 자리한 주체 간의 지속적인 대화를 주선한다. 이러
한 특징들은 각각의 영화가 다루는 상이한 필름 시대의 회복을 넘어선다. 이들
은 영화사의 과거에 대한 생산적인 접근이 동시대 영화의 기술적, 미학적, 서사
적 표준과 공명하는 새로운 요소들의 개입을 수반한다는 점을 입증하기 때문이
다. 따라서 이 두 편의 영화에서 3D와 평행 내러티브는 포스트-시네마라는 용
어를 과거와 현재와의 다층적 대화라는 관점으로 바라보게 하는 또 다른 증거
가 된다.

---

44) Sandra Annette, "The Nostalgic Remediation of Cinema in *Hugo and Paprika*,"
   Journal of Adaptation in Film and Performance, vol. 7, no. 2 (2014), 172.

3장

디지털 슬로우 시네마:
페드로 코스타와 지아 장커의 경우

1. 디지털 슬로우 시네마

"동시대 영화에서 디지털과 아날로그 미디어는 디지털 체제 내에 공존하며, 이 체제는 **새로운 지속**의 형태를 수립하고, **관찰적 실천**의 새로운 방식들을 활성화해 왔다."[1]

느림에 대한 미학과 정치학적 논쟁을 통해 2000년대 이후 국제적인 예술영화 또는 실험영화 담론의 장에 영향력을 끼친 매튜 플라나간(Matthew Flanagan)은 '슬로우 시네마(slow cinema)'라는 용어를 형식적, 주제적 측면에서 "연장된 지속(extended duration)의 강조, 정지성과 일상성에 대한 시청각적 묘사, 구조적 장치로서의 롱테이크의 배치, 느리거나 비−드라마적 형태의 내레이션, 그리고 지배적으로 사실적 (또는 초사실적)인 양식 또는 태도"[2]로 정의한다. 아이라 재프(Ira Jaffe)는 시간을 좀 더 거슬러 올라가 최근 30년의

---

1) Matthew Flanagan, "Slow Cinema: Temporality and Style in Contemporary Art and Experimental Film," PhD thesis submitted to the University of Exeter, 2012, 199 (강조는 원저자).
2) Ibid., 4.

예술영화 지형에서 알렉산더 소쿠로프, 짐 자무쉬, 지아 장커, 누리 빌게 세일란, 페드로 코스타, 압바스 키아로스타미 등의 '느린 영화들'을 일별하면서, 이들 영화들의 예술적, 철학적 특징들이 전후 오즈 야스지로, 미켈란젤로 안토니오니 등의 느린 모더니즘 영화들과 어떻게 구별되는지, 또한 앙드레 바쟁, 질 들뢰즈, 로라 멀비, 레이몽 벨루 등의 영화의 근본적 속성에 대한 사유들과 어떤 식으로 조우하는지를 질문한다.[3] 재프는 디지털 비디오의 장시간 롱테이크와 자유로운 카메라 배치의 가능성이 필름 시대의 느린 영화의 미학을 연장시키고 '영화적인 것'을 운동성이 아닌 '시간성'을 통해 구현한다고 강조하면서, 이를 통해 사유와 성찰의 영화, 체험으로서의 영화가 중요해진다고 주장한다. 느린 영화의 텅 빈 시공간은 관조의 영화, '성찰하는 관객'[4]에게 알맞은 영화를 향한 길을 열어놓는다는 것이다.[5] 속도의 영화, 행위의 영화에 대항하는 슬로우 시네마의 시간성에 대한 고찰은 디지털 영화의 시대에 영화매체의 본질을 '시간성의 미학'을 통해 주장하는 로도윅의 관점과도 공명한다. 로도윅이 지적하듯 아날로그 이미지의 쇠퇴는 고전 영화이론으로의 회귀를 촉구한다. 디지털 이미지에서 무엇이 새로운가를 분명히 하기 위해, 또한 아날로그 미디어에서 우리가 중요하게 여겼던 것이 무엇인지 이해하고 아날로그와 디지털의 연속성과 차이를 밝혀내기 위해서 말이다.[6] 3장은 영화매체의 특성에 대한 존재론적 가치평가 혹은 미학적 질문을 던지는 이러한 논의들을 발전시켜 2000년대 이후 디지털 슬로우 시네마의 관점에서 영화의 리얼리즘과 지속의 미학을 고찰하는 것을 목표로 한다.

3) Ira Jaffe, *Slow Movies: Countering the Cinema of Action*, London: Wallflower Press, 2014. 2차 대전 후 현대영화에서 시간-이미지의 미학적 경향 중 하나로서의 느림과 지속의 미학에 대해서는 질 들뢰즈, 『시네마 2 - 시간-이미지』(이정하 옮김, 시각과언어, 2005)를, 동시대 영화에서 '지연의 영화(delayed cinema)'에 대한 논의로는 로라 멀비, 『1초에 24번의 죽음』(이기형, 이찬욱 옮김, 현실문화, 2007)을 참조할 것.
4) Ramond Bellour, "The Pensive Spectator," *Wide Angle*, vol. 3, no. 4(1984): 6-10.
5) 슬로우 시네마의 관점에서 차이밍량의 '행자' 시리즈를 분석하면서 영화미학과 매체적 시간성, 관객성에 대해 고찰한 국내 연구로는 다음의 논문을 참고할 것. 최수임, 「차이밍량 '행자' 시리즈에서의 시간에 관한 고찰 - '느린 영화'의 관점에서」, 『씨네포럼』 23호 (2016), 247-274쪽.
6) 데이비드 노먼 로도윅, 『디지털 영화미학』, 정헌 옮김, 커뮤니케이션북스, 2012, 104-105쪽.

'느림의 영화 (Cinema of Slowness)'라는 용어는 프랑스 영화비평가 미셸 시망이 2003년 벨라 타르, 허우 샤오시엔, 차이 밍량, 필립 가렐, 마노엘 드 올리베이라 등의 영화 분석에 사용하면서 비평적 주목을 받기 시작했다. 이미지와 사운드의 범람으로 인내심의 부족에 직면한 오늘날의 대중들이 지속되는 시간 속의 진정성에 대한 감각적 경험을 회복할 수 있도록 이들 감독들이 "느림의 영화, 관조의 영화 (cinema of slowness, of contemplation)"[7]로 대응해 왔다는 것이다. 2010년을 전후로 영국의 『사이트 앤 사운드』와 『뉴욕 타임즈』를 중심으로 영미권 비평가 및 시네필에게 '슬로우 시네마'는 보편화 및 논쟁의 대상이 되었다. 조나단 롬니는 지난 10년간 국제적으로 번성했던 절제된 미니멀리즘 영화들이 의도적으로 연장된 롱테이크와 고정된 카메라를 활용하여 "실시간 경험으로서의 관람성"[8]을 강조한다고 지적한다. 이러한 기법을 통해 관객들은 영화 관람 중에 지속되는 일 분 일 초의 시간성을 예민하게 인식하게 된다는 것이다. 한편 닉 제임스는 『사이트 앤 사운드』의 에디토리얼을 통해 슬로우 시네마의 비평적 타당성과 정치적 유효성에 질문을 제기한다. 그는 슬로우 시네마가 '수동적인-공격성의(Passive-Aggressive)' 특성을 띠고 있다고 보면서 미학적, 정치적 효과를 얻기 위해 시간을 할애할 것을 요구하는 영화들의 효용성을 두고 치열한 공개토론의 장을 이끌었다.[9] '느림'의 가치를 둘러싸고 대서양을 가로질러 미국으로까지 확산된 토론은 데이비드 보드웰과 크리스틴 톰슨에 의해 이론적 역사화의 계기를 제공한다.

보드웰과 톰슨은 슬로우 시네마가 동시대 영화에서 번성해 온 배경으로 "시장을 위한 빠르고 공격적인 영화 대 영화제와 예술영화관을 위한 느리고 더욱 금욕적인 영화" 사이의 양극화된 영화문화를 지적하면서 "보다 빠른 촬영방식

---

7) Michel Ciment, "The State of Cinema," lecture given at the 46th San Francisco International Film Festival, 2003, online at
   http://unspokencinema.blogspot.kr/2006/10/state-of-cinema-m-ciment.html
   (2017년 10월 1일 접근).
8) Jonathan Romney, "In Search of Lost Time," *Sight and Sound*, 20:2 (2010), 43-44.
9) Nick James, "Passive-Aggressive," *Sight & Sound*, vol. 20, no. 4, 2010, 5.

과 편집 유형을 가능하게 하는 동일한 디지털 테크놀로지가 또한 느림의 생산과 순환에 기여"[10]했음을 지적한다. 상대적으로 저렴하고 가변적인 디지털 장비가 훨씬 길어진 시간을 기록할 수 있는 능력을 제공하면서, 이는 지속과 관찰에 근거한 제작과 기록을 이전에는 불가능한 양식으로 가능하게 했다는 것이다. 닉 제임스의 문제제기에서 더 나아간 스티븐 샤비로(Steven Shaviro)는 슬로우 시네마가 향수적, 퇴행적 순수주의나 기술적 후진성을 띠었다고 지적한다. 그러면서 그는 슬로우 시네마가 고전적 시네필을 유혹하는 하나의 방편이라는 점에서 지난 30여년의 사회적, 기술적 상황들을 무시한 채 미학적으로 시대에 역행하는 것이라고 비판한다[11] 동시대 예술영화의 흐름에서 느림의 확산은 영화제작에서 디지털 기술이 미친 양가적인 영향, 또는 디지털 기술이 활용되는 두 가지 다른 방식과 관련된다. 한편으로 동시대 할리우드 영화를 비롯한 주류 상업영화의 디지털 시각효과는 이미지의 가변성을 극단적으로 증폭시키고 디지털 편집은 쇼트의 흐름을 급진적으로 가속화함으로써 필름 영화와 구별되는 미학적 경험을 생산한다. 다른 한편으로 디지털 기술은 예술영화와 실험영화 진영에서 할리우드 영화의 미학적 경험과 구별되면서 이에 대항하는 영화적 표현을 위해 활용된다. 즉 시퀀스 샷 내에서 지속성을 위한 용량을 늘릴 수 있고 필름 카메라에 비해 자유로운 배치가 가능한 디지털 카메라는 다큐멘터리와 극영화, 또는 다큐멘터리와 실험영화의 양식을 공존시키는 새로운 관찰적, 기록적 실천을 촉진한다. 로버트 코엘러(Robert Koehler)는 이를 하이브리드 미학을 띤 '사이의 영화 (cinema of in-between-ness)'라고 명명한다.[12]

---

10) David Bordwell and Kristin Thompson, "Good and Good for You," *Observations on Film Art* [online blog], http://www.davidbordwell.net/blog/2011/07/10/good-and-good-for-you (2017년 10월 15일 접근)

11) Steven Shaviro, "Slow Cinema Vs Fast Films," *The Pinocchio Theory*, May 12, 2010, http://www.shaviro.com/Blog/?p=891 (2017년 10월 1일 접근).

12) Robert Koehler, "Agrarian Utopias/Dystopias: The New Nonfiction," *Cinema Scope*, no. 40 (Fall 2009), http://cinema-scope.com/features/features-agrarian-utopiasdystopias-the-new-nonfiction (2017년 10월 10일 접근)

즉, 장시간의 기록과 이로 인한 피사체와의 밀착성 등으로 다큐멘터리와 픽션 혹은 리얼리즘과 형식주의의 엄밀한 경계 구분을 불가능하게 하는 영화들이 21세기 영화예술의 미래를 선도하고 있는 것이다.

저명한 실험영화감독 톰 앤더슨 (Thom Anderson)은 페드로 코스타의 〈반다의 방〉(In Vanda's Room, 2000)을 보고난 후, "영화의 미래를 목도하고 있는 것 같았다고 하면서, 필름으로 찍었더라면 하는 생각을 갖게 하지 않은 최초의 디지털 영화였다"[13]고 평가한다. 포르투칼 이민자들의 거주지인 슬럼가 폰타이냐스에 사는 헤로인 중독자 반다의 일상을 1년이 넘는 오랜 기간 동안 밀착적으로 관찰하고 기록한 〈반다의 방〉은 다큐와 픽션의 관습적 경계를 무화시키며 삶의 현재적, 물질적 감각을 일깨우는 작품이다. 지아 장커는 〈동〉(Dong, 2006)의 산샤댐 건설현장 인부들을 촬영하던 중, 대상에 더 다가가기 위해 극영화 〈스틸 라이프〉(Still Life, 2006)를 제작했다. 이 두 작품은 서로를 보완하며 느슨하게 연결되어 다큐멘터리와 극영화의 경계를 넘나들며 디지털 시대의 리얼리즘에 대한 새로운 패러다임을 제시한다. 즉, 빠른 속도로 변하는 중국의 불안을 포착하기 위한 지아 장커의 혁신적 미학은 외적 세계에 대한 느린 기록과 멈춤, 지표적 순수성으로의 리얼리즘을 여전히 유지하면서도, 양식화되거나 주관적인 경험의 혼합을 통해 리얼리즘의 초월성에 이르고 있는 것이다. 이처럼 디지털 기술은 동시대 미학의 최전선에 있는 감독들에게 리얼 타임, 그리고 영화적 감속과 지속에 근거한 새로운 사실주의적 재현의 형식에 참여하게 한다. 이 장에서는 '느림'의 디지털 기술 역량으로 '완만한 삶의 지속'이라는 현실을 재규정한 페드로 코스타의 〈반다의 방〉과 지아 장커의 〈스틸 라이프〉를 분석함으로써 포스트 시네마 시대의 리얼리즘 미학을 재질문하고 영화의 본질을 고찰해 보고자 한다. 디지털 슬로우 시네마는 필름과 디지털을 기술의 선형적 발전에 따라 새로운 기술로 대체되는 것으로 보거나 이들을 이

---

13) Thom Andersen, "Painting in the Shadow (2007)," in *Slow Writing: Thom Andersen on Cinema*, London: The Visible Press, 2017, 148.

분법적으로 서로 다른 두 기술로 인식하는 관점에 대한 대안을 제공하고, 포스트-시네마의 조건 속에서 영화적 '지속'의 표현이 가능한가를 질문한다.

2. '사이의 영화': 리얼리즘과 형식주의, 다큐멘터리와 픽션의 공존

이 장의 중심 논의 대상인 디지털 슬로우 시네마, 또는 디지털 테크놀로지가 슬로우 시네마의 미학적, 정치적 차원에 미치는 영향에 초점을 맞추기 전에 필름 시대까지 포함하여 슬로우 시네마의 미학적 양식을 간단히 정리할 필요가 있다. 지금까지 슬로우 시네마라는 명칭 아래 비평적으로 소환되고 분석되어 온 감독들은 한편으로는 리얼리즘의 면모를, 다른 한편으로는 형식주의의 면모를 띠었으며 슬로우 시네마라는 용어가 가리키는 미학적 요소들은 바로 이러한 양가성과 연결된다.

슬로우 시네마는 미학적인 차원에서 관객이 이미지에 흐르는 시간을 감각과 의식으로 느끼게 하기 때문에 리얼리즘과 일차적으로 연관되기 쉽다. 슬로우 시네마의 주제적 특징으로 식별되는 일상적인 것, 물질적인 것, 미시적인 것에 대한 주목, 그리고 이러한 것들을 강조하는 또 다른 특징인 '극적 내러티브의 약화'는 지속(duration)을 강조하기 때문이다. 따라서 슬로우 시네마는 영화가 지속을 보존하고 지속에 참여할 수 있다는 점에서 영화와 현실의 존재론적 동일성을 주장한 앙드레 바쟁(André Bazin)의 리얼리즘과 일차적으로 연결될 수 있다. 바쟁은 영화의 이미지가 단순히 지속하는 현실을 기록하는 것을 넘어 현실 그 자체가 된다는 점을 다음과 같이 지적한다. "[영화에서] 처음으로 사물의 이미지는 그것의 지속의 이미지, 미라화된 변화(change mummified)가 되었다."[14] 바쟁이 사물의 '지속의 이미지' 또는 '미라화된 변화'를 담을 수 있는

---

14) André Bazin, "The Ontology of the Photographic Image," in *What is Cinema?* vol. 1, trans. Hugh Gray, Berkeley, CA: University of California Press, 2005, 15 (강조

영화의 스타일로 제시한 가장 잘 알려진 사례는 바로 슬로우 시네마에 속하는 많은 작품들이 의식적으로 사용하고 변주하는 기법인 롱 테이크 또는 시퀀스 쇼트다. "영화언어의 진화"에서의 바쟁의 주장, 즉 딥 포커스가 현실의 공간적 통일성을 보증한다면 롱 테이크 또는 시퀀스 쇼트는 시간의 연속성을 보존한다는 주장은 슬로우 시네마와 리얼리즘을 손쉽게 연결시킬 수 있는 하나의 근거가 된다.[15]

그러나 슬로우 시네마를 영화적 리얼리즘 전통의 단순한 연속으로 단정하는 것은 바쟁은 물론 영화적 리얼리즘 일반에 대한 환원주의적 이해를 적용할 위험이 있다. 다니엘 모건(Daniel Morgan)의 바쟁에 대한 탁월한 수정주의적 독해는 이러한 위험성을 설득력 있게 환기시킨다. 모건에 따르면 바쟁의 리얼리즘 논의는 영화 이미지가 현실과 실존적 관계를 맺는 기호인 지표(index)로서의 이미지라는 지표적 리얼리즘, 또는 영화가 실제 현실과 환영적으로 유사한 이미지를 제공한다는 지각적, 심리적 리얼리즘의 관점만으로 환원되지 않는다.[16] 모건의 견해는 결국 영화의 기능을 영화 너머 또는 영화 이전의 현실을 반영하는 투명한 창으로 간주하는 전통적 리얼리즘을 넘어설 것을 요구한다. 루시아 나기브(Lúcia Nagib) 또한 바쟁이 "영화언어의 진화"에서 딥 포커스와 롱 테이크의 미덕으로 제시한 표현의 모호성(ambiguity)을 전통적 리얼리즘과 다른 각도에서 바라본다. 나기브는 관객에게 보다 능동적인 정신적 태도를 가능하게 한다고 바쟁이 주장한 모호성의 미학이 모더니즘 영화가 활성화하고자 했던 능동적 관람성 및 자기반영적 장치와 연결된다고 주장한다.[17]

모건과 나기브의 견해는 바쟁의 논의에서 리얼리즘과 모더니즘이 공존한다

는 원저자).

15) Bazin, "The Evolution of the Language of Cinema," in *What is Cinema? vol. 1,* 23–40.
16) Daniel Morgan, "Rethinking Bazin: Ontology and Realist Aesthetics," *Critical Inquiry,* no. 32 (Spring 2006), 443–481.
17) Lúcia Nagib, "The Politics of Slowness and the Traps of Modernity," in *Slow Cinema,* eds. Tiago de Luca and Nuno Barradas Jorge, Edinburgh, UK: Edinburge University Press, 2016, 25–47.

는 관점을 시사한다. 하지만 이 두 견해를 좀 더 연장시킨다면 영화미학에서 리얼리즘과 모더니즘을 이해하는데 전통적으로 적용되었던 이분법적 관계를 재고해볼 수 있다. 즉 전통적인 리얼리즘이 현실을 재현하는 이미지와 그 이미지의 환영적인 그럴듯함(verisimilitude)을 특징으로 삼았다면, 1960년대와 70년대에 각각 영화 스타일과 이론으로 구체화된 정치적 모더니즘 및 1970년대의 현대영화이론은 이미지가 현실을 구성하는 방식의 노출, 영화 이미지와 그 이미지의 물질적, 기술적 요소에 대한 반영적 탐색 등을 강조했다.[18] 1990년대 후반부터 여러 학자들은 리얼리즘과 모더니즘의 이러한 대립이 지나치게 이분법적임을 지적하면서 이 둘 간의 관계를 재고해 왔다. 이들의 논의는 영화적 리얼리즘이 형식주의를 포함한 다양한 관점들로 정의될 수 있음을 시사한다.

캐서린 러셀(Catherine Russell)은 리얼리즘과 형식주의의 이분법을 넘어서는 영화사의 전통을 실험영화와 민속지적 영화의 혼합인 "실험적 민속지(experimental ethnography)"에서 찾는다. 전통적으로 대립되는 두 가지 영화 제작 양식으로 간주되었던 실험영화와 민속지적 영화를 혼합하는 실험적 민속지는 단순히 이 두 양식의 경계 파괴만을 추구하지는 않는다. 실험적 민속지를 지향하는 작품에서 민속지 영화의 목표와 미학적 기법은 실험영화가 매체의 본성과 영화의 예술적 가치에 대한 실험을 넘어 역사와 문화에 참여할 때 이에 대한 이론적, 실천적 근거를 제공한다. 다른 한편으로 이런 작품에서 민속지 영화제작은 실험영화가 추구하는 영화 형식의 반영성에 대한 관심을 수용함으로써 다큐멘터리의 객관주의에 문제를 제기하고 문화와 인간을 상이한 관점들과 다양한 매개라는 관점으로 탐구한다.[19] 러셀은 실험적 민속지의 사례로 샹탈 아커만, 제임스 베닝 등의 작품을 제시하는데, 이들은 슬로우 시네마의 비평적 맥락에서 자주 논의되어 왔다. 이 점은 리얼리즘과 형식주의의 이분법 해체

---

18) 이에 대해서는 다음을 참조 Richard Rushton, *The Reality of Film: Theories of Filmic Reality*, Manchester, UK: Manchester University Press, 2011, 30-36.

19) Catherine Russell, *Experimental Ethnography: The Work of Film in the Age of Video*, Durham, NC: Duke University Press, 1999, xii.

가 다큐멘터리와 실험영화의 이분법 해체로도 연장될 수 있음을 의미한다.

샹탈 아커만 연구자 이본느 마굴리스(Ivone Margulies) 또한 고전적인 리얼리즘 영화이론에 전제된 "그럴듯함이라는 범주가 현대 리얼리즘 영화가 고전적인 리얼리즘의 재현들과 구별되는 것을 넘어서 무엇을 하는가를 규정하는데 적절하지 않다"[20]라고 주장한다. 마굴리스는 바쟁의 리얼리즘 이론이 이미지의 환영적인 그럴듯함보다는 영화 제작과 영화 이전의 현실이 맺는 우발적 관계, 그리고 영화 이미지의 물질적 차원에 관심을 두었음을 지적한다. 마굴리스는 이 두 가지 요소를 현대 리얼리즘 영화의 미학을 규정하는 것으로 파악하는데, 이들은 사실 모더니즘 영화 또는 형식주의 비평의 주요 관심사이기도 하다. 이러한 견해를 토대로 마굴리스는 환영성과 재현이라는 관념을 넘어선 리얼리즘, 다분히 형식주의를 고려한 양가적인 의미에서의 리얼리즘을 현대영화의 맥락에서 옹호한다. 한편으로는 환영성과 재현이라는 관념을 거부하면서도 "영화화 이전 현실의 밀도"[21]에 대한 주목과 기록의 역량을 신뢰하는 리얼리즘이 존재한다. 이는 일회적인 것, 우발적인 것, 찰나적인 것을 포착하고 이것들이 제공하는 경험인 모호성, 다양한 해석 가능성, 심지어 기록된 현실의 감각적, 육체적(corporeal) 차원을 활성화하는 영화적 리얼리즘이다. 그러나 다른 한편으로 이러한 기록의 역량에 근거한 리얼리즘은 "풍경, 인상, 도시경관을 … 정확한 만큼 낯선"[22] 모습으로 제시한다. 이때 '정확한 만큼 낯선'이라는 양가성은 기록적인 리얼리즘이 기록된 현실을 낯익은 것 이상의 과잉으로 제시할 수 있음을 시사한다. 이러한 과잉 속에서 관객은 영화 이전의 현실을 기록할 때 개입하는 영화적 기법들의 매개 작용을 인식할 수 있다.

디지털 슬로우 시네마라는 용어의 정당성은 바로 이러한 맥락에서 찾을 수 있다. 즉 디지털 슬로우 시네마는 이렇게 영화 스타일과 영화 이론의 오랜 두

---

20) Ivone Margulies, "Bodies Too Much," in *Rites of Realism: Essays on Corporeal Cinema*, ed. Ivone Margulies, Durham, NC: Duke University Press, 2002, 4.
21) Ibid.
22) Ibid., 12.

전통이었던 리얼리즘과 모더니즘(또는 형식주의)를 공존시키고 이 둘을 관객의 체험 속에 다양한 방식으로 협상시키는 여러 영화적 시도들의 계보를 가리킬 수 있다. 현실의 흐름을 기록하고 그 현실의 감각적, 육체적 차원에 대한 지각을 활성화하면서도 다른 한편으로 그러한 기록과 지각을 활성화하는 장치들 자체에 대한 주목을 일깨우는 이중적 차원을 여기에서 찾을 수 있는 것이다. 슬로우 시네마에서 자주 쓰이는 장치인 고정 카메라와 연장된 지속, 롱 테이크의 배치는 한편으로는 대상의 현전을 기록하는 카메라 렌즈의 차원과 연결된다. 그러나 다른 한편으로 이러한 장치들은 미니멀하게 변주됨으로써 일정한 구조를 이루거나, 연장된 지속의 경우처럼 일정한 한계를 벗어나 이어지기도 한다. 특히 관람자의 예민한 주목을 넘어 지속 시간에 대한 인내를 요구하는 고정 카메라와 연장된 롱 테이크의 결합은 영화가 현실을 구성하는 매개적인 요소인 프레이밍, 카메라 셔터의 지속시간 등을 드러낸다는 점에서 리얼리즘을 넘어선 형식주의나 하이퍼리얼리즘의 차원을 개방한다.

3. 페드로 코스타의 시간의 윤리학: 〈반다의 방〉의 디지털 리얼리즘

"페드로는 현실을 이용해서 그럴싸한 세계를 꾸며내려 하지 않았으며, 또한 생생한 현실적 삶의 단편들을 원래 그대로 보존하려 들지도 않았다. 반다는 반다이자 페드로이며, 관객의 시선과의 상호작용을 통해서 결정화된 이미지이며, 그 두 개의 시선의 분리에 대한 저항이자, 사람들이 함께 살아갈 수 있는 방법을 고찰하는 새로운 시선의 제시[다] …" 23)

영화평론가 하스미 시게히코는 〈반다의 방〉에서 두드러지게 나타나는 '친밀한 밀폐성'에 감탄하면서 "영화의 21세기는 틀림없이 페드로 코스타와 함께 시

---

23) 스와 노부히로, 「반다의 방」, 『페드로 코스타』, 전주국제영화제 편, 2010, 218쪽.

작한다고 강하게 확신한다"[24]는 점을 밝힌다. 이는 톰 앤더슨이 이 영화를 가리켜 "영화의 미래"라고 언급한 것을 떠올리게 한다. 하스미는 180분이라는 상영시간이 짧다고 느껴질 만큼, 〈반다의 방〉이 "언제나 계속 화면을 보고 싶게 만드는 영화"라고 하면서 이 무시무시하게 뛰어난 작품 속에서 우리가 보게 되는 것은 "완만한 삶의 지속"이라고 지적한다. 페드로 코스타에 의하면, 자신의 첫 디지털 영화인 〈반다의 방〉은 애초에 전통적으로 순수한 다큐멘터리로 출발한 영화였다. 그러나 그는 2년 가까이 저예산 디지털 비디오(Panasonic DX 100)와 최소한의 현장조명과 사운드만으로 촬영하면서, 리얼리티란 어떤 면에서 포착하는 게 아니라, 매 순간들을 상실하는 것에 가깝다고 생각했고, 극도로 천천히 이루어지는 제작과정과 인내심이 필요

(그림 1-2) 페드로 코스타 〈반다의 방〉의 스틸

한 이런 작업에 작은 디지털 카메라는 최적의 매체라고 판단했다. 그는 "35mm로 촬영했다면 표현할 수 없었을 그 세계, 그 색채, 그 느낌, 그 연기에 나는 애착을 갖고 있다"[25]고 고백한다. 이 영화는 일종의 다큐픽션으로서, 극영화와 다큐멘터리 사이에 존재하는 관습화된 경계를 허물고 실재와 허구, 재현에 관한 문제제기와 성찰적 실험을 통해 영화의 미학적 지평을 확장한다. 철거중인 포르투갈 리스본 이민자들의 거주지인 폰타이냐스의 실제 거주자들과 그들의 빈곤한 삶을 담아냈지만 고정 카메라로 포착된 롱 테이크의 집요한 사

24) 하스미 시게히코, 「영화의 21세기는 페드로 코스타의 〈반다의 방〉과 함께 시작된다」, 『영화의 맨살: 하스미 시게히코 영화비평선 』, 박창학 옮김, 이모션북스, 2015, 502–505쪽.
25) 마크 페란슨, 「 페드로 코스타와의 인터뷰 」, 『페드로 코스타』, 118쪽.

용은 관습적인 다큐멘터리의 진실 주장과는 다른 방식으로 빈곤한 삶의 헐벗음과 아름다움을 드러낸다 (그림 1, 2).

〈반다의 방〉에서 DV 카메라는 페드로 코스타에게 더 이상 인물들이 누군가를 연기하지 않고 자신을 드러내기 시작하는 계기가 되었으며, 디지털 카메라의 유동성을 이용해 어떻게 폰타이냐스 빈민촌 공동체의 현실을 일상적인 수준에서 기록할 것인가를 고민하게 했던 것이다. 이 영화에서 마약은 일반적인 영화에서처럼 쾌락과 사건을 유발하는 극적인 의미가 아닌 피로가 동반된 '일상'의 기록으로 존재한다. 관객들은 5분에 이르는 오프닝 시퀀스의 긴 롱테이크부터 미리 쓰여진 대사나 동기화된 서사 없이 폐쇄공포증적 공간에서 반다의 마약 흡입이라는 일상적 행위와 그 사이에 반복되는 기침소리를 실시간으로 지켜보게 된다. 스와 노부히로가 지적하듯, 반다가 기침할 때 그녀의 신체 이미지는 "촬영하는 것과 촬영되는 것, 연기하는 것과 자기 자신인 채로 있는 것 사이의 구분"을 무너뜨린다. "영화에 등장하는 사람들 스스로가 스토리, 대화, 내러티브를 만듦으로써 그들 자신을 발견하고, 감독은 이러한 만남을 통해 자신을 다시 고쳐나가는 일종의 상호협력 행위의 산물"인 것이다.[26]

폴커 판텐부르그(Volker Pantenburg)는 디지털 카메라를 사용하기 시작하면서 터닝 포인트가 된 〈반다의 방〉 이후 페드로 코스타의 영화가 영화 제작 및 수용의 상이한 국면들에 상응하는 다양한 리얼리즘의 관념을 동시에 활성화한다고 주장한다. 그에 따르면 〈반다의 방〉 이후 코스타의 영화는 1) 카메라 렌즈와 폰타이냐스의 현실이 만나면서 구축되는 증언적 리얼리즘을 추구하면서도 2) 폰타이냐스 거주자인 인물과의 친밀성과 협력 가능성을 근거로 저예산 디지털 비디오의 무제한적인 기록 및 저장 가능성을 활용한 제작 수단으로서의 리얼리즘을 방법론으로 삼으며 3) 극영화의 내러티브가 형성하는 리얼리티 효과와는 다른, 연장된 지속(extended duration)이 제공하는 우연성과 현전의

---

26) Andersen, "Painting in the Shadow," 149.

인상에 근거한 리얼리즘은 물론 4) 감독 그리고 관객이 공유하게 되는 지속과 인내력에 근거한 관찰/지각의 양식으로서의 리얼리즘을 지향해 왔다.[27] 첫 번째와 세 번째 리얼리즘은 마굴리스가 말한 대안적 리얼리즘, 즉 '영화화 이전 현실의 밀도'를 추구하고 우발적인 것, 찰나적인 것의 기록이 가진 감각적, 육체적 차원마저도 보존하는 리얼리즘의 전통을 현대적으로 계승한다. 또한 두 번째와 네 번째의 리얼리즘은 영화적 현실의 형성 과정과 이에 대한 관객의 지각 과정을 또한 전면에 드러내는 자기반영적, 형식주의적 기획과도 연결된다. 특히 디지털 카메라는 필름 카메라에서는 릴의 길이로 인해 중단될 수밖에 없었던 연장된 지속의 촬영을 허용함으로써, 슬로우 시네마가 요구하는 관찰과 지각의 양식을 활성화하는데 중요한 역할을 맡는다.

리사 퍼스(Lisa Purse)가 이야기하듯, 할리우드 영화의 디지털 롱 테이크가 비판받는 이유는 대체로 다음의 두 가지 요인들 때문이다. 하나는 인간적인 것의 반대급부로 디지털을 설정하려는 문화적 경향이다. 이는 디지털 미디어의 비인간성, 죽음, 그리고 온기와 생명력의 부재를 연상시키는 차가운 불모성의 미디어라는 관념이 반복적으로 환기되어 왔다는 점에 기인한다. 다른 하나는 다니엘 모건과 톰 거닝이 지적하듯 바쟁의 영화적 리얼리즘 개념의 근간으로서 지표성을 지나치게 강조하는 경향이다.[28] 〈반다의 방〉은 영화의 고유한 지표적 특성과 관련된 전통적인 미학적 가정에 도전하고 디지털의 질감을 분명히 드러냄으로써 저예산 디지털 비디오에 고유한 시각적 특성을 살린 영화제작 실천의 한 사례를 보여준다. 시릴 네이라(Cyril Neyrat)가 말하듯 페드로 코스타가 사용한 파나소닉 DX 100은 심도나 이미지의 밀도, 컬러의 밝기와 채도에

---

27) Volker Pantenburg, "Realism, not Reality: Pedro Costa's Digital Testimonies," *Afterall: A Journal of Art, Context and Enquiry*, no. 24 (Summer 2010), 54–61.

28) Lisa Purse, "Working Space: *Gravity* (Alfonso Cuarón 2013) and the Digital Long Take," in *Long Take: Critical Approaches*, eds. John Gibbs and Douglas Pye, London: Palgrave Macmillan, 2017, 223. 다니엘 모건의 바쟁의 리얼리즘에 대한 수정주의적 독해("Rethikning Bazin")와 더불어 리얼리즘 개념을 지표성으로 환원하는 관점을 비판하는 거닝의 견해는 다음을 참조. Tom Gunning, "What's the Point of Index, or Faking Photographs," *Nordicom Review*, vol. 25, nos. 1–2 (September 2004), 39–49.

있어서 이 영화에 독특한 비디오 룩을 부여했다.[29] 필름에 비해 선명도가 떨어져 녹색과 구별이 안 되는 흐릿한 색채는 폰타이냐스 지역의 남루함과 시각적으로 잘 어울린다. 또한 주민들의 행동을 인내를 갖고 관찰하고 카메라의 움직임이 없는 협소한 공간에서 촬영할 수 있는 가능성을 탐구했던 감독의 촬영과정은 '미학적 정지성의 감각'[30]을 담아내는 과정일 것이다.

실제의 양식화되고 정적인 묘사를 전달하기 위한 디지털 기술은 '빈곤의 미학'을 가능하게 하는 새로운 조형성을 피사체에 부여한다. 햇빛이 잘 들지 않는 협소한 실내공간에서 작은 창문이나 램프에서 나오는 광원을 키 라이트(key light)로 활용하는 기법, 현장에서 찾은 거울이나 대충 짜 맞춘 반사판을 활용하는 기법, 설정 숏이나 반응 숏을 쓰지 않고 같은 위치에 고정하여 피사체를 촬영하는 카메라 기법은 톰 앤더슨이 말하듯 "디지털 비디오의 재발명"에 가깝고, "동시대적 삶의 광적 속도에 대한 통렬한 반박일 뿐 아니라, 값싼 장비를 활용해 자기만의 방식으로 만들어진 기념비적인 인내의 성과물"이라 할 수 있을 것이다(그림 3-4). 자크 랑시에르가 '폰타이냐스 삼부작'의 마지막 작품인 디지털 영화 〈행진하는 청춘〉(The Colossal Youth, 2006)과 관련하여 언급하듯, 이는 무너져 가는 건물, 플라스틱 물병 등과 같은 삶의 디테일들이 드러나는 것을 기다릴 수 있게 하는 제작방식으로 관습적인 리얼리즘이나 형식주의와는 구분되는 태도다.[31] 여기서 디지털 카메라의 기술적 역량은 렘브란트의 명암법(chiaroscuro)처럼 최소한의 사물을 아름다운 정물로 바라볼 수 있는 기회를 부여하면서 비참한 사람들의 삶의 공간을 예술의 대상으로 바꾸는데 미학적으로 기여한다. 촬영 초기 이것저것 찍어대며 두리번거리던 카메라는 대상

---

29) Cyril Neyrat, "Rooms for the Living and the Dead," booklet for *Letters from Fontainhas: Three Films by Pedro Costa* (Criterion Collection, 2014), 12.
30) Nuno Barradas Jorge, "Living Daily, Working Slowly: Pedro Costa's *In Vanda's Room*," in *Slow Cinema*, 173.
31) Jacques Rancière, "The Politics of Pedro Costa," booklet accompanying the Pedro Costa retrospective at Tate Modern (25 September – 4 October 2009), http://www.diagonalthoughts.com/?p=1546 (2017년 11월 1일 접근).

(반다)과의 지속적 상호작용을 통해 연출이나 허구, 또는 사실의 포착이라는 강박을 벗어나면서 거주 공간의 물질적, 사회적 조건을 기록하고 가족(공동체)의 가능성을 발견하게 된다(그림 5-6).[32] 이는 더 거칠고 덜 계획적인 디지털 비디오의 미학이 반영된 결과로 경제적인 이유에서의 선택이기도 하다. 하지만 이러한 경제적 선택은 그럴듯하게 꾸며낸 현실을 거부하고 공동체 안에서 최소한의 스태프와 더불어 조용한 장비와 느린 촬영방식을 추구한 페드로 코스타의 미학적 선택이기도 하다. 이렇듯 페드로 코스타는 디지털 카메라로 익스트림 롱 테이크의 힘을 시험한다. 관람자가 불편할 만큼 긴 시간 동안 폐쇄공포증적 세팅 안에 사람들을 참여하게 하면서, 그는 아키바 고틀립이 말하듯 "디지털 영화의 첫 번째 유물론적 인본주의자 (material humanist)가 되었다"[33]

(그림 3-6) 페드로 코스타 〈반다의 방〉 스틸

---

32) Jorge, "Living Daily, Working Slowly," in *Slow Cinema*, 169–179.
33) Akiva Gottlieb, "A Cinema of Refusal: On Pedro Costa," *The Nation*, August 30/September 6, 2010, https://www.thenation.com/article/cinema-refusal-pedro-costa (2017년 10월 15일 접근).

4. 지아 장커와 디지털 민주주의 : 〈스틸 라이프〉의 느림과 정지

"〈스틸 라이프〉에서 나는 처음에 그 영화가 매우 사실적이기를 원한다고 생
각했다. 그러나 나는 산사(Xianxi: 三峽) 풍경의 초현실적 측면들을 무시할 수
없었고, 환상적 요소들을 사용해야 했다. 그것들이 없다면 우리 동시대적 현실
의 완전한 기이함을 정확하게 표현할 수 없을 것이기 때문이다"[34]

6세대 지하전영 출신의 감독으로서 표현매체로서의 디지털 테크놀로지에 대
해 남다른 자의식을 갖고 이를 예찬해 온 지아 장커는 디지털 베타로 촬영한
〈임소요〉(Unknown Pleasures, 2002) 이후 촬영감독 유릭 와이와 함께 동
시대의 매체인 디지털 포맷의 아름다움을 발견하는 일에 몰두해 왔다.[35] 그는
디지털이 아니면 중국에서 일어나고 있는 급속한 변화들을 포착할 수 없었을
것이라고 믿었다. HD로 찍은 〈세계〉(The World, 2004)에서는 '시적-디지털
(poetic digital)' 스타일을 만들어 내려고 노력했고, 〈스틸 라이프〉에 이르러
서는 현실의 표면과 디지털의 질감을 연결시키고자 했다.

지아 장커는 디지털을 선택한 이후 영화미학의 변화에 대해 다음과 같이 밝
힌다. 첫째, 공간활용 범위가 넓어졌다는 것이다. 디지털 덕분에 진짜 사람들
이 생활하는 공간 속에 들어가서 촬영할 수 있게 되었고, 이는 공간의 현실성이
확보되었음을 말한다. 이에 따라 그의 영화는 현실의 공간을 담게 된다. 둘째,
표현영역의 확대로 후반작업이 편리해졌다는 점인데, 화면수정 특히 색채를 변
화시킬 수 있다는 점을 들 수 있다. 셋째, 전통적 제작방식과 달리 현장준비가
줄어들게 되면서 제작비를 절감하고 시간을 줄일 수 있다는 점이다.[36]

34) Andrew Chan, "Interview with Jia Zhangke," *Film Comment*, March/April 2009,
   https://www.filmcomment.com/article/jia-zhangke-interview (2017년 10월 1일 접근).
35) 6세대 지하전영 감독들에게 포스트사회주의 이후의 중국의 급변하는 현실을 포착하고 비평하는 도구로
   서 디지털 비디오카메라가 미친 중요한 영향에 대해서는 다음을 참조. Zhen Zhang, "Bearing
   Witness: Chinese Urban Cinema in the Era of "Transformation"(Zhuanxing)," in *Chinese
   Cinema and Society at the Turn of the Twenty-First Century*, ed. Zhen Zhang, Durham,
   NC: Duke University Press, 2007, 1-45.
36) 정한석, 「지아장커: 제 14회 부산국제영화제 마스터클래스」, 동서대학교 임권택 영화연구소,

자신이 존경하는 영화평론가 앙드레 바쟁으로부터 영화의 '방부처리' 기능에 관련된 실마리를 얻은 지아 장커는 모든 실체가 소멸하기 전에 "사물과 그 지속의 남아있는 이미지, 그 자체로 미라화된 변화"를 창조하기 시작한다.[37] 그러나 바쟁에 대한 수정주의적 독해를 통해 리얼리즘 미학의 중요한 단서를 제공한 모건의 지적처럼, 바쟁의 리얼리즘은 롱테이크와 롱 숏 같은 특정한 스타일이 아닌, 리얼리즘에 대한 기존의 이해를 벗어나는 영화 테크닉들과 서사들을 포함시키는 것에 열려 있다. 디지털 사용 이후 지아 장커 또한 리얼리즘을 현실에 대한 투명한 창으로서 바라보는 전통적 방식을 넘어선다. 말하자면 그는 리얼리즘을 롱테이크나, 딥포커스, 로케이션 촬영 등과 같은 특정한 테크닉으로 보지 않고, 때때로 환영(illusions)을 낳을 수 있다고 인식하는 것이다. 이 점은 고전적 리얼리즘이 전제했던 이미지의 그럴듯함을 근거로 한 환영적 리얼리즘이 아니라, 현실의 기록에 근거한 증언적 리얼리즘에 환영적인 요소, 즉 초현실주의 또는 표현주의라 말할 수 있는 요소를 더하는 것으로 볼 수 있다. 작업 과정에서 지아 장커는 리얼리즘적인 것을 개인적 비전과 주관적 경험과 연결시키는 것으로 이 점을 표현한다. 자신의 영화의 리듬을 인민들의 삶의 리듬과 일치하는 것으로 여겼기 때문에, 빠르게 변화하는 중국의 미술적 리얼리즘은 스크린에 더욱 다양한 영화적 테크닉과 스타일을 요구하는 것이다. 이처럼 '드라마틱한 물질적 변화'를 묘사하기 위한 지아 장커의 '초현실적'인 표현들에 대해 팅 루오(Ting Luo)는 "전반적인 리얼리스트적인 룩(look)을 매우 양식화된 시퀀스와 혼합"하는 것이라고 주장한다.[38]

베니스 국제영화제 황금사자상 수상작 〈스틸 라이프〉는 가족관계와 삶의 터전이 해체된 현실 속에서 헤어진 가족을 찾아 나선 두 남녀의 이야기로, 급변하

2010, 94-95쪽.

37) Jaffe, Slow Movie, 144.

38) Ting Luo, "Neither Here nor there: The Representation of Post-Socialist Space in The World and Still Life and Jia Zhangke's Transcendence of Realism," Sungkyun Journal of East Asian Studies, October 2015, 15(2):149-171.

는 사회 속에서 변치 않는 무언가를 찾고자 하는 열망을 담아낸다. 지아 장커는 중국 지폐에 나오는 2천년 된 도시가 신도시개발로 2년 만에 사라지는 변화의 급류 속에서 "마을이 사라지기 전 죽을 힘을 다해 영화를 찍었다고 밝힌다." 아내를 찾으러온 산샤댐 주변에서 낮에는 노동을 하고 휴일에 가족을 찾는 산밍은 지폐 10위안에도 나올 만큼 아름다운 장소가 곧 사라져버린다는 믿기지 않는 사실에 실제 경치를 바라보며 이어서 지폐 속 산샤의 자연을 비교해서 응시한다(그림 7-8).

(그림 7-8) 지아 장커 〈스틸 라이프〉의 스틸

　'빠름과 느림의 변증법'이라고도 부를 수 있는 지아 장커의 영화세계는 동시대 중국의 빠르고 광포한 변화와 그 속에서 느리게 변화하는 인민들의 행동 및 정신 사이의 '시차'라고도 볼 수 있다. 따라서 그에게 긴급한 것은 곧 사라질 산샤에 거주하는 사람들과 풍경을 중국 전통의 두루마리 그림을 펼치듯 2.35:1 시네마스코프 화면의 느린 패닝의 긴 롱테이크로 담아내거나, 담배, 술, 차, 사탕 같은 중국인들에게 오랜 세월 동안 행복을 가져다준다고 여겨졌던 정물들을 통해 '삶의 순간들을 멈춰 세우는 것' 39)이다. 영화 속에서 정물들(Still Life)의 한자가 각각 천천히 떠오르고(烟, 酒, 茶, 糖), 카메라가 그 사물들을 시간을 두고 응시하는 것은 이 영화의 지배적인 이미지를 이루는, 거대한 건물 벽에 쓰인 '折(철거)'라는 글자가 나타내는 자본주의의 파괴적 힘에 대한 저항일 것이다(그림 9-13). 첫 번째 사물인 담배의 한자가 등장하는 장면의 경우를 보면, 주인공 한산밍이 프레임에서 빠져나간 후 카메라는 탁자 위 여러 사물들을 계속해서 비추고 어린 소년이 들어와 담배를 몰래 꺼내 피우고 화면 밖으로 나간 후에도 카메라는 느리게 담배와 일상의 사물들 근처를 배회한다. 그러면서 '烟'이라는 글자가 화면 오른편에 천천히 떠오르고, 카메라가 이동하면 산밍과 담배를 함께 피운 청년이 〈영웅본색〉에서 주윤발이 위조달러로 담배에 불붙이는 장면을 TV로 시청하고 흉내내는 장면으로 이어진다. 카메라는 담배라는 정물 자체를 느린 속도로 응시하면서도 이 사물과 연결되는 자본주의나 속도를 가리키는 사물들을 함께 제시함으로써 대비 효과를 자아낸다. 이는 영화 중반 셴훙이 방문한 남편 친구 집 벽에 걸려있는 수많은 시계들을 천천히 패닝하는 카메라에서도 드러난다(그림 14). 이렇듯 〈스틸 라이프〉에서 디지털 카메라는 인물들이 빠져나가고 난 화면에서 정지해 있는 사물들을 마치 주인공처럼 오래 응시하고 따라다닌다. 〈스틸 라이프〉에서 이러한 '느림과 정지에 대한 예찬'은 공간의 변화와 기억 상실에 대한 영화적 대응이라고 할 수 있다. 파괴의 카오스를 배후에 숨기고 있는 지아 장커의 정물화는 급변하는 포스트 사회주의 중국에 맞서는 '디지털 저항 기억'이라고 부를 수 있을 것이다.

---

39) 정성일, 「지아 장커의 〈스틸 라이프〉」, 『씨네21』, 2006.11.3, http://www.cine21.com/news/view/? mag_id=42355 (2017년 10월 10일 접근).

(그림 9-14) 지아 장커 〈스틸 라이프〉의 스틸

이렇듯 사라져 가는 것들을 기록하고 기억하는 일이야말로 영화매체의 소명이자 긴요함이다. 다큐멘터리 〈동〉과 상호보완적 극영화인 〈스틸 라이프〉의 동일한 숏들이 주는 울림은 그런 점에서 영화라는 매체의 본질을 떠오르게 한다. 〈스틸 라이프〉는 극영화지만 〈동〉의 몇몇 장면들(ex- 산밍이 건물 옥상에서 산샤의 아름다운 풍경을 내려다보는 장면, 노동자들이 댐건설현장에서 맨몸으로 노동하는 장면(그림 15), 건물이 무너져 인부가 사망한 장면 등)을 그대로 가져오면서 전통적인 리얼리즘에 도전하며 풍요로운 '모호성'에 도달한다. 〈동〉에서 실제 모델이었던 인부 중 한 사람이 사망한 사건은 지아 장커에게 영화를 계속 찍을 것인가를 고민할 정도로 윤리적 선택을 요구하는 일이었다. 이런 맥락에서 볼 때 〈스틸 라이프〉에서 한산밍과 가장 가까웠던 청년이 공사장의 벽돌에 깔려 죽어 쓸쓸히 장례를 치르는 장면은 정성일의 지적처럼 이름 모를 노동자(들)의 죽음을 영화라는 매체가 기억하고 그 긴급함을 널리 알려야한다는 호소로까지 보인다. 이는 극영화라는 장르에서 한 개인의 불행으로 잊혀지고 말 일회적 사건(죽음)을 담아내는 것을 넘어, 영화가 끝나고도 '지속되는 삶의 현실'을 보여주어야 함을 뜻한다. 여기서 다큐멘터리와 픽션이라는 경계보다는 디지털이라는 매체를 통해 그들이 실제 살고 있는 공간과 일상의 습관에 근접하는 것, 인민들의 삶의 진실이 드러날 수 있도록 카메라가 지속적으로 기다리는 것이 중요하다. 또한 〈동〉과 〈스틸 라이프〉의 관계는 다큐멘터리와 극영화의 범주를 넘어 회화 및 영화와의 상호텍스트성을 통해 순간을 지속시키고 연장하는 예술의 소명을 반영적으로 드러낸다. 실제로 미술을 전공했던 지아 장커는 이 영화를 시작과 끝의 경계가 불분명한 중국 전통의 '두루마리 그림(手卷畵)'처럼 찍고 싶다[40]고 밝힌 바 있다. 가로로 끝없이 펼쳐지는 느낌을 위해 옆으로 트랙을 깔고, 녹색의 산수화 효과를 얻고자 후반작업에서 색보정을 거친 〈스틸 라이프〉는 리얼리스트 지아 장커가 21세기에 디지털이라는 붓으로

---

40) 정성일, 앞의 글.

그린 두루마리화인 것이다.

지아 장커는 느림과 사실주의의 미학을 구현하는 디지털 카메라 이외에도 부분적으로 CGI를 활용하여 중국의 변화하는 현실을 표현한다. 그림 7-8의 산샤댐 지폐장면을 포함해서, 산밍과 셴훙이 연결되는 UFO를 보는 듯한 장면(그림 16), 마침내 재회한 산밍과 아내가 사탕을 나눠먹는 순간 부서지고 갈라진 건물 벽 너머로 빌딩이 붕괴되는 장면(그림 17), 산밍이 노동자들과 함께 산샤를 떠날 때 멀리 두 건물 사이로 한 남자가 외줄타기 하는 듯 초현실적으로 보이는 마지막 장면(그림 18) 등에 활용된 디지털 합성은 마술이나 초현실이 아니라 더 이상 자연적 실존이 불가능한 중국의 현재를 근본적으로 재구성한다. 이렇듯 〈스틸 라이프〉에서 디지털 카메라의 연장된 지속과 특유의 질감은 사실과 허구, 현실과 환상, 리얼리즘과 모더니즘, 현실과 초현실 등의 경계를 재질문하고, 나아가 중국사회의 새로운 현실을 재규정하고 있는 것이다.

(그림 15-18) 지아 장커 〈스틸 라이프〉의 스틸

"디지털은 자신의 근본적으로 새로운 능력과 우월한 재현적 역량을 오래된 것을 전용하는 자신의 능력을 통해 예시한다. 그러나 이 경우에도 디지털이 이전의 체제를 사라지게 하는 것처럼 보이지는 않는다. 실제적으로 무한한 조작 가능성이라는 이상은 **이전의 것과 새로운 것의 혼종성**을 요구한다."[41)]

『슬로우 시네마(Slow Cinema, 2016)』의 두 편집자가 지적하듯, 영화역사에서 슬로우 시네마의 계보를 바쟁의 영화적 리얼리즘에서 출발해 모더니즘적 예술영화와 실험영화의 시대인 1960~1970년대를 거쳐 국제영화제를 통해 제도화된 2000년대 예술영화의 실천들까지 일직선상으로 도표화하는 것은 유혹적이지만 일정한 한계를 갖는다.[42)] 이러한 진화론적 접근은 영화 스타일의 역사를 유럽 중심으로 정당화할 뿐 아니라, 감독 개개인과 영화운동들의 미학과 맥락적 차이를 단지 '느림'이라는 기준 아래 무차별적으로 적용시킬 위험이 있다. 점점 빨라지는 세계에 대한 반응으로 가속화되는 주류 영화의 흐름과는 반대로, 동시대 예술영화, 실험영화의 흐름에서 느림의 확산은 영화제작에서 디지털 기술이 등장한 것과 관련된다. 장시간의 기록성과 피사체와의 밀착성에 기반해 다큐와 픽션(실험영화) 또는 리얼리즘과 형식주의의 경계를 와해시키고 이 둘을 다양하게 공존시키는 '사이의 영화'들이 오늘날 영화예술의 최전선에 서 있다. 디지털은 이러한 '사이의 영화'를 활성화시킴으로써 현실을 새롭게 재규정할 수 있는 미학적, 기술적 수단이 된다.

페드로 코스타와 지아 장커의 디지털 슬로우 시네마는 '사이의 영화'를 적절히 예시함은 물론, 포스트-시네마 시대의 동인인 디지털 테크놀로지가 필름 영화와 마찬가지로 지속을 표현할 수 있는가라는 영화연구의 중요한 논제에 대한 간접적인 답을 제시한다. 로도윅은 필름의 역사가 "시간성의 공간적 기록"이고

---

41) Philip Rosen, *Change Mummified: Cinema, Historicity, Theory*, Minneapolis, MN: University of Minnesota Press, 2001, 325.
42) Tiago de Luca and Nuno Barradas Jorge, "Introduction," in *Slow Cinema*, 9.

필름 영화가 "시간적 지속에 대한 끊임없는 매혹을 입증"[43]한 것과는 달리 디지털을 통해서는 시간성을 표현하기가 어렵다고 주장한 바 있다. 알렉산더 소쿠로프의 〈러시아 방주〉(Russian Ark, 2002)를 구성하는 86분간의 롱 테이크가 사실상은 여러 개의 시퀀스 쇼트들을 비가시적으로 몽타주한 결과임을 예로 들면서 로도윅은 디지털 영화가 "시간성과 지속의 표현"이 아니라 "다양한 알고리즘으로 변형되기 쉬운 모듈 이미지 층위들의 조작"으로 형성되는 "디지털 이벤트"[44]를 지향한다고 주장한다. 로도윅의 주장은 지속의 표현과 관련하여 디지털 기술이 필름 영화와 근본적으로 구별되는 불연속성을 강조한다. 이러한 불연속성은 동시대 영화에서 슬로우 시네마의 유행을 이끈 배경으로 지적되는 디지털 시각효과의 증폭된 이미지 조작 가능성, 그리고 현실의 직접적인 기록인 필름 이미지와는 달리 디지털 이미지는 현실과의 관계가 추상화되어 코드화된 이미지라는 점에 근거한다. 이러한 물질적, 기법적 차이를 고려하더라도 디지털 시네마가 지속을 표현할 수 없다는 로도윅의 주장은 한 가지 난점을 노출한다. 그의 논의는 영화에서 디지털 기술의 사용을 〈러시아 방주〉에서의 디지털 합성과 같은 시각효과의 층위에만 한정함으로써 영화에서 디지털 기술이 필름 영화와의 관계라는 관점에서 활용될 수 있는 다양한 방식에 대한 사유를 제한하기 때문이다. 즉 영화에서 디지털 기술의 활용은 시각효과 이외에도 카메라의 기술적 특성에 내포된 또 다른 물질적 차원, 카메라의 활용과 관련된 미학적 관습과 같은 비물질적 차원에 따라 결정되는데 로도윅의 이분법적 견해는 이러한 차원들에 대한 고려가 배제되어 있다.

이러한 한계를 고려하면서 다음과 같이 생각해 볼 수 있다. 2000년대 이후의 디지털 슬로우 시네마는 한편으로는 가속화된 이미지 경험과 상호작용적 실시간성으로 구성되는 동시대 주류 디지털 영화의 '디지털 이벤트'에 대항하면서도, 디지털 기술이 지속을 표현하기가 어렵다는 로도윅의 주장과는 배치되는

---

43) 로도윅, 「디지털 영화미학」, 242쪽.
44) 위의 책, 247쪽.

다양한 사례들을 제공해 왔다. 〈반다의 방〉에서 폰타이냐스의 비루한 물질적 환경과 반다의 연약한 육체를 담아내는 지속, 〈스틸 라이프〉에서 사라져 가는 마을의 폐허와 거주지, 사물을 보존하는 지속의 미학이 바로 그 대표적 사례가 될 것이다. 이 영화들은 디지털 슬로우 시네마가 필름 기반 슬로우 시네마의 미학적 유산을 계승하면서도 필름 카메라에서는 획득될 수 없는 기술적 역량으로 지속에 참여한 결과임을 입증한다. 즉 디지털 슬로우 시네마는 필름 기반의 슬로우 시네마와 마찬가지로 세계에 대한 세심한 관찰과 카메라 프레이밍의 중요성, 느림과 지속에 대한 매혹을 계승한다. 그러나 이러한 연속성 이외에도 디지털 카메라는 필름 카메라보다 훨씬 긴 시간의 기록 가능성과 필름 카메라로는 불가능한 다양한 카메라 위치와 프레이밍, 피사체에의 친밀한 접근, 그리고 필름과는 다른 픽셀의 흐름으로 이루어지는 표면의 유동성과 색감으로 지나가는 시간의 흐름을 담아낸다. 이와 같은 이중적 특성으로 인해 디지털 슬로우 시네마는 필름과 디지털의 미학을 단순한 불연속성 또는 연속성으로 보는 관점에 대한 대안을 제공하면서, 이 둘의 관계를 필름 시대 영화의 미학적 유산(지속의 표현과 리얼리즘—형식주의의 공존)과 디지털 기술의 새로움이 어우러진 혼종으로 설정할 수 있는 계기를 마련한다.

2부 여성감독과 '기술적 작가성'

1. 초기영화와 '기술적 작가성'

1905년 영화 스튜디오가 지어지기 이전 고몽사에서 제작한 영화들에서 **그 녀는 카메라 앞에서 벌어지는 모든 세부사항(detail)에 대해 거의 홀로 책임을 지고 있었던 것으로 보인다.** 영화에 대한 아이디어는 그녀로부터 나왔고, 로케이션을 위해 끊임없이 파리 근교를 물색했다. 그녀는 소품과 의상들을 구하러 찾아 나섰고, 많은 의상들을 손수 만들었다. 그녀는 세트 디자이너를 고용했고, 스스로 연기했다.[1]

"감독의 역할은 복잡하다; 시나리오, 배우 선택, 장식, 의상, 가구들과의 조화, 최종 리허설, 무대연출, 조명, 촬영이 끝난 영화의 편집과 몽타주 또한 중요하다."[2]

고몽의 총괄제작자로서 1896년 〈양배추 요정〉(The Cabbage Fairy)[3]을

---

1) Alison McMahan, *Alice Guy-Blaché: Lost Visionary Cinema*, New York and London: Continuum, 2002, xxvi - xxvii (강조는 필자).
2) Alice Guy-Blaché, *The Memoirs of Alice Guy-Blaché*, trans. Roberta and Simone Blaché, ed. Anthony Slide, New York: Scarecrow Press, 1996, 17 (강조는 필자).
3) 이 글은 영미권에서 연구된 자료들을 주로 참고하고 있으므로 작품의 외국어 표기는 영문 제목명을

만든 최초의 여성감독 알리스 기[4]는 비슷한 시기에 영화경력을 시작했지만, 1905년과 1912년에 각각 영화제작을 중단했던 뤼미에르 형제와 멜리에스에 비해 더 오래 커리어를 지속했다. '발명의 소용돌이' 시기인 초기영화의 역사에서 기술적, 과학적 발전은 미학적 도약을 결정짓는 중요한 요인이었다. 알리스 기의 자서전이나 그녀에 관한 연구들에서 공통적으로 지적하듯, 고몽 시기 그녀의 역할은 시나리오, 제작, 연출, 기술 엔지니어, 연기 등을 망라하는 전방위적인 것이었으며 그녀는 "이 모든 책임을 홀로 어깨에 짊어지고 있었다."[5] 그러나 기의 이와 같은 경력과 광범위한 활약에도 불구하고 고몽 시기 그녀의 전방위적인 역할은 오랫동안 영화사에서 지워져 있었다. 여기에는 다양한 이유가 있을 것이다. 주류 영화사에서 여성영화인에 대한 차별이 존재해왔다는 점, 고몽의 창립자인 레옹 고몽(Léon Gaumont)이 초기 영화제작에서 기술적 혁신에 대한 자신의 우위를 주장하기 위해 소속 감독들을 의도적으로 평가절하 했다는 점, 그리고 초기 영화에는 크레디트가 포함되지 않았고 저작권 개념 자체가 희박했다는 점 등을 들 수 있다. 이런 점들로 인해 초기 영화와 개척자 감독들의 작가성을 개념화하는 것은 복잡한 질문을 제기한다. 알리스 기가 초기 영화 산업에서 다양한 역할을 담당했던 점을 고려할 때, 어떤 영화들을 그녀의 작품이라고 규정지을 수 있을 것인가? 초기 영화제작의 협업 과정에서 누가 혹은 무엇이 상대적으로 큰 비중을 차지하는가?

그런데 이러한 질문들은 특정 작품의 감독을 알리스 기로 인정하고 귀속시키는 수준을 넘어서는 문제다. 더욱 중요한 문제는 영화제작 전반의

따르는 것을 원칙으로 한다. 그러나 필모그래피를 기의 자서전, imdb.com, McMahan의 저서 등 다양한 경로로 체크해 봐도 프랑스어 제목만 남아있는 영화의 경우는 프랑스어로 표기한다. 또한 프랑스에서 발명된 기술이나 상용화된 용어도 프랑스어 표기를 따른다(ex-포노센 phonoscène). 한국어로 번역된 제목의 경우는 2016년 서울국제여성영화제에서 소개된 작품에 한해서는 영화제 측의 표기를 사용하고, 그 밖의 작품은 필자가 번역한 제목을 쓴다.

4) 알리스 기(Alice Guy)는 프랑스 이름이고, 결혼 이후에는 알리스 기-블라쉐(Alice Guy-Blaché), 혹은 마담 블라쉐(Madame Blaché)로 불리는 경우도 많지만, 여기서는 그녀의 영화경력 중 결혼 전인 프랑스 시기를 다루고 있으므로 알리스 기로 칭하기로 한다.

5) McMahan, *Alice Guy-Blaché*, 15.

과정들에 직접 관여하고 이를 책임진 기의 면모가 초기영화의 제작 환경, 그리고 영화사 초기에 활발하게 개발되어 실험되었던 다른 시청각적 테크놀로지의 영화적 적용에 있어서도 드러난다는 점이다. 1900년은 기의 영화제작에 있어 전환점이 된 해였다. 당시 파리 만국박람회에서 고몽의 영화들은 최고의 어트랙션으로 평가됐고, 여기서 그녀의 영화작업에 대한 첫 번째 수상인 '협력자의 상(a diplôme de collaboratrice)'이라는 영예가 부여된다.6) 이 시기는 아직 '감독(metteur en scène/director)'이라는 용어가 공식화되지 않았던 때였다. 그녀는 이후 릴(1903), 세인트루이스 (1904), 리에주(1905), 밀라노(1906) 엑스포 등에서 지속적으로 수상했고, 1907년에는 연출 감독(Directrice de théâtre) 상을 받으며 총괄제작자로서 활약한다.

알리스 기는 초기 무성영화 시기에 고몽사가 시도한 사운드 테크놀로지의 실험 및 이의 영화적 적용에 핵심적인 역할을 했다. 1900년 고몽사는 파리 박람회에서 세 개의 발성영화(talking film) 시스템을 선보였고 1901년 자사의 동시 사운드 장치인 크로노폰(Chronophone)의 특허를 얻었으며 1902년 이를 시연했다. 또한 고몽사는 1905년 크로노폰 스튜디오를 건설하고 1907년 '포노-시네마토그래프(Phono-Cinematograph)'를 완성했다. 이러한 일련의 발전 과정에서 기는 크로노폰의 실험 및 판촉 작업에 관여하면서 이를 토대로 제작한 일종의 음악 퍼포먼스 발성영화인 포노센(phonoscène)을 150편 이상 직접 감독하거나 총괄했다. 이처럼 초기 사운드 영화의 역사를 지속적으로 새로 써나갔던 역할 이외에도 알리스 기는 초기영화의 시각효과와 색채 실험에도 천착했다. 〈그리스도의 탄생, 삶, 죽음〉(The Birth, the Life and the Death of Christ, 1906) 등에서 효과적으로 실험된 이중인화(superimposition)와 같은 시각효과

6) Joan Simon, "The Great Adventure: Alice Guy Blache, Cinema Pioneer", in *Alice Guy Blache: Cinema Pioneer*, ed. Joan Simon, New Haven, CT: Yale University Press, 2009, 14

이외에도, 움직임이 많은 댄스 영화에서 섬세한 수공업적 아름다움을 부각시킨 수작업-착색 색채(hand-tinted color)는 1911년 파테가 대량생산을 위해 성공적으로 표준화시킨 스텐실 기반 다색채 인쇄 시스템인 파테컬러(Pathécolor)[7]가 보급되기까지 기의 스타일과 연출적 역량을 발휘한 기술적 분야였다.

본 논문은 이처럼 초기영화라는 특수한 맥락에서 영화제작 전반은 물론 영화 테크놀로지의 기법적, 미학적 차원들에도 직접적으로 개입해 영향을 끼친 알리스 기의 작가성을 '기술적 작가성'으로 규정하고, 그녀가 고몽에서 만든 영화들 (1896~1907)의 시각적 스타일과 사운드 실험을 살펴봄으로써 이러한 작가성을 입증하는 것을 목표로 한다. 기술적 작가성이라는 개념은 1950년대 중반 이후 프랑스와 미국에서 영화비평의 중요한 방식으로 정립된 작가주의와 연결되면서도, 초기 영화의 제작환경 및 이를 근거로 한 초기 개척자들의 정체성을 변별적으로 파악할 수 있게 한다는 점에서 차별성과 정당성을 갖는다.[8] 감독을 기능적인 연출가를 넘어선 창조적인 예술가로 정립하고, 작품들을 영화에 대한 감독의 개성을 투영한 결과로 간주하는 작가주의 비평에서 영화의 기술적 요소들에 대한 통제력은 특정 감독을 작가로 식별하는 주요한 척도였다. 트뤼포, 고다르, 리베트 등 『카이에 뒤 시네마』 비평가들이 미장센을 작가적 감독이 스스로를 표현하는 주요한 수단으로 간주했을 때, 이들은 미장센을 구성하는 기술적 요소들에 대한 감독의 이해력과 통제력이 선행되어야 함을 전제했다. 또한 『카이에 뒤 시네마』의 '작가정책(politique des auteurs)'을 미국화하는데 기여한 앤드류 새리스(Andrew Sarris)가 작가를 판별하기 위해 제시한 유명한 세 가지 기준의 첫 번째는 '기술적 숙련도(technical competence)'였다. 이런 관점에서

---

7) Charles O' Brien, "Motion Picture Color and Pathè-Freres: The Aesthetic Consequences of Industrialization," in *A Companion to Early Cinema*, eds. Andre Gaudreault, Nicolas Dulac, and Santiago Hidalgo, Oxford, UK: Wiley-Blackwell, 2012, 298.
8) 개인 프로덕션 중심의 프랑스 영화 전통에서 '작가'라는 개념은 1950년대 이전에도 이미 여러 형태로 존재해 왔다. 리치오토 카누도(Ricciotto Canudo)가 영화를 '제 7의 예술'로 규정하며 영화 예술가들에게 작가의 지위를 부여하려 한 것이나, 장 엡슈타인(Jean Epstein)이 1920년대에 '작가'란 말을 당대 영화감독에게 사용한 사례 등을 들 수 있다 (로버트 스탬, 『영화이론』, 김병철 옮김, K-books, 2012, 109쪽).

볼 때 기술적 작가성이라는 개념은 프랑스에서 정립되고 이후 미국화된 작가주의 비평 및 이론과 하나의 전제를 공유한다. 그러나 이 개념이 작가비평이 가리키는 기술적 차원을 넘어선다는 점을 두 가지 근거로 설명할 수 있다. 우선, 기존의 작가주의는 영화제작이 분업화된 과정 속에서도 기술적 숙련도를 가지고 독창적인 기법들을 고안한 감독들을 가리키는 것이다. 반면 기술적 작가성이라는 개념은 영화제작이 아직 분업화되지 않고 영화의 기술적, 형태적, 미학적 표준들이 정립되지 않은 초기영화의 맥락 속에서 초기 개척자들이 영화제작의 전반적인 과정에 개입해야 했던 독특한 역사적 맥락을 파악할 수 있게 한다. 둘째, 1950년대 이후 정립된 작가주의에서 말하는 기술적 숙련도가 미장센, 편집, 촬영기법 등 영화언어의 차원을 가리키는 반면, 기술적 작가성은 이를 넘어 초기 개척자들이 새로운 기술적 장치들을 개발하고 적용시킨 과정은 물론 이 장치들을 영화산업과 기술적 표준양식으로 연장시킨 과정에 주목한다. 카메라제작 엔지니어 출신인 레옹 고몽의 관심사는 일차적으로 촬영 및 영사장비의 발명과 판매에 있었지만, 영사기를 팔고 효과적으로 홍보하기 위해서는 영화제작이 필수적이었다. 영화의 태동기에 고몽의 비서로서 경력을 시작한 알리스 기는 영화의 원형을 제공한 시각 기술의 실천 중 하나인 연속사진(chronophotographie)의 선구자 에티엔느-쥘 마레(Étienne-Jules Marey) 및 조르주 드미니(Georges Demenÿ)와 교류하면서 사진과 영화의 경이에 빠져들었고 기술적 사항들을 습득했다. 이러한 과정에서 그녀는 '정열의 알리스' 라는 별명을 얻었으며, 이로 인해 그녀는 비서의 업무를 소홀히 하지 않는다는 서약 하에 최첨단의 기술들을 섭렵하며 초기영화의 문법 개척에 뛰어들 수 있었다.

이러한 두 가지 의미를 갖는 '기술적 작가성'이라는 개념은 우선 뤼미에르 형제와 멜리에스에게 적용할 수 있다. 발명가였던 뤼미에르 형제는 영화의 발명을 자신들이 고안한 카메라의 기술적 역량이 연장된 결과로 여겼고, 이는 다큐멘터리의 원시적 형태인 액추얼리티(actualities)로 이어졌다. 멜리에스 또한 스스로 영화 장치를 실험하는 과정에서 시각적 트릭들을 개발했고 수작업을 통한 색채영화를 실험했으며, 이 기술적 실험들은 〈달세계 여행〉(A Trip to the Moon, 1902)과 같은 내러티브 영화는 물론 마술과 퍼포먼스를 어트랙션으로서 직접적으로 전면에 내세운 영화들로도 이어진다. 4장에서 나는 초기영화 시기의 이러한 기술적 작가성이 뤼미에르 형제 및 멜리에스와 동시대에 영향관계를 주고받았던 알리스 기에게도 적용된다고 주장한다. 이를 뒷받침하기 위해 이 장에서는 기가 개발하고 실험했던 시각적, 청각적 테크놀로지들을 현재 남아있는 그녀의 프랑스 시기 영화들을 통해 분석한다. 뤼미에르 형제 및 멜리에스와 동시대를 살았던 영화의 개척자임에도 불구하고 기에 대한 주목은 프랑스에서도 1980년대에서야 이루어졌고, 이에 고무되어 영미권에서 본격적으로 학문적인 연구가 시작된 것도 오래되지 않았다.[9] 주류 영화사는 여전히 그녀의 이름을 간과하는가 하면, 국내에서는 2016년 서울국제여성영화제의 특집 프로그램을 통해 처음 소개된 바 있다.[10] 이후 최근까지 한국영상자료원이나 서울국제뉴미디어페스티벌(NEMAF) 등을 통해 몇몇 작품과 감독에 대한 다큐멘터리가 상영되긴 했지만, 국내 여성 영화의 약진 경향이나 이에 따른 여성영화사에 대한 관심에도 불구하고 여전히 충분히 조명되지 못하거나 연구 또한 미진한 상태다.

미국 진출 이후까지 포함한 알리스 기의 영화경력 전반과 그 실천이 여성영화의 역사에서 갖는 의의는 페미니즘의 관점에 입각한 별도의 접근을 요구한다. 하지만 4장에서는 기를 '최초의 여성감독'으로서보다는 최초의 개척자 감독

---

9) 알리스 기는 프랑스에서는 1980년대 중후반부터 활발하게 조명되기 시작했다. 알리슨 맥마흔의 10년여의 열정적인 리서치와 아카이빙의 결과물인 연구서 *Alice Guy-Blaché: Lost Visionary Cinema* (2002)는 알리스 기의 자서전 *The Memoirs of Alice Guy-Blaché* (1996)와 더불어 영미권에서 알리스 기를 연구하는데 있어 중요하면서도 영감을 주는 자료를 제공한다. 알리스 기의 영화들을 수집하고 전시해온 휘트니 뮤지엄의 큐레이터 조안 사이먼(Joan Simon)이 편집한 *Alice Guy-Blaché: Cinema Pioneer* (2009) 또한 알리스 기에 관한 다양한 관점의 질문들을 환기시키는, 통찰력 있는 연구서다. 아울러 초기영화사를 페미니즘적 관점으로 읽고 있는 앤솔로지 *A Feminist Reader in Early cinema* (2002) 속에 포함된 알리스 기 분석도 작가성과 페미니즘의 시각에서 주목할 만한 연구다. 또한 제인 게인즈는 무성영화 시대에 활약했던 선구적인 여성 영화인들이 영화역사 속에서 어떻게 사라져갔는가를 페미니스트적 시각으로 추적하는 연구 속에서 알리스 기를 지속적으로 조명한다(*Pink-Slipped: What Happened to Women in the Silent Film Industries?*, 2018).
10) "프랑스 여성영화 120년, 1896-2016: 알리스 기-블라쉐에서 뉴 제너레이션까지" http://www. siwff.or.kr/kr/program/program_list.php?code=223 (2017년 4월 20일 접근).

중 한 사람으로 인식하고, 그녀가 탐구하고 발견했던 기술적 특성들을 통해 초기영화역사를 재맥락화할 것이다. 그 이유는 여성 감독이라는 이유로 그녀를 주목하는 것이 아니라, 기 자신의 창작활동 뿐 아니라 초기 영화의 개척자 감독들을 키워냈고 고몽의 스태프들에게 새로운 기술을 훈련시키며 영화산업 및 영화기술 발전에 크게 기여했던 측면에 초점을 맞추기 위해서다. 또한 초기 컬러영화와 사운드 영화를 조명함으로써 흑백에서 컬러로, 무성에서 유성으로의 이행과 같이 통념적으로 받아들여져 왔던 영화 기술 발전의 진화론적 관점에 질문을 제기하고자 한다. 이러한 접근은 알리스 기의 영화를 풍요롭게 조명하는 것은 물론, 초기영화 역사를 이해하는데 있어 새로운 방식이 될 것이다.

제인 게인즈(Jane M. Gaines)는 기의 작가성에 대한 논문에서 "기를 높게 평가하는 것은 그녀의 업적을 존중하는 것일 수도 있지만"[11]그녀를 최초의 극영화 감독으로 단정짓거나 개인의 천재성에 기반한 단일한 작가성을 부여하는 것은 초기영화의 복잡하고 역동적인 역사를 심각하게 오해하는 것일 수 있다고 주장한다. 게인즈의 주장은 초기영화 개척자들에서의 작가성이 1950년대 중반 이후 작가이론에서 정착된 '예술로서의 영화를 표현하는 개인적 작가로서의 감독', 그리고 이러한 작가의 개념을 뒷받침했던 '분업화된 제작 시스템에서의 감독의 체계적인 통제'라는 조건으로 설명될 수 없음을 입증한다는 점에서 유용하다. 그러나 다른 한편으로 나는 기술적 작가성이라는 개념이 이러한 게인즈의 주장을 수용하면서도, 감독의 정체성과 역할이 유동적이었던 초기영화 시기의 특수한 산업적, 기술적 맥락을 고려한 작가성의 국면을 식별하고 특징짓는데 도움이 된다고 주장한다. 자넷 스타이거(Janet Staiger)는 미국 영화산업에서 첫 번째 제작양식을 촬영기사가 영화의 통제권을 가졌던(ex-에드윈 포터의 사례) "카메라맨 시스템(The 'Cameraman system' of production 1896~1907)"[12]으로 설명한다. 톰 거닝(Tom Gunning)이 밝히고 있듯[13] 뤼

11) Jane M. Gaines, "Of Cabbages and Authors," in *A Feminist Reader in Early cinema*, ed. Jennifer M. Bean and Diane Negra, Duke University Press, 2002, 103.

미에르나 영국의 "브라이튼 스쿨 (Brighton School)"도 카메라맨–제작자들이었다. 이렇듯 영화에 대한 책임과 권한을 카메라맨에게 부여한 것은 초기영화 제작사들이 영화를 기계기술자의 경험이 필요한 기술적 제품으로 규정했다고 볼 수 있다. 반면 멜리에스의 경우는 카메라를 거의 다루지 않았고, 시나리오, 특수효과 개발, 세트 디자인 등 제작의 모든 측면에 관여했기 때문에 "제작회사모델 (production company model)"을 상정할 수 있다. 알리스 기의 경우는 오랜 파트너였던 카메라 스태프인 아나톨 티베르빌(Anatole Thiberville)과 함께 이러한 기술을 개발하고 적용 및 홍보하는 역할을 담당했을 뿐 아니라, 동시에 멜리에스처럼 시나리오를 쓰고, 로케이션을 직접 하며, 의상 및 세트 디자인을 관장하는 (훗날의) '프로듀서/감독'의 역할을 하기도 했다. 체계적인 분업화 이전의 기의 작업방식은 감독 역할의 위계성이 존재하지 않고, 영역의 범위를 넘나들며 유동적인, 수평적 시스템의 다원적 협상을 특징으로 하고 있었다. 즉, 카메라맨 시스템의 기술적 특징과 프로듀서 기획자의 산업적 모델, 그리고 훗날의 작가 모델이 혼합된 형태였다고 볼 수 있을 것이다.

2. 알리스 기의 시각적 스타일과 기술적 실험들

1) 색채: 수작업–착색 색채(hand–tinted color)와 댄스 영화

초기영화는 곧 흑백 영화라는 통념과는 달리, 영화는 탄생 초기부터 색채의 개발에 몰두했다. 거닝이 지적하듯 영화사의 초기 10년 동안 색채는 상당히 중요한 역할을 해 왔다. 그리고 이 기간의 대부분은 영화에 색채를 입히기 위한

---

12) David Bordwell and Janet Staiger and Kristin Thompson, *The Classical Hollywood Cinema: Film Style and Mode of Production to 1960*, New York: Routledge, 1985. 116–117.

13) Tom Gunning, "D. W. Griffith: Historical Figure, Film Director, and Ideological Shadow,"in *Film and Authorship*, ed. Virginia Wright Wexman, New Brunswick, NJ: Rutgers University Press, 2003, 184.

장인적이고 수공예적인 과정들이 이를 가능하게 한 새로운 기술에 불안정하게 적응해가던 시기였다.[14] 초기영화의 수작업 색채는 붓을 도구로 한 프레임 단위의 수작업을 수반했는데, 유화제(emulsion)의 물리적 구조를 바꾸지 않고 필름스트립의 표면에 염료를 착색하는 방법이다. 이 시기의 색채 영화는 흑백 영화에 비해 제작비가 많이 소요되었고, 색채 톤 조정(toning)의 어려움 및 사운드와 함께 사용될 경우 색채의 품질이 저하되는 등의 기술적 한계 때문에 스펙터클을 중요시하는 판타지 영화나 트릭 영화 등의 몇몇 장르 영화에 주로 국한되어 사용됐다.[15]

댄스 영화는 1900년대 초반 여성 감독으로서의 알리스 기의 서명이 두드러졌던 장르였을 뿐 아니라, 고몽사의 주력 장르 영화 중 하나이기도 했다. 기는 움직임이 강조되는 댄스 영화들에 컬러를 특히 많이 활용했다. 또한 〈꽃무늬 무도회에서〉(At the Floral Ball, 1900) 및 〈볼레로를 공연하는 사하레〉(Saharet Performs the Bolero, 1905) 등 다수의 작품에서 전문 댄서를 특별 출연시켜 공연하게 했고, 남장 여자와 여자가 서로 다른 컬러의 복장을 입고 커플 댄스를 추는 경우가 많았다. 이러한 성전환[16]의 소재는 춤을 소재로 한 영화 뿐 아니라 마술을 무대화한 트릭 영화나 코미디의 소재로도 그녀가 즐겨 사용한 방식이었는데, 기의 댄스 영화에서 색채는 일종의 젠더 구분의 지표가 되곤 한다. 〈피에로의 구애 댄스〉(Pierrette's Escapade, 1900)에서 남장 여자는 흰색 상의와 바지를 입고 있는 반면, 여자의 분홍색 드레스와 화려한 동작의 아름다움은 수작업-착색으로 드러난다(그림 1). 〈꽃무늬 무도회에서〉에서는 남장 여자는 갈색 바지를, 여자는 하늘색 치마를 입고 있다(그림 2).

---

14) Gunning, "Applying Color: Creating Fantasy of Cinema," in Tom Gunning, Joshua Yumibe, Giovanna Fosssati, and Jonathon Rosen, *Fantasia of Color in Early Cinema*, Amsterdam: Amsterdam University Press, 2015, 15.

15) 정헌, 『영화기술역사』, 커뮤니케이션북스, 2013, 84쪽.

16) 성전환은 신체, 역할, 복장, 성적 관계 등 다양한 차원에서 표현되었다. 알리스 기 영화에서의 성전환과 복장도착(crossdressing)을 페미니즘적 시각에 입각하여 상세히 분석한 사례는 McMahan, *Alice Guy-Blaché*, 206-241을 참조할 것.

(그림1) 〈피에로의 구애 댄스〉

(그림2) 〈꽃무늬 무도회에서〉(1900)

(그림3) 〈탱고〉(1905)

우리 영화들 중 다수는 컬러였다. 두 명의 노동자가 장비가 설치된 테이블에서 고운 브러쉬로 빗질을 하곤 했고, 투명한 컬러 이미지들 안에서 배우들은 극도로 작게 존재했다. 영사할 때 이 한결같은 이미지들이 확대된다는 것을 고려할 때, 이 작업을 위해 얼마나 **조심성(care)과 인내(patience)**가 필요한지 상상해 보라.[17]

초기 영화에서 색채는 여배우들을 시각적으로 전시하면서 영화 속에 성적 상품화의 코드를 확산시키는[18] 역할을 하기도 했다. 알리스 기의 댄스영화에서 색채의 사용은 젠더를 구별하는 지표가 되고 있을 뿐, 당시 다른 초기 영화에서와 같은 성의 상품화나 또는 그 반대로 특별한 페미니즘적 급진성을 띠고 있다고 보기는 어려울 것이다. 조혜영이 지적하듯 알리스 기는 대다수의 작품에서 "자연스럽게 여성을 주인공으로 이야기를 써 내려갔으며, 여성들이 관심을 가질만한 주제와 경험을 각본에 녹여냈다."[19] 그런 점에서 알리스 기의 댄스 영화에서 색채의 사용은 생산과정 자체의 섬세함과 오랜 노동시간과 더불어 영화가 전시하는 스펙터클의 아름다움에 있어서도 여성성을 장점으로 발휘한 기술이었다고 할 수 있다.

알리스 기가 수작업-착색을 위해서는 "조심성과 인내"가 필요했다고 말하는 점은 초기 색채 영화가 가진 시각적 섬세함 뿐 아니라 기술적 어려움까지도 시사한 것이었다. 이는 알리스 기는 물론 수작업-착색 색채를 실험했던 영화의 개척자들에게도 마찬가지였다. 〈달세계 여행〉에서 수작업-착색을 활용했던 멜리에스는 1900년대 수작업-착색 색채영화들이 대중들에게 큰 인기를 끌 것이라는 것을 재빨리 알아챘다. 그러나 문제는 작업과정의 노동 집약성이었다. 더욱이 단색 영화에 비해 3~4배의 많은 비용이 필요해 비경제적이었다. 1차 세

---

17) Guy-Blaché, *The Memoirs of Alice Guy-Blaché*, 34 (강조는 인용자).
18) 정헌, 『영화기술역사』, 91쪽.
19) 조혜영, "프랑스 여성영화 120년, 1896-2016 - 알리스 기 블라쉐에서 뉴 제너레이션까지", 2016 서울국제여성영화제 프로그램 노트, http://iwffis.tistory.com/715, 2016/12/17 (2017년 1월 15일 접근).

계대전 이전 영화의 산업화의 미학적 효과를 파테의 스텐실 컬러 시스템을 통해 조명하고 있는 찰스 오브라이언(Charles O'Brien)은 색채영화의 기계화가 고품질 색채영화의 숫자와 영화의 평균길이를 증가시켰을 뿐 아니라 주요한 미학적 변천을 수반했다고 주장한다.20) 1909년 이전 파테의 수작업-착색 색채영화가 트릭 영화와 동화(fairy tale) 같은 환상적 특수효과 장르였던 것과 달리, 기계화된 다색채(polychrome) 시스템에서 영화 장르는 신생의 논픽션 장르인 야외영화(outdoor films), 자연의 재현을 강조하는 과학 교육영화, 새로운 멀티 릴의 필름 다르(film d'art) 드라마 등으로 다변화되면서 영화의 리얼리즘을 강화하는데 기여했다는 것이다. 거닝 또한 단색 영화와 비교할 때 다색채 영화들은 개별 사물들에 유사한 색채(하늘은 푸른색, 풀은 녹색, 땅은 갈색 등)를 부여함으로써 더욱 리얼리즘적인 목적을 띤다고 보았다.21) 그러나 일반적으로 1900년대의 색채영화가 관객의 눈을 어지럽게 하고 스토리와 배우의 행동에 집중할 수 없게 만든다는 이유로 뮤지컬과 판타지 같은 스펙터클 장르에 한정적으로 활용됐다는 점을 고려할 때, 컬러 기술의 발달과 영화적 리얼리즘의 관계에 대한 면밀한 고찰이 향후 요구된다.

이러한 맥락에서 보았을 때 알리스 기의 색채 댄스 영화는 독특한 위상을 차지한다. 춤추는 무용수의 시각적 아름다움을 강조하기 위해 색채를 활용했다는 점은 멜리에스의 색채 활용과 마찬가지로 수작업-착색 색채가 스펙터클한 '어트랙션의 영화(cinema of attraction)'에 적용되었음을 입증한다. 그럼에도 불구하고 환상적인 특수효과를 수반하는 멜리에스의 색채 활용과는 달리 알리스 기의 색채 댄스 영화는 카메라의 기록성과 조응함으로써 영화적 리얼리즘과 스펙터클의 미학을 화해시키고자 했던 것으로 보인다. 1905년 스페인에서 로케이션으로 촬영했던 일련의 댄스 영화들을 보면 안달루시아 지방의 전통 춤들인 플라멩코(〈〈탱고 Tango〉(1905, 그림 3)〉22)), 말라게냐(〈〈말라게냐와 투

---

20) O' Brien, "Motion Picture Color and Pathè-Freres," 304.
21) Gunning, "Applying Color," 23.

우사〉(Malaguena and Bullfighter, 1905)〉, 볼레로 (〈볼레로를 공연하는 사하레〉)등을 액추얼리티 또는 민족지적 다큐멘터리 형식으로 기록하고 있는 것을 볼 수 있다. 여기에서 색채는 환상성과 복장도착적 코미디가 강조됐던 알리스 기의 1900년대 초 댄스영화들과는 상반된, 스페인의 민속춤 자체에 충실한 사실주의적 재현 기술로 기능한다. 즉 알리스 기는 카메라에 기록된 무용수 또는 배우의 움직임이라는 지표적 흔적을 그 자체로 보존하면서도, 이러한 움직임이 갖는 스펙터클의 가치를 배가하기 위해 수작업-착색 색채를 활용한 것으로 볼 수 있다.

2) 촬영, 편집 및 특수효과: 파노라마, 이중인화, 역재생, 교차편집

> 고몽은 뤼미에르의 영화들만을 모방하지는 않았다. 에디슨과 멜리에스를
> 포함해 모두를 모방했다 … 기는 멜리에스의 산물을 잘 인식하고 있었다[23]

뤼미에르 형제 이후의 프랑스 초기영화에서 파테와 고몽, 그리고 멜리에스의 영화사인 스타필름(Star Film Company)은 발명(새로움)과 모방의 끊임없는 영향관계 속에 서로의 영화를 주시하고 경쟁적으로 인식하고 있었다. 알리스 기는 자서전에서 레옹 고몽이 뤼미에르 형제와 마찬가지로 기계적 문제를 해결하는 데는 관심이 많았지만, 활동사진의 교육적이고 오락적인 가치는 그의 관심을 사로잡지 못하는 것으로 보였다고 말한다.[24] 그러나 알리스 기는 활동사진의 기록성과 스펙타클한 구경거리로서의 가치 뿐 아니라, 허구성과 내러티브가 영화의 미래가 될지도 모른다는 것을 감지하고 있었다. 기가 다양한 장르와 실험들을 통해 영화의 지속가능한 양식/정체성을 탐구했던 이유는 바로 이런 인식 때문이었다.

---

22) 이 영화의 제목은 〈탱고〉로 되어있지만, 그림 3에서 드러나듯 화면 중앙의 댄서의 동작이나 그 배경의 기타 연주자와 노래 부르는 사람이 함께 어우러져 공연하고 있는 것으로 보아 춤과 음악, 연주라는 세 가지 요소의 융합예술인 플라멩코를 촬영한 것으로 보인다.
23) McMahan, *Alice Guy-Blaché*, 30.
24) Guy-Blaché, *The Memoirs of Alice Guy-Blaché*, 26.

〈오페라 거리〉(Avenue d'Opera, 1900)는 파리의 오페라 거리를 오가는 행인들과 교통수단을 고정 카메라로 촬영한 액추얼리티 작품이지만, 하나의 테이크로 이루어진 50여 초의 영화는 역재생된다 (그림 4-5). 이는 기가 영화장치를 탐구하는 과정 중에 발견한 트릭들 중 하나로, 그는 자서전에서 이를 "거꾸로 돌아가는 영화(film turned in reverse)"로 명명한다. 이러한 역재생 외에도 초기영화 시기에 기가 천착했던 트릭들은 영화의 속도(감속 또는 가속), 정지, 이중노출, 페이드아웃 등으로 마술사나 최면술사가 등장하는 〈최면술사 집에서〉(At the Hypnotist's, 1898), 〈사라지는 행위〉(Disappearing Act, 1898) 등 초기 작품에서 주로 시도되었지만, 이 시기의 트릭 영화는 아직 연극이나 마술의 연장으로 카메라가 고정된 채 움직임이나 편집은 존재하지 않았던 볼거리로서의 영화들이었다.

(그림 4-5) 〈오페라 거리〉(1900)

〈스페인〉(Spain, 1905)과 〈그리스도의 탄생, 삶, 죽음〉(1906)은 비교적 긴 러닝 타임과 제작 규모를 갖춘 영화들이지만 액추얼리티와 서사극(epic drama)이라는 점에서 장르적으로 뚜렷이 구분된다. 그럼에도 불구하고 이 두 편의 영화가 비슷한 시기에 나란히 제작되었다는 점은 알리스 기가 뤼미에르와 멜리에스의 각각의 영화 양식을 자신의 방식으로 발전시켰음을 의미한다. 〈스페인〉은 뤼미에르 형제의 액추얼리티를 닮아 있다. 그러면서도 이 영화에서 스페인 지역 곳곳의 풍경을 촬영하는 기의 트래킹 및 패닝은 파노라마적 시각을 펼치면서도 6분이라는 긴 지속시간 동안 왼쪽에서 오른쪽으로 일관된 움직임을 유지한다 (그림 6). 이는 파노라마적 촬영을 활용한 다른 당대의 액추얼리티 영화는 물론 뤼미에르 형제의 다른 액추얼리티에서도 보기 힘든 스타일의 일관성과 과감함으로 보인다. 또한 〈그리스도의 탄생, 삶, 죽음〉은 멜리에스가 선구적으로 발견하여 적용한 디졸브 기법을 꿈과 환상, 성스러운 존재의 출현과 같은 장면들에 활용함으로써 〈달세계 여행〉과 유사한 기법들을 보인다. 그러면서도 마지막 시퀀스인 예수의 부활 및 승천 장면에서 기는 디졸브와 와이어를 활용한 공중부양 효과를 결합함으로써(그림 7) 어트랙션의 미학을 생생히 보여준다. 그리스도의 수난을 다룬 서사 영화들은 초기 영화사의 주요 소재였는데, 이 작품은 각종 특수효과의 활용과 화려한 미장센, 장구한 스토리의 편집, 300명이 넘는 출연인원과 33분의 상영시간 등에 있어 이 시기 고몽의 역량을 집대성한 것으로 볼 수 있을 것이다. 노엘 버치(Noël Burch)는 1910년대 중반 이후 성숙한 고전영화의 제도적 재현양식(institutional mode of representation: IMR)과 대조적으로 화면의 2차원적 평면성과 정면성이 두드러지는 초기영화의 원시적 재현양식(primitive mode of representation: PMR)이 번성한 시기를 1906년까지로 간주한다.25) 이런 관점에서 볼 때 〈그리스도의 탄생, 삶, 죽음〉은 PMR에서 IMR로의 이행 과정을 잘 보여준다. 전체적으로 화면의 2차원적 평면성과 정면성이 두드러지는 쇼트들로 구성되어 있으면서도 막달라 마리아가 예수의 발을 씻겨주는 장면에서는 전경(발을 씻겨주는 모습)과 후경(지나가는 행인들)의 사건을 동시적으로 배치함으로써 심도(depth of field)와 겹침(layering)에 대한 기의 감각을 확인시킨다. 또한 기는 이러한 심도와 겹침의 감각을 강화하기 위해 전경에는 그림자를 드리우는 반면 후경에는 조명을 부각시켰다.

---

25) Noël Burch, *Life to Those Shadows*, trans. and ed. Ben Brewster, Berkeley, CA: University of California Press, 1990. PMR에 대한 상세한 논의는 데이비드 보드웰, 「영화 스타일의 역사」, 김숙, 안현신, 최경주 옮김, 한울, 2002, 118-157쪽을 참조할 것.

(그림 6) 〈스페인〉(1905)   (그림 7) 《그리스도의 탄생, 삶, 죽음(1906)》

영화라는 매체에 대한 자의식과 영화언어에 대한 탐구, 작가로서의 개성적 스타일 등을 고려할 때, 가장 흥미로운 작품은 〈식탐〉(Madame's Cravings, 1906)이나 〈통굴리기〉(A Story Well Spun, 1906), 〈소시지를 위한 경주〉(The Race for the Sausage, 1907), 〈구르는 침대〉(The Rolling Bed, 1907) 등 1906년에서 1907년 사이에 만들어진 액션이 동반된 코미디 장르 영화들이다. 출산을 앞둔 한 여성이 거리를 배회하며 다른 사람들의 먹을 것(아이의 막대사탕, 신사의 와인, 거지의 생선, 행상의 담배)을 훔쳐 먹는 과정을 그린 〈식탐〉은 롱숏으로 촬영된 거리장면의 일상성과 각각의 씬 사이에 배치된, 여성이 훔친 음식을 탐닉하는 장면의 클로즈업이 교차편집으로 구성되어 경쾌한 영화적 리듬을 만들어낸다. 임신한 여성에게 금기시되는 술과 담배를 익살스럽게 만끽하는 클로즈업(그림 8)이나, 첫째 아이의 유모차를 끌며 돌보는 사람이 여성이 아닌 나이든 남성이라는 성전환 코드도 흥미롭다. 특히 마지막 장면에서 양배추밭에서 아이를 출산하고 후련해하는 여성과 달리, 돌볼 아이가 둘이 되자 난처한 표정으로 울상을 짓는 남자의 모습은 임신과 출산, 여성의 욕망에 대한 해학과 낙천성을 보여준다는 점에서 초기 영화에서 보기 드문 그녀만의 서명이라 할 수 있다. 〈통굴리기〉는 〈술취한 침대〉(The Drunken Mattress, 1906), 〈장애물 경기〉(An Obstacle Course, 1906), 〈소시지를 위한 경주〉와 더불어 버스터 키튼(Buster Keaton)의 아크로바틱한 슬랩스틱 코미디를 예견하게 하는 빠른 편집과 역동적인 액션이 돋보이는 작품이다. 2분 9초의 상영시간 동안 영화는 언덕에서부터 강물까지 빠르게 굴러가는 드럼통의 운동 이미지들을 포착하면서, 철도와 자전거와의 충돌 등을 리듬감 있는 편집으로 담아내는 등 가중되는 속도의 쾌감과 스릴을 만끽하게 한다(그림 9). 통 안에서 계속 돌던 남자가 밖으로 나와서도 관성에 의해 계속 돌다 다시 언덕에서 굴러 떨어지는 라스트 씬은 코미디 장르에 특히 재능이 많았던 기의 작가적 개성을 엿볼 수 있는 대목이다. 줄 풀린 강아지가 소동을 일으켜 이를 추격하는 20~30명의 마을 사람들과 함께 울타리를 넘고, 언덕을 구르고, 유모차를 쓰러뜨리는 등의 유쾌한 난장이 펼쳐지는 〈소시지를 위한 경주〉 또한 알리스 기의 로케이션 촬영과 편집 등 영화언어에 대한 이해와 장르적 감각이 빛나는 작품이다.

(그림 8) 〈식탐〉(1906)

(그림 9) 〈통굴리기〉(1906)

뤼미에르와 멜리에스는 영화사에서 각각 사실주의와 형식주의라는 스타일의 기본형을 제시하며 선구적 기여를 했지만, 영화라는 매체가 과학적 호기심 이상의 예술적 가능성이 있는 것인지, 혹은 마술이나 환상을 넘어 영화적 시공간을 재구성한다는 것이 어떤 것인지에 대한 자신의 비전을 충분히 오랫동안 펼치지는 못했다. 고몽 시기 알리스 기는 '활동사진의 교육적이면서도 오락적인 가치'를 감지하고, 급변하는 테크놀로지의 홍수 속에서 시각적 환영에서 스토리텔링의 매체로 이행하고 있던 영화의 지속가능한 양식을 끊임없이 모색했던 것으로 보인다.

1) 초기영화의 사운드 테크놀로지와 사운드스케이프

'무성영화(silent film)'라는 용어는 초기영화를 제도적 재현 양식26)으로서의 고전영화와 기술적, 미학적으로 구분하는 가장 보편적인 명명법으로 여전히 통용된다. 이는 무성영화에 소리의 감각이 부재하거나, 또는 소리가 암시되더라도 배우들의 과장된 연기나 간자막 (intertitle)과 같은 비-음향적 수단을 통해 간접적으로 표현될 수밖에 없었음을 시사한다. 이처럼 초기영화를 무성영화, 고전기 이후의 영화를 발성영화로 구분하는 이분법이 지배적임에도 불구하고 1980년대 이후 초기영화의 미학과 기술, 형식이 영화사 연구의 주목을 받기 시작하면서 이러한 이분법에 도전하는 입장들이 지금까지 간헐적으로 제기되어 왔다. 이러한 입장들을 반영한 연구는 초기영화에 사운드를 더하려는 다양한 시도들이 실제로 존재했으며, 그 결과 음향과 목소리를 기록하거나 전달할 수 있는 테크놀로지들은 물론 이들이 형성했던 사운드스케이프(soundscape) 또한 다양했다는 점을 밝혀 왔다. 무성영화 시기의 사운드 연구를 주도해온 릭 알트만(Rick Altman)의 입장을 통해 이 점을 부연하자면, 이러한 다양한 테크놀로지들과 사운드스케이프에 주목함으로써 무성영화를 직접 들을 수 있는 사운드가 부재한 단일한 구성물로 간주하는 관점을 극복할 수 있다. 즉 이를 통해 우리는 "단일하고 등질적인 현상"으로서의 무성영화로부터 벗어나 "사운드의 운반체로 기능하는 대상과 공간들의 이질적 연쇄"를 파악할 수 있다.27)

알트만과 마찬가지로 알란 윌리엄스(Alan Williams)는 초기영화에서 사운드의 기술적 실험과 사운드스케이프가 갖는 이질성에 주목함으로써 무성영화를 단일한 구성물로 보는 관점에 도전한다. 윌리엄스는 앙드레 바쟁이 '영화언어

---

26) 보드웰, 「영화 스타일의 역사」, 144-145쪽.
27) Rick Altman, "General Introduction: Cinema as Event," in *Sound Theory, Sound Practice*, ed. Rick Altman, New York: Routledge, 1992, 6-7.

의 진화' 및 '완전영화의 신화'에서 제시한 무성영화 대 유성영화의 이분법, 즉 사운드의 도입과 토키(talkie)로의 이행을 리얼리즘의 성취를 위한 발전적 도약으로 보는 견해에 문제를 제기한다. 그는 바쟁의 견해가 "이른바 '무성영화'– 이는 결코 진정 무성이 아니었다 – 가 예술 형태의 '구약(Old Testament)'이고 … 사운드 영화제작이 신약(New Testament)이자 사운드 기술이 구원자라는 점을 시사한다"[28]라고 지적한다.

노먼 킹(Norman King)은 무성영화를 소리 없는 원시적 영화라는 등질적 구성물로 보는 견해에 대한 윌리엄스의 도전적 견해에 동조하듯 초기영화 시기 사운드 발생과 기록, 동기화(synchronization)를 위한 다양한 시도들을 열거한다. "영사기의 속도를 축음기의 속도와 동기화시키기 위해 가감저항기(rheostat)를 사용한 시스템인 고몽의 크로노폰은 1902년에 소개되었다 … 사운드 효과는 박람회장 공연에서 흔한 것이었고 영화관에서 배우들은 종종 스크린 뒤에 숨어서 영화 내의 등장인물과 동기화하여 말을 했다. 노엘 버치의 견해에 따르면 보다 중요했던 것은 행동을 설명하고 논평했던 변사(lecturer)였다."[29] 이처럼 무대 뒤의 배우, 변사, 별도의 사운드 효과, 영사기–축음기 동기화 시스템 등과 같은 다양한 기술적, 수행적 시도들은 초기영화의 사운드스케이프가 영사 현장에서의 현장음, 음악, 목소리와 녹음된 음향 및 목소리 등을 포괄할 만큼 다채로웠음을 암시한다. 이는 초기영화의 최초 상영 공간 및 관람 방식이 박람회장 및 보드빌과 긴밀하게 연관되어 있었다는 점과도 관련이 있다. 그러나 이 다양한 기술들 중에서도 가장 주목할 만한 것은 "연극적인 사운드 모델을 재생하기 위해 활동사진과 축음기를 동기화하려는 많은 시도들"로, 비록 이들 중 어떤 것도 이후에 지속적으로 이어진 성공을 거두지는 못했지만 "동기화된 사운드 필름 영사 시스템들이 1907–1909년 사이에 거대하게 도입

---

28) Alan Williams, "Historical and Theoretical Issues in the Coming of Recorded Sound to the Cinema," in *Sound Theory, Sound Practice*, 127.
29) Norman King, "The Sound of Silents," in *Silent Film*, ed. Richard Abel, New Brunswick, NJ: Rutgers University Press, 1996, 32.

되었다"30)는 역사적 사실로 이어진다.

1990년대 이후 무성영화 사운드에 대한 연구들은 1890년대 영화의 발명 이전부터 도입되었던 축음기(phonograph)의 존재에 주목하여, 축음기를 영화장치와 동기화시키고자 했던 다양한 시도들을 조명했다. 에디슨은 개인 촬영 및 영화관람 장치였던 키네토스코프 (Kinetoscope)와 더불어 이 장치에 실린더로 돌아가는 축음기를 더한 키네토그래프 (Kinetograph)를 1894년 고안하고, 같은 해와 이듬해에 걸쳐 윌리엄 딕슨(William Dickson)과 함께 실시간 레코딩 사운드를 동반한 첫 번째 영화인 〈딕슨 실험 사운드 영화〉(The Dickson Experimental Sound Film, 1894-95)를 제작했다. 2000년대 들어 복원된 이 작품은 커다란 실린더 옆에서 바이올린을 연주하는 딕슨의 모습을 제시한다.31) 이는 재생을 통해 사운드와 영상을 동기화하는 발성영화 시스템은 아니었다는 점에서 1900년대 초반에 시도된 다른 동기화 시도들과는 기술적으로 차이가 있다. 또한 축음기와 키네토스코프를 단순히 연결시킨 키네토그래프는 매우 원시적이었다. 이후 에디슨은 1895년 키네토스코프를 업그레이드하여 관람자가 이어폰을 통해 이미지와 영상을 동시에 체험할 수 있는 키네토폰 (Kinetophone)을 제작했다.32) 이 이외에도 그는 영화를 위한 사운드의 전자 기록 및 증폭 시스템의 개발을 위해 노력했으나 기술적으로는 물론 상업적으로도 크게 성공적이지 못했다.33) 이러한 한계들에도 불구하고 영화 이미지에 음향을 더하기 위한 에디슨의 일련의 기술적 시도들은 영화장치의 발명이 축음기와의 결합과 거의 동시에 시도되었음을 입증한다는 점에서 의미가 있다.

에디슨 이후 동기화된 사운드 시스템들에 대한 관심은 19세기말과 20세기

---

30) Altman, *Silent Film Sound*, New York: Columbia University Press, 2004, 158.
31) 키네토그래프 및 〈딕슨 실험 사운드 영화〉의 제작 과정과 이 영화의 복원 과정에 대해서는 다음을 참조. http://designingsound.org/2014/05/the-dickson-experimental-sound-film/,2016/12/15, (2017년 1월 15일 접근).
32) Altman, *Silent Film Sound*, 158.
33) Williams, "Historical and Theoretical Issues in the Coming of Recorded Sound to the Cinema," 127.

<그림 10> 크로노폰　　　　　　　<그림 11> 고몽사의 크로노폰 광고

초에 걸쳐 동기화된 사운드에 대한 유럽과 미국에서의 다양한 기술적 시도들과 특허권 출원으로 이어졌다. 예를 들면 영국에서는 윌리엄 프리스-그린(William Friese-Greene)이 1889년 특허 출원한 동기화 시스템이 있었고, 프랑스에서는 에티엔느-쥘 마레의 조수였던 조르주 드미니가 유리 디스크 영사장치를 축음기와 동기화시킨 장치인 포노스코프(Phonoscope)를 1892년 고안했으며, 미국에서는 조지 W. 브라운(George W. Brown)이 에디슨의 키네토폰을 향상시킨 장치를 1897년 특허 출원했다. 그러나 이들 대부분은 "동기화의 열악함과 불충분한 증폭, 그리고 상업적 매력의 부족"[34]이라는 어려움에 직면했다. 동기화된 사운드 시스템의 가장 성공적인 사례는 고몽의 크로노폰이었다(그림 10). 레옹 고몽은 1900년 파리 만국박람회에서 실린더 대신 디스크를 활용하여 영사기와 축음기를 기계적으로 연결시킨 동기화 시스템을 시연했고 이것이 발전한 결과가 1902년에 발명된 크로노폰이었다. 이는 프랑스에서 상업적인 성공을 거두었고 1907년 초 런던에서 크로노폰의 성공적인 공연 이후 고몽은 유럽과 미국에서 이 기술의 판촉 활동을 전개했다(그림 11). 그 결과로 "미국에서 프랑스 사운드 시스템을 판촉하기 위해 조직된 클리블랜드 고몽 크로노폰사(the Gaumont Chronophone Co. of Cleveland)는 1907년 5월 지역 패밀리 시어터에서 열린 미국에서의 첫 번째 크로노폰 시연을 후원했다. 이 시연에서는 대중가요부터 오페라에 이르는 모든 노래를 부르는 솔로 가수들과 합창단

---

34) Altman, *Silent Film Sound*, 159.

들의 영화 몇 편이 소개되었다."35) 알트만의 연구는 1907년 크로노폰의 미국 진출이 미국 내에서 동시-사운드 시스템에 대한 관심을 촉발했음을 생생하게 보여준다.

『Moving Picture World』 잡지의 1907년 9월호에 실린 기사인 "포노-시네마토그래프의 완성(The Perfection of the Phono-Cinematograph)"은 이 새로운 테크놀로지를 공식적으로 축하했다. 이 기사에서 익명의 편집자는 "축음기와 시네마토그래프의 결합은 적어도 완전히 실제로 성공하게 되었다"라는 의견을 피력하면서 다음과 같이 덧붙인다. "한 기계는 이미지를, 다른 기계는 단어나 사운드들을 위해 쓰이는 것으로 이들은 동시에 살아 움직이는 장면은 물론 이에 정확하게 동반되는 모든 종류의 목소리들을 생산한다." 축음기가 '말하는 기계(talking machine)'라 불렸던 오랜 전통과 맥을 같이 하는 초기 동기화된 사운드 시스템들은 무엇보다도 말과 목소리들을 재생할 것으로 기대되었다.36)

2) 고몽의 크로노폰과 포노센: 동시 사운드에 대한 상상

알리스 기는 이처럼 동기화를 지향했던 초기 사운드 영화 실천의 주축 인물이었다. 1902-1906년 고몽에서 생산한 150편 이상의 포노센 중 100편 이상을 그녀가 감독했고 나머지 작품들 또한 총괄했다.37) 크로노폰은 알리스 기의 경력과 개인적 삶에서 핵심 역할을 했다. 결혼 후 남편과 함께 미국으로 가게 된 것도 고몽의 크로노폰의 미국진출로 인한 것이었다. 맥마흔이 주장하듯 보드웰과 톰슨의 영화사의 고전적인 무성영화/유성영화라는 시기구분은 초기 영화의 다양한 사운드 실험을 고려할 때 재고될 필요가 있다.38) 이는 영화 역사

---

35) Ibid., 160.
36) Ibid., 161.
37) 알리스 기가 고몽에서 1900년에서 1907년 사이에 만든 포노센의 목록은 자서전의 부록 부분을 참고할 것. Guy-Blaché, *The Memoirs of Alice Guy-Blaché*, 159-162.
38) McMahan, *Alice Guy-Blaché*, 43-75.

의 진화론적 시각에 대한 문제제기로 볼 수 있는데, 윌리엄스 또한 바쟁이 제기한 진화론적 관점, 즉 사운드와 색채가 영화의 리얼리즘의 성취를 강화했다고 보는 관점에 의문을 표시한다.39) 맥마흔과 윌리엄스의 견해는 초기영화에서의 사운드–이미지 동기화 실험이 사운드를 이미지의 부수적 존재로 간주하는 관점을 문제시할 수도 있음을 시사한다. 기가 크로노폰 장치를 통해 만들었던 포노센은 그 메커니즘 자체가 사운드와 이미지 두 가지 요소를 등가적으로 간주하는 초기영화의 방식이기 때문이다. 맥마흔은 이 점을 다음과 같이 밝힌다.

> 나는 초기 영화의 '거대 서사(grand narratives)' 중 하나를 재평가 하는 게 필요하다는 것을 알았다. 그것은 무성영화가 처음으로 도착했고, 동기화된 유성영화(synchronized sound cinema)는 뒤늦게 이후에 도래했다는 것, 그리고 사운드는 언제나 여왕인 영화–이미지의 얌전한 시녀로 존재해 왔다는 것이다.40)

알리스 기는 크로노폰을 최초의 유성영화로, 프랑스의 발명품인 초기 사운드 싱크(early synch–sound) 시스템으로 설명한다. 뮤직비디오의 초창기 형식이라 할 포노센은 노래와 춤, 그리고 일인극(monologues) 등으로 제한됐다. 그녀는 벨 에포크 시대 대중문화의 스타 세 명을 포노센의 주요 공연자로 기용했다. 일인극의 귀재였던 폴랭(Polin)의 공연 시리즈, 코믹 송으로 유명했던 펠릭스 마욜(Felix Mayol)이나 드라넴(Dranem)의 시리즈, 스페인에서 촬영한 포노센 시리즈 등과 오페라들(〈카르멘〉(Carman)이나 〈파우스트〉(Faust) 시리즈)을 포노센으로 만들었다. 여기서는 1901년 크로노폰 기술이 특허를 받은 이후, 고몽에서 이 사운드 기술에 주력했던 시기에 만들어진 〈폴랭의 '징집자의 해부' 공연〉(Polin Performs "The Anatomy of a Draftee", 1905), 〈드라

39) Williams, "Historical and Theoretical Issues in the Coming of Recorded Sound to the Cinema," 126–127.
40) McMahan, The Memoirs of Alice Guy-Blaché, 43.

넴의 '5시의 차' 공연〉(Dranem Performs "Five O' Clock Tea", 1905), 〈펠릭스 마욜의 '경솔한 질문들' 공연〉(Felix Mayol Performs "Indiscreet Questions", 1905) 등의 남아있는 작품들과 포노센의 제작과정을 담은 메이킹 영화라고 할 수 있는 〈알리스 기가 '포노센'을 촬영한다〉(Alice Guy Films a "Phonoscène", 1905), 유성영화에 대한 상상을 짐작할 수 있는 〈저항할 수 없는 피아노〉(The Irresistible Piano, 1907), 〈위대한 테너의 데뷔〉(Les Débuts d'un grand ténor, 1907) 등을 통해 포노센의 사운드 미학적 특징과 알리스 기의 포노센이 유성영화에 끼친 영향을 고찰해 보고자 한다.

〈알리스 기가 '포노센'을 촬영한다〉(그림 12)는 고몽 스튜디오에서의 포노센 작업과정 및 알리스 기의 연출을 엿볼 수 있는 1분 30초 가량의 무성영화인데, 그림의 오른쪽에 드러나듯 크로노폰 시스템이 있고 알리스 기는 〈로미오와 줄리엣〉의 촬영현장을 지휘하고 있다.[41] 기는 댄스 공연단의 배우들이 미리 녹음한 것과 매치시켜 연기할 때까지 배우들을 리허설시킨다. 그녀 옆에 있는 스틸 사진작가가 사진을 찍고 있고, 활동사진 카메라맨이 리허설이 완료되어 그가 공연을 촬영할 때까지 기다리고 있다. 고몽의 스튜디오에서 만들어졌던 포노센의 전체 제작과정은 기술적으로 극도로 까다로웠고, 그녀는 당대에 인기 있었던 전문적인 가수, 댄서, 오페라스타, 무대 코미디언 등과 함께 공연하며 이 과정들을 총감독했다. 기의 자서전에서 다음과 같은 언급은 그녀의 포노센 연출이 크로노폰에 대한 지식과 긴밀히 결부되어 있음을 시사한다.

> 이 장치는 당신이 알고 있는 발성영화(talking picture)와는 다르다. 아티스트의 목소리나 댄스를 위한 음악이 스튜디오에서 녹음된다. 그리고 나서 축음기에 의한 녹음과 함께 완벽한 일치를 할 때까지 배우들은 그들의 역할을 리허설한다. 그리고 시네마토그래픽한 레코딩이 이루어진다. 사진(photo)과 음향(phono)은 동기화를 보증하는 전자장치에 의해 결합된다.[42]

---

41) 이 영화는 현재 남아 있지 않다.
42) Guy-Blaché, *The Memoirs of Alice Guy-Blaché*, 50.

코믹 송을 부르는 클럽의 유명 가수였던 드라넴은 〈드라넴의 '5시의 차' 공연〉에서 에너지 넘치게 무대전체를 좌우로 오가며 음치 같은 목소리로 노래와 랩에 가까운 중얼거림을 뒤섞으며 재미를 자아낸다. 2분 55초의 상영시간

(그림 12) 〈알리스 기가 '포노센'을 촬영한다(1905)〉

동안 그는 염소소리나 비분절적인 사운드를 내기도 하고, 때론 여러 사람의 목소리를 흉내내면서 언어유희 및 사운드 개그를 유발한다. 펠릭스 마욜은 뿔 같은 앞머리가 트레이드마크였던 당대의 코믹송 가수였다. 수작업-착색 색채로 제작된 〈펠릭스 마욜의 '경솔한 질문들' 공연〉에서 마욜은 추파를 던지는 한 남자와 여자 사이의 대화를 노래한다. 미디엄 쇼트로 프레이밍된 화면 속에서 그는 턱시도를 입고 무대에서 많이 움직이는 것은 아니지만 연기하는 캐릭터에 맞게 목소리를 바꾸고 완급을 조절하거나 여성적 몸짓을 곁들여가며 남녀를 번갈아 연기한다. "대사와 어울리는 연극적 판토마임 제스처와 캐리커처화된 행동의 결합은 마욜 공연의 가장 특징적인 요소다."43) 연극적 전통에 기반한 포노센은 1907년 이후 세트를 벗어나 로케이션으로 옮겨갔지만, 무대 관행들로부터 벗어난 야외 포노센은 그리 성공적이지 못했다.

포노센은 이후 알리스 기에게 사운드에 대한 새로운 인식을 하게 하는데, 영화를 만드는 데 있어 주제나 소재, 연기지도44)에 이르기까지 새로운 미학을 고민하게 했던 것이다. 〈저항할 수 없는 피아노〉와 〈위대한 테너의 데뷔〉는 무성

---

43) McMahan, *Alice Guy-Blaché*, 58.
44) 포노센은 알리스 기가 배우들의 연기를 재고하도록 하는 계기가 되었을 것이다. 기는 연극적 전통의 연기방식인 일부러 꾸민 듯한 규칙(histrionic code)과 사실적인 규칙(verisimilar code) 사이의 차이점을 인식하고 있는 것으로 보였고, 그녀가 연극적인 포노센을 연출하는 동안 동시에 로케이션 무성영화들을 연출하면서 이러한 차이에 대해 의식하게 됐다는 것이 맥마흔의 가설이고 이에 동의한다.

영화지만 음악을 소재로 하거나 말, 사운드를 상상하게 만드는 뛰어난 영화들의 사례다. 〈저항할 수 없는 피아노〉에서 한 건물에 피아니스트가 이사 오고 그가 연주하는 피아노 소리에 이웃 사람들이 모두 덩실덩실 춤을 추기 시작한다. 카메라는 아래층의 중년부부, 재봉일을 하는 여성들의 작업공간을 비추다가 마지막에 마을을 순찰 도는 경찰을 향하는데, 결국은 모두 음악소리에 이끌려 피아니스트의 방에 모여 저항할 수 없는 춤을 추는 것으로 마무리된다. 〈위대한 테너의 데뷔〉는 파워풀한 목소리로 모든 것을 날려버리는 주인공이 경찰에 체포되지만, 경찰서에서도 그의 목소리를 통제하기 어렵다45)는 내용을 담고 있다. 맥마흔은 사운드에 대한 인식을 담고 있었던 알리스 기의 무성영화를 "발성영화를 즐겁게하는 무성영화!(A silent films making fun of talking films!)"46)라고 불렀다. 1907년 알리스 기가 미국으로 진출해 자신의 스튜디오인 솔랙스(Solax Company)를 건설했을 때, 그녀는 포노센으로 무대화했던 오페라들의 무성영화 버전을 만들었다. 그녀는 또한 〈그의 어머니의 찬가〉(His Mother's Hymn, 1911) 및 〈녹음된 화음〉(Canned Harmony, 1912)과 같은 영화들 속에서 음악에 대한 더욱 강화된 의식을 보여주었다. 토키 영화라는 용어가 생겨나기 전에 그녀는 말하는 영화를 상상해왔던 것이다. 기가 크로노폰과 포노센 작업을 통해 상상하고 구체화하고자 했던 말하는 영화는 19세기 말과 20세기 초의 음향-이미지 동기화에 대한 활발한, 그러나 영화사를 비롯한 주류 미디어의 역사에서 잊혀진 시도들을 2차 대전 이후의 자기 오디오테이프와 관련하여 미디어 고고학적으로 재평가한 프리드리히 키틀러(Friedrich A. Kittler)의 견해에 비추어 보았을 때 더욱 흥미롭다.

---

45) McMahan, *Alice Guy-Blaché*, 60.
46) Ibid., 61.

무성영화와 전자기 음향 레코딩을 연결시키려는 실험들이 있었다. 이 실험들은 어떤 구체적 성공을 낳지는 않았더라도 이론적으로 중요한데, 이것들이 2차 대전 동안 생산 준비단계에 들어갔던 자기 오디오테이프의 원리를 수립했기 때문이다. 오디오테이프 및 카세트와 함께 사운드 녹음은 처음으로 필름과 같은 물질적 포맷을 획득했다. 축음기와 달리 가변적인 시간축 조작을 허용했던 롤(roll)로서 말이다.47)

〈표 1〉은 지금까지 다룬 알리스 기의 고몽에서의 사운드 실천을 초기영화에서의 동기화된 사운드 실험의 역사라는 맥락에서 조명한 것으로, 보드웰과 톰슨 등 기존 영화사의 주류적 서술에 사운드의 관점을 덧붙여 맥마흔이 시기 구분한 자료48), 그리고 초기영화의 사운드에 대한 주요 연구들을 바탕으로 재구성한 것이다.

〈표 1〉 초기영화 시대 동시 사운드 기술 발전의 연대기 (1896~1907)

연도	초기영화의 동기화된 사운드의 역사	고몽의 크로노폰 사운드의 역사(알리스 기)
1896	아우구스트 바롱(Auguste Baron), 동기화된 사운드 기록 실험 시작 오스카 메스터(Oskar Messter), 음악을 '바이오라마(Biorama)'에 동기화	알리스 기 각본, 제작, 감독 시작 (〈양배추 요정〉)
1897		기의 총감독 하에 고몽 프로덕션 시작
1898	바롱, 동기화된 사운드 시스템 특허	
1899	바롱, 진전된 기술의 동기화된 사운드 시스템인 그라포노스코프(Graphonoscope) 특허	
1900	메스터, 베를린에 영화 프로덕션 설립	파리 만국박람회에서 세 개의 말하는 영화 (talking film)시스템 시연: 포노-시네마-극장(The Phono-Cinema-Theatre), 시어터스코프(Théâtrescope), 포노라마(Phonorama)
1901		고몽의 동기화된 사운드 시스템인 크로노폰 특허

---

47) Friedrich A. Kittler, *Optical Media: Berlin Lectures 1999*, trans. Anthony Enns. Cambridge UK: Polity Press, 2010, 190.
48) McMahan, *Alice Guy-Blaché*, 46.

1902		첫 번째 크로노폰 시연	1902~1906: 알리스 기, 크로노폰을 위한 영화 포노센(phonoscène) 150편 이상 연출,지휘
1903	메스터, 8월 29일 베를린에서 시네마토그래프-축음기 연결장치인 바이오폰(Biophone) 시연		
1905		크로노폰 스튜디오건설	
1906	고몽사에서 일하던 프렐리(Frely)가 인간의 음성 녹음 위한 전자마그네틱 신호와 연결된 첫 번째 마이크로폰 발명	고몽의 크로노폰, 독일 베를린에 진출	
1907	메스터가 개발한 동기화 장치 톤빌더(Tonbilder)의 전성기 포노-시네마토그래프의 완성	증폭 문제 해결, 적합한 동기화를 가리키는 다이얼 고안, 크로노폰의 완성, 고몽의 미국 진출	

4. 기술과 예술, 영화의 지속가능한 미래

> 활동사진 연출과 관련해 여성이 남성처럼 할 수 없는 것은 없고, 여성이 이 예술의 모든 기술적 사항(technicality)을 완벽하게 마스터하지 못할 이유는 없다.
>
> — Madame Alice Blaché [49]

알리스 기에 대한 다큐멘터리 〈잃어버린 정원: 알리스 기-블라쉐의 삶과 영화〉(The Lost Garden: The Life and Cinema of Alice Guy-Blaché, 1995)에서 고몽의 대표 책임자 니콜라스 세이두(Nicolas Seydoux)는 "영화사에서 같은 사람이 각본을 쓰고, 제작하고, 감독하는 뉴 웨이브가 제기되기 70년 전에 이미 기는 열의를 가지고 도전해 공헌했다"라고 증언한다. [50] 뿐만 아니라 그녀는 에티엔느 아르노나 루이 푀이야드 같은 프랑스 초기 영화사의 위대한 감독들을 키워냈고, 고몽의 스태프들에게 새로운 기술을 훈련시키며 영화 테크놀로지 발전에 기여했다. 초기영화 시기는 기술적, 창의적 도전들의 각축

---

49) Joan Simon (ed.), *Alice Guy-Blaché: Cinema Pioneer*, ⅰ.
50) Marquise Lepage, 〈잃어버린 정원: 알리스 기-블라쉐의 삶과 영화〉(The Lost Garden: The Life and Cinema of Alice Guy-Blaché, Canada, 1995).

장이었고, 프랑스와 유럽을 넘어 세계적인 영향력을 꿈꿨던 고몽을 총괄하면서 알리스 기는 자신만의 서명을 만들어 나갔다. 4장에서는 초기영화라는 특수한 맥락에서 영화제작 전반은 물론 영화의 기술적, 미학적 차원들에도 직접적으로 관여하면서 영화장치를 개발하고 적용(수작업–착색 색채나 크로노폰 같은 초기 유성영화 시스템 등)한 알리스 기의 작가성을 '기술적 작가성'이라는 개념으로 설명했다. 그러나 그녀가 이처럼 수많은 영화들을 만들고 제작하고 아이디어를 제공하는 기여를 했음에도 불구하고 알리스 기는 여러 이유로 주류 영화의 역사에서 오랫동안 저평가 되어 왔다. 거기에는 주류 영화사에서의 여성에 대한 차별, 1912년까지 저작권에 대한 관념이 불분명했던 측면, 엔지니어 출신으로 기술적 혁신에 대한 자의식이 강했던 레옹 고몽의 의도적 견제, 미국 시절 솔락스(Solax Company)에서 제작했으나 소실된 장편들을 비롯해 수집 및 보존의 아카이빙 문제 등도 관계되어 있을 것이다.

뤼미에르와 멜리에스는 사실주의와 형식주의라는 영화 스타일의 기본사를 제시하면서 초기 영화사를 선도했지만, 영화라는 매체가 어떻게 정체성을 형성해가고 기술의 발전에 적응해 나갈 지에 대한 미래의 비전을 충분히 오랫동안 펼치지는 못했다. 1900년 작품인 〈모자와 소시지를 만드는 자동기계〉(Automated Hat-Maker and Sausage-Grinder)에서 알리스 기는 무슨 재료를 넣든지 모자와 소시지를 생산해내는 만능 자동기계를 해학적으로 그려낸다. 기의 작품에서 근대 기술에 대한 매혹과 경이, 과학의 발전에 대한 낙관주의는 다른 한편으로는 언제나 그 기술에 대한 근심어린 풍자적 비전을 드리우고 있었다. 과학의 세기였던 19세기 말에 태어난 발명품인 영화는 상품이자 예술이라는 모순적 정체성 속에 초기 개척자들의 열정과 도전을 이윤이라는 이름하에 점점 밀어내곤 했다. 영화사의 첫 10여년, 이러한 발명과 테크놀로지의 홍수 속에서 알리스 기는 '교육적이면서도 오락적인 가치', 그리고 스펙터클로서의 영화의 특성을 고려하면서 내러티브 영화로의 이행 같은 영화의 지속가능한 양식을 끊임없이 모색해 나갔던 것으로 보인다. 이 장에서 제시한 '기술적 작가성'은 영화의 기술과 미학적 실험에 대한 알리스 기의 탐구와 열정을 조명하면서, '카메라맨 시스템(뤼미에르)'의 기술적 특성과 프로듀서 기획자의 산업적 모델(멜리에스), 그리고 훗날의 작가모델을 혼합한 초기영화의 작가성을 역사적으로 재맥락화한 개념이다. 즉 알리스 기의 기술적 작가성은 초기영화에서 특히 강조되었던 기술적 특성을 고려하면서, 감독 중심의 위계가 존재하지 않은 채 다양한 역할을 유동적으로 넘나드는 수평적 시스템을 선호했던 기의 유연한 작업방식을 강조한 개념인 것이다.

알리스 기에 대한 또 다른 다큐멘터리 〈자연스럽게: 알려지지 않은 알리스 기 블라쉐의 이야기〉(Be Natural The Untold Story of Alice Guy-Blac he)(2018)에서 감독 파멜라 그린(Pamela B. Green)은 연구논문을 작성하는 듯한 세심함으로 알리스 기가 영화사에서 사라져간 이유를 질문한다. 영화는 수많은 답변과 가설들을 제시하고 있지만 흥미로운 대목은 알리스 기와 60여 년 간 동거해온 딸이 밝히는 엄마는 "지극히 프랑스 사람이었고, 지극히 19세기 사람"이었다는 증언이다.51) 알리스 기는 활동사진 초기 열정적으로 비전을 펼쳤고 새로운 기술을 세계화시켰으며 할리우드의 스튜디오 시스템에도 영향을 끼쳤지만, 점점 더 분업화되고 거대한 비즈니스로 시스템으로 변모해 가는 미국의 영화산업에 적응하는데 어려움을 겪었던 것으로 보인다. 알리스 기의 스튜디오 솔락스(Solax)도 유니버셜 소속으로 트러스트 협약을 맺지만, 많은 영화사들이 할리우드로 이주하는 상황 속에서도 솔락스는 뉴저지의 포트 리(Fort Lee)에 남는다. 알리스 기의 미국 시기에 대한 연구는 후속연구를 위한 과제로 남겨둔다.

---

51) Pamela B. Green, 〈자연스럽게 : 알려지지 않은 알리스 기 블라쉐의 이야기〉 (Be Natural The Untold Story of Alice Guy-Blaché, USA, 2018).

5장

매체와 예술의 경계를 횡단하는 시네마:
아녜스 바르다의 21세기 영화와 설치미술

1. 바르다의 21세기 씨네크리튀르('영화-쓰기')

앞 장에서 알리스 기의 초기영화 실천을 중심으로 제시하고 전개한 '기술적 작가성' 개념은 이 장에서는 21세기 초 디지털 카메라와 비디오 영사를 자신의 영화를 갱신하는 동시에 영화관의 경계를 넘어서기 위해 활용했던 동시대 여성 감독 아녜스 바르다에게로 연장된다. 5장에서는 '영화란 무엇인가'라는 매체특 정성에 기반한 전통적 질문을 넘어, 영화가 인접 예술들과 어떻게 상호작용하고 그 경계를 확장하며 영화장치 및 관객성의 새로운 관계를 써나가는지를 진행형으로 질문해온 아녜스 바르다의 2000년대 이후 작품들을 중심으로 영화미디어론의 관점에서 살펴본다. 마스터클래스 형식으로 자신의 65년간의 작품세계를 비연대기적으로 소환하며 장르와 형식, 매체를 넘나드는 예술적 여정을 보여준 유작 〈아녜스가 말하는 바르다〉(Varda par Agnès, 2019, 이하 〈말하는 바르다〉로 표기)에서 바르다는 "나는 사진가, 영화감독, 아티스트로서 세 번의 삶을 살았다"고 말한다. 그러나 장르와 매체, 형식의 경계를 넘어선 영화미디어의 '탐구자' 아녜스 바르다에 대한 국내연구는 충분하지 않거나 표준적인 극영화들에 집중되어 왔다. 서울국제여성영화제나 시네마테크 회고전들, 예술영화관 등에서 여러 차례 기획전을 개최했지만, 아쉽게도 2000년대 이후 주요 경향이라 할 설치작품이 전시의 형태로 소개된 적은 한 번도 없었고, 사진 및 TV 다큐멘터리나 단편 같은 소품 작업 등이 해외에서처럼 전작전 규모로 온전히 소개되는 기회도 갖지 못했다. 이에 따라 바르다는 국내에서 여전히 '페미니즘 영화의 대모'나 '누벨바그 좌안파' 등 영화사적으로 박제된 교과서적인 감독으로 이해되거나 영화관에 근거한 표준적 영화작업 외에는 비평적으로 활발히 논의되지 않았다. 21세기 들어서 바르다는 영화작업에 있어서도 필름으로 찍는 규모가 큰 극영화 대신 소형 디지털 카메라 작업과 함께 피사체에 더욱 밀착하고 자신을 에세이적으로 기록하는 다큐멘터리로 전환했다. 또한 자신이 영화감독으로서의 경력 시작 전에 다루었던 사진을 지속적으로 제작하고 싱글채널과 멀티스크린 비디오 설치작품, 혼합매체 설치작품으로 영역을 넓힘으로써 영화와 동시대미술 간의 활발한 상호작용을 체화한 감독들의 대열에 합류했다.

창의적이고 역동적인 바르다의 예술경력을 반영하듯 2010년대 이후 영미권에서는 영화 뿐 아니라 멀티미디어를 활용한 무빙 이미지(moving image)에 관한 연구들이 '영화학'이라는 학제를 넘어 예술사나 현대미술 분야에서 지속되어 왔다. 레베카 드루 (Rebecca J. DeRoo)[1]는 사진에서 출발해 미디어와 예술 형식을 가로지르며 손쉬운 범주화에 저항해 온 바르다의 예술세계를 사진, 영화, 미술의 학제간(Interdisciplinary) 연구라는 맥락으로 접근하며 바르다의 작업에 작용하는 다양한 미디어와 관련된 관습(convention)들을 환기시키고 재해석한다. 또한 '무빙 이미지' 시리즈로 출판된 바르다의 선집(anthology)[2]에서도 〈5시부터 7까지의 클레오〉(Cléo de 5 à 7, 1963, 이하 〈클레오〉로 표기)나 〈행복〉(Le Bonheur, 1965) 등 바르다의 정전에 대한 분석들 뿐 아니라

1) Rebecca J. DeRoo, *Agnès Varda: Between Film, Photography, and Art,* Berkeley, CA: University of California Press, 2018.
2) Marie-Claire Barnet ed., *Agnès Varda Unlimited: Image, Music, Media,* Cambridge, UK: Modern Humanities Research Association, 2016.

카르티에 재단 갤러리에서의 첫 개인전 〈섬과 그녀〉(L'île et elle, 2006)에 대한 에세이, 재활용 필름들과 혼합미디어로 '오두막'을 모티프로한 일련의 설치 작품들에 대한 논문 〈아녜스의 오두막〉(Les Cabanes d'Agnès), 그리고 후기 작품에서의 사진 관련 논의들을 포함하며 바르다의 작업에서 진화한 하이브리드 미디어 프로젝트의 비전들을 보여준다. 켈리 콘웨이 (Kelly Conway)[3]는 방대한 아카이브 연구를 기반으로 데뷔작 〈라 푸앵트 쿠르트로의 여행〉(La Pointe Courte, 1955, 이하 〈라 푸앵트〉로 표기)에서부터 〈아녜스의 해변〉(Les Plages d'Agnès, 2008, 이하 〈해변〉으로 표기)까지 바르다의 여정을 창조적 단절보다는 일관된 새로움이라는 관점에서 추적하고 감독과의 인터뷰도 기록한다. 콘웨이는 특히 2000년대 이후 전 세계 박물관, 갤러리 등에서 수많은 전시와 회고전을 수행하면서 바르다의 작품에서 관객의 참여와 공유의 측면이 더욱 강화되었음을 강조한다. T. 제퍼슨 클라인이 엮은 인터뷰 모음집[4]은 1962년부터 2009년까지 24편의 인터뷰를 통해 바르다의 작품세계와 작가적 면모를 엿볼 수 있는 책이다.[5] 최근 바르다 연구서들의 이러한 접근들은 영화와 다른 예술들 간의 경계가 모호해지는 동시에 역동적으로 재설정되어 온 21세기의 맥락 속에서, 스스로 자신을 '주변인'으로 위치지으며 끊임없이 매체와 예술의 경계를 넘나드는 작업을 해 왔던 바르다의 영화 및 설치작품을 이해하는 데 긴요한 토대를 제공한다.

한편 2010년대 이후 국내에서의 바르다에 대한 연구 경향을 보면 시네페미니즘의 실천과정과 역사적 의미를 탐구하거나 여성적 영화 만들기에 주목한 연구나 대표작들에 대한 분석은 지속적으로 이루어져 왔다.[6] 2000년대 이후 특

---

3) Kelly Conway, Agnès Varda, Chicago, IL: University of Illinois, 2015.
4) T. Jefferson Kline ed., *Agnes Varda: Interviews*, Jackson, MS: University Press of Mississippi, 2015
5) 국내에는 『아녜스 바르다의 말』(마음산책, 2020)이라는 제목으로 〈바르다가 사랑한 얼굴들〉 이후 2017년 바르다와 JR이 함께한 잡지 「Vulture」 인터뷰를 포함해 20편의 인터뷰로 재구성되어 번역 출간된 바 있는데, 바르다에 관한 서적으로는 유일하게 국내에 소개된 책이다.
6) 변재란, 「아녜스 바르다, 여성의 역사, 영화적 실천」, 『순천향 인문과학논총』 38권 2호(2019), 121-142쪽. 이남, "Visualizing "Feminine Writing": Agnès Varda's cinecritue in Cleo

징에 주목한 연구들로는 설치미술 작품들에 대한 논의를 포함하며 '자화상 영화'로서의 특징과 미학을 탐색한 연구, 디지털 카메라로의 이행에 따른 에세이 영화적 특징과 이러한 기술이 촉발시킨 촉각성과 상호작용성의 감각 연구, 〈바르다가 사랑한 얼굴들〉의 사진벽화를 거리 미술과 뉴 장르 공공미술의 장소특정적 관점에서 고찰한 연구, 매체의 형식에 구속되지 않으면서 극영화 속에서도 증언이나 기록영상 등 다큐멘터리적인 요소를 기입하고 예술가, 수집가로서의 성찰성을 기록하며 경계를 넘나들어 온 여정을 다큐멘터리적인 관점에서 탐구한 연구 등으로 정리해 볼 수 있다.[7] 이 장에서는 선행연구들의 성과들을 참조하면서 바르다를 연구하는 데 있어 아직 충분히 다루어지지 않은 경향인 포스트-시네마적 조건 속 '씨네크리튀르 (cinécriture:영화 쓰기)'와 이러한 미디어 환경을 성찰하기 위한 개념인 '상호미디어성(intermediality)'을 통해 표준적인 영화학을 넘어 다양한 미디어의 경계를 질문하고 사유하고자 한다.

바르다는 영화언어를 향한 자신의 구체적이고 개인적인 탐색에 대해 '씨네크리튀르'라는 용어를 고안한다. 바르다에 있어 씨네크리튀르는 "문학에서의…'문체'"에 해당하는 것을 넘어 "영화를 만드는 과정에서 내린 결정들의 집합(총체성)"이다. 이를 염두에 두며 콘웨이는 바르다의 작품세계에서 총체적 예술 통제가 지속적이라고 말한다. 즉 오리지널 각본에서부터 작품의 최종 편집까지 이르는 미학적 작용을 가리킴은 물론 자신의 모든 프로젝트를 진행하는 과정에서 확장된 미학적 결정을 환기시키기 위한 용어로 씨네크리튀르라는 용어를 사

from 5 to 7 and Vagabond," 『영상예술연구』 20호(2012), 95-116쪽; 심은진, 「기다림, 변화, 사유: 아녜스 바르다의 〈5시에서 7시까지의 끌레오」, 『프랑스문화예술연구』 35집(2011), 673-696쪽. 김숙현, 「아녜스 바르다의 〈방랑자〉와 형식적 실험」, 『한국콘텐츠학회논문지』 13권 2호(2013), 100-107쪽. 유지나, 「대상에서 주체로의 변이생성 연구: 〈5시에서 7시까지의 끌레오〉를 중심으로」, 『씨네포럼』 34호(2019), 9-30쪽.

7) 여금미, 「유토피아적 글쓰기로서의 자화상 영화: 아녜스 바르다의 2000년 이후 작품을 중심으로」, 『서강인문논총』 49호(2017), 154-180쪽. ; 장미화, 「아녜스 바르다의 디지털 에세이 영화에 나타나는 촉각성, 상호작용성」, 『문학과영상』 20권 2호(2019), 321-341쪽. ; 주수정, 김진아, 「영화 〈바르다가 사랑한 얼굴들〉 속 사진벽화의 특징과 의미 -'스트리트 아트'와 '뉴 장르 공공미술' 개념을 중심으로」, 『현대영화연구』 37호(2019), 169-194쪽. ; 이나라, 「다큐멘터리스트, 아녜스 바르다」, 『다큐멘터리 매거진 DOCKING』, 2019.9.23.http://dockingmagazine.com/contents/16/115 (2020년 5월 27일 접근).

용한다는 것이다.[8]영화 〈말하는 바르다〉에서 바르다가 스스로의 영화를 이끌어 온 것으로 거론한 '세 가지 요소(영감, 창작, 공유)' 중에서 말하자면, 이것은 "어떻게 만들까? 어떤 구성이 좋을까?" 등 방법론을 모색하는 실제 '창작'에 속하는 과정일 것이다. 규모가 클수록 형식적 구속이 강해지는 극영화를 떠나 다양한 작업을 해온 21세기에 이러한 고민은 더욱 중요해진다. 바르다는 주제와 프로젝트마다 새로운 장치들을 고안해낸다. 자서전 『아녜스에 의한 바르다』(Varda par Agnès, 2007)에서 바르다는 이 개념을 보다 명확히 한다. "영화의 움직임, 관점, 리듬, 그리고 편집 작업은 작가가 문장의 의미에 대해 고민하고, 단어를 선택하고, 부사의 개수를 신경쓰고 챕터의 사용을 고려하는 등의 방식과 거의 같은 개념인데, 영화에선 스타일이 씨네크리튀르"[9]라는 것이다. 영화를 글쓰기에 비유한 수사들은 1950년대 이후 알렉상드르 아스트뤽(카메라 만년필설), 앙드레 바쟁(작가주의), 누벨바그 감독들(평론이 이미 영화만들기라는 고다르, 〈400번의 구타〉에서 트뤼포의 타자기 비유 등), 크리스티앙 메츠('영화와 글쓰기' 논의) 등 현대영화이론 및 비평을 지배해 왔다.[10]그러나 바르다의 씨네크리튀르는 이들의 '쓰기' 개념과는 구별된다. 영화쓰기에서 중요한 것이 현실의 모방이라기보다는 수행 또는 (메타)텍스트성이라는 자기반영성의 관점은 바르다에게 누벨바그라는 특정 영화사적 시기의 문제의식을 넘어 영화 경력 전체를 관통해온 화두였다. 또한 여성의 주체성, 정체성의 정치학을 탐구하면서 지배적인 문법에 도전해 온 대안적인 영화-쓰기는 형식미학적 논리를 넘어 테크놀로지 변화에 적응하며 에세이적 영화만들기를 실천했던 바르다 영화의 특징적 개념일 것이다. 그러나 과거 작업을 반복하지 않고자 했고 끊임없

---

8) Conway, *Agnès Varda*, 122.

9) 다음에서 정리. 제퍼슨 클라인, 「서문」, 제퍼슨 클라인 편, 『아녜스 바르다의 말』, 오세인 옮김, 마음산책, 2020. 10-11쪽. 다음 인용문도 참고. "… 제가 믿는 '영화쓰기'에 기반을 두고 작업하고요. … 저에게 영화가 잘 만들어졌다는 건 잘 썼였다는 걸 의미해요. … 저는 모든 것에 책임지는 걸 선호해요. 결코 다른 누군가의 프로젝트를 맡아서 하지 않아요"(같은 책, 377쪽).

10) 로버트 스탬, 『자기 반영의 영화와 문학 - 돈 키호테에서 장 뤽 고다르까지』, 오세필, 구종상 옮김, 한나래, 1998, 51쪽.

이 전진하는 예술을 추구했던 바르다에게 씨네크리튀르는 고정된 개념이거나 관념적인 미학은 아니었다. 사진과 예술사를 공부했고, 사진작가로 활동하다 영화에 입문했지만, 바르다는 영화광이 아니었고 정치적 이슈에의 개입과 사회적 참여에 적극적인 입장이었다. 교류했던 영화인들(자크 드미, 알랭 레네, 크리스 마커, 고다르 등)의 매체나 사회에 대한 자의식이나 시대의 조류(누벨바그, 68혁명 등) 속에서 폭넓은 예술적 취향과 실천적 태도를 가졌던 바르다는 자연스럽게 다양한 미디어에 대한 열린 탐구를 해나갔던 것으로 보인다.

아울러 이 장은 바르다의 21세기 영화 및 설치작품에서 구체화되고 갱신된 씨네크리튀르 개념을 상호미디어성 개념을 통해 심화하고자 한다. 둘 이상의 서로 다른 미디어가 서로를 참조하며 상호작용하는 양상을 가리키는 개념인 상호미디어성은 자신의 영화 속에 회화와 사진 등 인접 예술의 관계를 반영하고 이러한 반영을 설치미술의 형식으로 확장한 바르다의 씨네크리튀르를 고찰하는 데 유용하다. 브리짓 푀커(Brigitte Peucker)는 본질적으로 혼종성(hybridity)과 이질성(heterogeneity)을 띤 영화이미지의 상호미디어성에 초점을 맞추면서 다른 예술과 친숙한 재현의 문제 내에 영화를 자리매김한다.[11] 그는 피터 그리너웨이, 빔 벤더스, 스탠리 큐브릭, 마틴 스콜세지의 영화들에서 회화, 사진 및 디지털 이미지를 분석함으로써 초기영화의 타블로 비방(tableau vivant)에서 디지털 시대의 상호미디어적 겹쳐쓰기에 이르는 영화와 시각예술의 관계를 조망한다. 이리나 라예프스키(Irina O. Rajewsky)는 독일문학의 학문적 전통에 기반한 비교연구에서 출발해 미디어연구, 영화학, 예술사, 사회학 등 보다 광범위한 분야에서의 맥락화를 통해 상호미디어성의 정의를 시도한다. 그녀는 상호미디어성을 "하나의 매체가 다른 매체로 변하는 매체의 종합이 아니라 항상 지속적으로 진동하며 일시적인 사이 상태(협의)", 그리고 "최소한 두 개의 매체를 포함하는 매체 간 경계를 넘어서는 현상(광의)"으로 정의한다.

---

11) Brigitte Peucker, *The Material Image: Art and the Real in Film*, Stanford, CA: Stanford University Press, 2007.

그러면서 상호미디어성을 미디어 치환(medial transposition), 미디어 조합(media combination), 미디어 지시(medial reference)의 세 유형으로 하위 분류할 것을 제안한다.12) 이처럼 영화가 인접 예술의 흔적을 기입하고 성찰함으로써 드러나는 혼종성과 이질성의 국면, 그리고 영화를 인접 예술과의 교섭 속에서 자신의 경계를 넘어서는 예술 형태라는 점을 시사하는 상호미디어성 개념은 바르다의 21세기 작품 및 이를 지탱하는 씨네크리튀르의 면모를 고찰하는 데 유용하다.

바르다의 예술세계를 디지털이 매개하는 씨네크리튀르와 상호미디어성의 관점에서 고찰함으로써 5장은 20세기에서 출발해 21세기를 거치는 미디어 문화에서 가장 풍요로운 문제제기와 함께 새로운 프레임워크를 제공했던 바르다의 유산들을 새롭게 조명한다. 2절에서는 다큐멘터리 〈이삭 줍는 사람들과 나〉(The Gleaners and I, 2000, 이하 〈이삭〉으로 표기)를 중심으로 디지털이라는 영화─쓰기 도구를 통해 자기반영성이 강화되고 피사체와의 교감 및 관객과의 공유가 중요해지는 특징을 살펴볼 것이고 3절에서는 표준적 영화형식을 벗어나 다양한 매체와 예술을 횡단하며 영화미디어의 새로운 잠재적 가능성을 탐구했던 바르다의 세 번째 ('아티스트') 시기의 작업들에 주목할 것이다.

2. 디지털 카메라를 든 바르다: 〈이삭줍는 사람들과 나〉

바르다가 "디지털 카메라는 영화를 시작하게 하고 계속 나아가게 해준 동력"이라고 밝혔듯 다큐멘터리 〈이삭〉을 가능하게 한 배경에는 소형 디지털 카메라 소니 DVCAM DSR─300이 있었다. 아마추어용 가운데 상급 기종의 이 디지털 카메라를 통해 두 가지 미학적 변화가 가능했다. 첫째는 현대사회에서 버려

---

12) Irina O. Rajewsky, "Intermediality, Intertexutuality, and Remediation: A Literary Perspecive on Intermediality," *Intermédialités*, no. 6 (2005), 51-52

지는 것들과 이를 줍는 사람들을 다른 영화의 소재상 카메라를 꺼릴 만한 처지의 사람들에게도 가까이 다가갈 수 있도록 다큐멘터리 현장에의 접근 가능성을 높였다는 점이다. 둘째는 카메라가 대상 뿐 아니라 바르다 자신의 신체를 촬영하거나 내레이션 하는 즉흥성, '영화 쓰는' 존재로서의 자기반영성을 강화하는데 기술적 자유로움을 제공했다는 점이다. 이는 영화 탄생 100주년을 기념해 만들었다 실패한 50명의 기술 스태프가 있던 전작 필름 영화 〈시몽 시네마의 101의 밤〉(Les cent et une nuits de Simon Cinéma, 1995)과는 대조적인 작업 과정이다. 촬영하는 주체이면서 동시에 촬영대상이 되기도 하는 주체와 객체의 상호 전환을 바르다는 이 영화 속에서 한껏 즐기고 있는 것으로 느껴진다.[13] 이는 〈이삭〉의 재활용품 플라스틱을 활용한 어린이 교육용 전시 장면에서 바르다의 질문("어디까지가 놀이고 어디부터가 예술인가?")으로도 환기된다. 70세라는 생애전환기를 맞이하면서 자신의 주름진 손과 빠져가는 머리카락 같이 노화과정을 기록하면서, "안돼"라고 탄식에찬 혼잣말을 하거나 불멸의 예술작품(렘브란트의 초상화)과 자신의 나이든 이미지를 겹치기(layering) 한다든가 19세기 이삭줍기 회화의 장면과 21세기 디지털 카메라를 든 자신을 연상편집하는 장면을 만들어내는 작업 등은 디지털이라는 새로운 도구를 활용해 (자신을 포함해) 오래된 것들을 어떻게 '재발견'할 것인가에 대한 유희 과정처럼 보인다. 〈이삭〉에는 자동차를 타고 이동하면서 오른손에 든 카메라로 트럭을 촬영하면서 왼손으로는 연신 동그라미를 만들어 그 안에 지나가는 트럭을 담는 몸짓들을 익스트림 클로즈업한 장면들이 50여 초 동안 이어진다(그림 1-4). "지나가는 대상을 잡는 게 아니라 그냥 놀이일 뿐이고 그저 잡는 행위가 좋다"고 말하는 바르다의 내레이션은 무언가를 줍는 이들의 노동의 수단이자 예술가들의 도구라는 의미에서 중요한 손이 소형 디지털 카메라로 인해 한껏 해방되었음을 환기시키는 에세이 영화적인 장면들이다. 그런가 하면 디지털 카메라로

---

13) 이는 티모시 코리건이 에세이 영화의 특징으로 제시한 사항들과도 부합한다. Timothy Corrigan, *The Essay Film: From Montaigne to Marker*, New York: Oxford University Press, 2011, 30.

(그림 1-4) 〈이삭 줍는 사람들과 나〉에서 바르다의 손 연상편집 스틸

연장된 바르다의 자기반영적 시선은 한 사람의 예술가이자 나이 들어가는 인간으로서 바르다가 느끼는 미세한 불안과 개인적인 감정들을 섬세하게 담아낸다. 이는 수많은 스탭들과 상호작용하며 통제해야 하는 규모가 큰 필름 영화라면 불가능한 과정이다. 바르다는 촬영을 할 때는 최대한 본능적으로 직관을 따른다고 말하는데, 생각과 이미지들의 연상 작용, 연결고리들을 자연스럽게 담고 편집과정에서 의미를 만들어내는 체계적이고 엄격한 작업 과정을 거친다.14) 메인스트림 영화에서 디지털 기술이 블록버스터의 스펙터클이나 복제된 이미지의 하이퍼리얼리티, VR과 같은 가상현실에서 그렇듯 관객의 몰입적 지각 등과 관련된 이슈를 제기한다면, 〈이삭〉에서 바르다의 디지털 사용은 재활용이나 저예산, 피사체의 접근성이나 지속이라는 화두와 함께 35m, 16m 필름영화의 대안 매체로서의 디지털의 가능성도 탐구한다. 바르다는 미니 DV 카메라를 사용하면서 1950년대 후반 초기 단편영화들을 만들던 시절로 돌아가는 듯한 기분이

14) 안드레아 마이어, 『인디와이어 (Indiewire) 2009. 12. 5』 인터뷰 "영화 만들기와 직관을 향한 애정", 『아녜스바르다의 말』, 마음산책, 2020, 373쪽.

었다고 말한다.

호미 킹(Homay King)은 물질성이나 시간성, 육체성의 측면에서 〈이삭〉의 디지털 사용이 기존의 디지털성을 새롭게 갱신한다고 논의한다. 즉, 〈이삭〉에서 바르다는 "물질적 대상의 운명에 대해 근심하면서, 크라카우어가 '물리적 현실의 구원'이라고 명명한 것을 현상학적이고 페미니스트적 실천을 통해 유물론적인 디지털 영화로 만들었다"[15]는 것이다. 이는 바르다 자신의 손과 몸의 여러 부분을 에세이적으로 기록한 셀피 촬영이나, 선형적이고 목적론적 시간을 벗어난 다양한 종류의 시간성과 지속, 가상적 기억 등을 담아내는 성찰적이면서도 유희적인 방식으로 나타난다. 이를테면 바늘 없는 시계에서 보여주는 주관적 시간과 객관적 시간의 혼합, 부패와 노화가 진행되고 싹이 나는 감자의 변화하는 현재와 다른 예술로의 변형을 담아내는 방식 등은 디지털을 비물질적이거나 추상적인 것으로 보는 통념에 도전한다.

새로운 창작도구인 소형 디지털 카메라는 바르다 자신의 신체와 지각, 사람과 사물뿐 아니라 회화 및 사진 등 인접 예술을 공시적으로 성찰하고, 이 과정에서 19세기 말 영화의 탄생에 기여한 시각 기술 및 문화에 대한 바르다의 통시적 통찰을 전개한다. 이와 같은 인접 예술의 활용은 필연적으로 새로운 미학적 전략들을 수반하게 된다. 〈이삭〉에서 바르다는 영화의 전사(前史)격인 연속사진 발명가 에티엔-쥘 마레(Étienne-Jules Marey)에 오마주를 보내고, 렘브란트의 자화상 사진과 주름진 자신의 손을 겹치는 순수한 시각적 즐거움으로서의 디지털 무빙 이미지가 가진 가능성을 실험한다. 이를 통해 그는 소형 디지털 카메라에 대한 기술적-유희적 탐구를 넘어 에세이 영화의 방식으로 영화의 이전과 현재에 이르는 미디어고고학적 풍요로움을 전시한다. 이는 장르와 매체를 횡단해온 바르다의 작품들에서 예술이 다루어지는 방식, 특히 영화와 회화, 사진 등 인접 미디어와의 재현의 문제 뿐 아니라 퍼포먼스, 회화적 포즈의 연출

---

15) Homay King, "Matter, Time, and the Digital: Varda's *The Gleaners and I*," *Quarterly Review of Film and Video*, vol. 24, no. 5(2007): 421-422.

등을 통해 자신의 과거 영화들을 배치, 해석하고 재탄생시키는 방식에서 비롯된다.

이와 같은 방식은 바르다의 영화에서 드러나는 상호미디어성과 연관된다. 브리짓 푀커는 영화와 시각 예술의 관계를 정교하게 탐구하

(그림 5) 〈라 푸앵트 쿠르트로의 여행〉

는 학문들이 급증하는 추세를 지적하며 때로는 예술 작품의 재현을 직접적으로 받아들일 때, 더 이론적이고 해석적인 학제간의 경계를 탐색할 수 있다고 말한다. 이와 같은 가정을 바탕으로 푀커는 예술에서 경계를 가로지르는 다양한 상호미디어성의 형태를 고찰한다. 특히 그는 타블로 비방을 "회화, 드라마 및 조

각을 동시에 환기시키면서 여러 재현의 방식, 양피지 같은 흔적 위에 덧쓰는 구성, 혹은 텍스트 덮어쓰기 등을 만나게 하는 장소"16)라고 규정하면서 상호미디어적 겹침이 드러나는 '타블로적 순간들'에 주목한다. 푀커는 영화에서 서로 다른 재현의 시스템이 충돌할 수 있고 서로 대체할 수 있다고 간주하면서

(그림 6) 〈아네스 V에 의한 제인 B〉(Jane B. for Agnès V., 1988) 중 르네 마그리트의 그림을 재연한 장면

도, 영화에서 타블로 비방을 떠올리게 하는 특정 순간이 영화의 내재적 '이질성 (heterogeneity)'을 드러낸다는 점을 강조한다.

타블로 비방에 국한되지 않더라도 바르다의 작품 중에는 일차적으로 회화에서 영감을 받은 작품(〈이삭〉, 〈클레오〉)에서부터 회화를 인용하거나 특정 장면을 재연하는 퍼포먼스(〈라 푸앵트〉, 〈라이언의 사랑〉[Lion's Love(…and

---

16) Peucker, *The Material Image*, 30.

Lies), 1969]), 잘알려진 회화의 색채나 구도의 활용(〈행복〉), 디지털 보정 및 재구성한 회화이미지(〈이삭〉, 〈해변〉), 회화의 설치작품화(〈느와르무티에의 과부들〉)에 이르기까지 회화와의 상호미디어성을 드러내는 다양한 시도들이 있다 (그림 5-6). 이와 같은 장면들은 영화가 흡수하고 내면화한 회화와 사진의 흔적들을 드러낸다는 점에서 상호미디어성의 특징인 내재적 이질성에 호응한다. 그런데 자신의 영화예술론에 대한 자화상적 양식의 영화인 〈해변〉이나 마스터 클래스 형식의 영화 〈말하는 바르다〉에서 영화 속 회화와 관련된 이미지들을 재배치해 현재의 영화의 맥락에 따라 편집하는 방식은 영화의 내재적 이질성을 드러내는 것 이상으로 특히 주목을 끈다. 자크 오몽이 지적하듯 '인용하는 기계' 라는 정의만큼 영화의 특징을 잘 규정하는 말도 없을 것이다.[17] 중요한 것은 인용의 유용성과 본질이다. 〈해변〉에서 〈라 푸앵트〉의 장면을 활용한 직관적 자유연상 편집은 3채널 비디오 설치작품 〈감자유토피아〉(Patatutopia, 2003) 의 전시장 퍼포먼스로부터 시작된다. 전시회장에서 감자의상을 입은 바르다의 머리부분이 모자이크로 된 바르다의 초상화로 바뀌고, 모자이크와 프레스코화 를 좋아한다는 고대미술 작품에 대한 바르다의 내레이션과 함께 피에로 델라 프란체스카의 여인상이 유사한 모습의 여배우 실비아 몽포르의 스틸장면으로 계속되고, 이어 함께 주연한 남자 주인공 필립 느와레의 스틸은 그와 닮은 필립 3세의 초상화로 연결되더니, 이어서 입체파 화가 브라크에서 영감을 받았다는 〈라 푸앵트〉의 두 주인공 동영상이 그림 5처럼 클로즈업되는 것이다. 설치미술 에서 회화, 동영상, 퍼포먼스, 영화 속 스틸을 넘나드는 이러한 연상 편집의 강화는 디지털 이미지들의 수집과 겹치기를 유희적으로 표현하며 자기반영성을 강화했던 〈이삭〉에서 그 단초를 찾을 수 있다. 밀레의 〈이삭 줍는 사람 들〉(1857) 회화(그림 7)와 오르세 미술관의 원본 앞에서 기념사진 찍는 관람객 들의 가속편집, 이삭줍기에 대한 인류학적 고찰로부터 시작되는 이 영화는 그 림 속 동작과 유사한, 버려진 것들을 주워 모으는 현대인들의 다양한 모습들로

17) 자크 오몽, 「멈추지 않는 눈」, 심은진, 박지회 옮김, 아카넷, 2019, 18쪽.

이어진다(그림 8). 뒤이어, 집단이 아닌 혼자 줍는 여인 모티브의 그림인 쥘 브르통(Jules Breton)의 〈이삭 줍는 여인〉(1877)은(그림 9) 밀포기를 들쳐 맨 바르다 자신의 초상으로 바뀌고(그림 10), 그 밀 대신 '카메라를 든' 바르다의 현재 모습(그림 11)과 노화된 신체를 멜랑콜리하게 기록하는 느린 촬영으로 시퀀스가 마무리된다. 추수가 끝난 후 여성들의 일이었던 집단노동을 신랄한 랩 가사를 동반해 낭비를 일삼는 물질문명에 대한 비판으로, 이를 다시 여성 영화감독인 자신의 '영화 쓰기-예술적 줍기'로 거침없이 몽타주하는 이 영화의 인트로는 신형 디지털 카메라가 보증하는 다양한 효과들(스트로보스코프에서 극사실주의까지)에 대한 미학적 예찬과 함께, 바르다가 21세기에 펼칠 영화미디어론에 대한 예고편처럼 보인다.

(그림 7–9) 〈이삭 줍는 사람들과 나〉에 인용된 밀레의 회화,
영화 속 폐품을 줍는 현대인 스틸, 브르통의 〈이삭 줍는 여인〉 회화

(그림 10-11) 〈이삭 줍는 사람들과 나〉 스틸

타블로 비방은 그림의 내용을 사람이 모방함으로써 정지된 회화에 생명력을 부여하고 이를 통해 [육체적] 소생이라는 속성을 드러낸다.18) 〈이삭〉에서 타블로 비방은 허구와 현실의 병렬된 이야기 구조를 문학과 스틸사진으로의 이중적 상호미디어 위반으로 제시한 〈라 푸앵트〉에서의 상호미디어성을 넘어 더 극단까지 나아간다. 〈라 푸앵트〉가 젊은 남녀주인공/어부, 허구/현실 등의 뚜렷한 경계나 기준점을 가진 이질성의 병치라면, 〈이삭〉에서의 회화, 회화를 모방한 것처럼 보이는 현실 속 사회적 배우들, 혹은 감독자신의 퍼포먼스는 특정한 내러티브나 고정점 없이 감독의 자유로운 연상과 카메라의 기술적 능력에 기반해 서로 다른 미디어의 이질성과 경계를 성찰하게 하는 장치로 기능한다. 이는 뷔커가 말한 확장된 의미에서의 타블로 비방에 대한 해석으로도 볼 수 있을 것이다. 즉, 영화에서 이미지의 흐름을 방해하는 포착된 행위의 순간이라는 타블로 비방의 엄격한 정의에 구속되지 않고, 연상되는 의미론적 공명을 생성하는 텍스트의 겹치기 수단으로서, 몇 가지 재현방식의 교차점으로 취급되는 회화의 영화적 재연에 집중한 것이다.

〈이삭〉에서 바르다는 현대사회에서 예술이란 무엇인가를 예리하게 제기하는 한 인상적인 예술가를 만난다. 쓰레기 수집가이자 파피에 콜레 화가인 이 남자는 거리에서 버려진 물건을 모으고 폐품들을 조합해 작품을 만든다. 그는 오브

---

18) 배상준, 「타블로(tableau)의 영화미학-파스빈더와 카우리스마키를 중심으로」, 「현대영화연구」 15호 (2013), 186쪽.

제들을 모으는 것으로 시작해서 모은 것들의 더미들에서 필요한 것을 덜어내고 정돈하는 작업으로 마무리한다. 이 작업은 예술가의 내면으로부터 전혀 새로운 창조적인 것을 이끌어내는 방식이라기보다는 우선 외부적인 세계의 우연적인 사물들을 마주치고 모으고 말을 걸어서 예술가의 내면과 조화되게 하는 것이기도 하다. 그는 "버려진 물건들을 재사용해서 좋은 점은 한때 어떤 용도로 사용됐던 물건들이 지금은 다르게 쓰인다는 것. 즉 사물의 두 번째 삶을 얻는 것"이라고 말한다. 이 남자의 작업과정에서 바르다는 디지털 시대의 자신의 작업과 유비관계를 이끌어내고 21세기 예술창작 방법론의 큰 영향을 받은 것으로 여겨진다. 그런데 비록 〈이삭〉이 생태학적 관점에서 사회적인 주장을 다루고 있더라도 이 영화에서 바르다가 문제를 제기하는 방식은 씨네페미니즘 작품으로 논의되는 〈블랙 팬서〉(Black Panthers, 1968)나 〈방랑자〉(Vagabond, 1985)처럼 정치적이거나 직접적인 방식은 아니다. 그보다 〈이삭〉은 삶의 감각을 바꾸는 것에 대한 내밀한 질문을 던지며, 우리의 현대적 일상을 둘러싼 '이면'의 보이지 않던 측면들을 드러내는 성찰적이고 에세이적인 방법에 근거한다. 제한적인 유효기간이라는 운명의 유동적인 현대세계에 누구도 예외일 수 없는 동시대의 관객들을 '참여와 공유'의 전략 속으로 이끌면서 정치적인 것을 미학적인 것과 재협상하게 하는 방식인 것이다. 이러한 바르다의 전략은 사회학적인 액티비즘과 생태비평적인 미학을 아우르는 것이고 그 중심에 디지털 매체가 있다.

한편 디지털 시대의 이러한 바르다의 미학적 방법론의 전환에 대해, 켈리 콘웨이는 디지털 테크놀로지가 바르다가 35mm나 16mm 필름 영화에서 늘 해왔던 것을 더욱 쉽게 가능하도록 했다고 주장한다. 아울러 바르다의 작업에서 중요한 점을 그녀가 "그 순간에 살고 작업하려는 경향"을 유지해 왔다는 바르다의 최측근 스태프의 말을 인용하며 지적한다.[19] 이 말은 바르다가 끊임없이 '재활용'을 하면서 과거를 소환한다 할지라도, 이는 향수나 추억으로서의 방식이

---

19) Conway, *Agnès Varda*, 122.

아니라 일상적인 작업 방식과 스타일 실험에서 21세기의 새로운 관객과 새로운 전시(exhibition)라는 작업환경을 탐구한 '전진하는' 예술가라는 의미라고 할 수 있다. 〈이삭〉이 바르다의 필모그래피에서 중요한 이유는 이러한 디지털 테크놀로지를 활용한 방법론의 전환을 가져왔을 뿐 아니라, 이후 그녀의 예술 활동의 방향을 영화에서 더 나아가 무빙이미지를 포함한 설치미술로 나아가게 했다는 점에서다. 영화에서 시각예술가로의 변화, 이는 단순한 매체의 변화만을 의미하는 것이 아니다. 매체의 경험과 향유방식의 전환과 함께 관객의 참여가 더욱 중요시되는 것이다. 〈이삭〉의 초반부 바르다의 카메라는 크기와 형태에 따라 자동 분류되는 컨베이어 벨트에서 거대한 규모로 쏟아지며 버려지는 불량 감자들의 운명을 홀리듯 따라간다. 규격 외의 감자들(45-75cm사이의 반듯한 모양만 정품으로 합격)이 어떠한 경로로 버려지고 사람들이 주워가는지를 탐색하다가 바르다는 한 꾸러미의 못난이 감자들과 함께 하트 모양의 감자를 주워 온다. 집에 가져온 하트 감자가 시간이 흘러 싹(생명)이 나고 늙어가는 과정을 지켜보면서 바르다는 이 감자에 애정과 사랑을 느끼게 되고 한 생명체를 지속적으로 촬영하다 보니 탄생한 작품이 바르다의 베니스비엔날레 첫 설치작품 〈감자유토피아〉다. 현대사회의 버려진 폐기물이자, 재활용품인 불량 감자가 바르다의 21세기 예술작업의 새로운 비전을 제시한 셈이다. 그녀가 유작 〈말하는 바르다〉에서 밝힌 대로 "부패한 작품을 통해 젊은 시각 예술 작가의 대열에 합류"[20]하게 된 것이다.

〈감자유토피아〉는 다음과 같은 세 부분으로 구성된다(그림 12). 전시장의 바닥엔 감자 700kg이 깔려 있고, 세 폭으로 된 화면 중 가운데 화면엔 숨 쉬는 하트 감자의 영상이 상영된다. 그리고 양옆 화면에는 싹과 뿌리가 난 감자 영상이 상영되며 '복합적'으로 보는 방식을 제안한다. 즉 하나의 스크린으로 감독이 말하고자 하는 방식을 전달하는 표준적 극장 영화관람 방식과 달리, 이 작품의

---

20) 영화 〈아녜스가 말하는 바르다〉의 마스터 클래스 강연 대사 중에서

(그림 12) 바르다. 〈이삭줍는 사람들과 나〉에서 파생된 첫 설치작품 〈감자유토피아〉(2003)

관객은 16세기 플랑드르 양식인 세폭화 형식 속 현실과 그 재현물을 함께 병치시키는 전략을 통해 관객들은 움직이는 것 대 정지된 것, 있는 그대로의 삶의 형태에서 가져온 오브제 대 연출된 화면, 오래된 사물 대 새로운 사물 등의 미학적 다양성들을 경험하면서 사물의 물리적 존재와 함께 매체성을 떠올리거나 사물들의 생명과 죽음을 사유하게 된다. 이는 파피에 콜레 작가로부터 영감을 받은 '재활용'이라는 주제를 단지 인간중심주의에서 사고하는 방식을 넘어선 관람성의 제안이다. 이렇듯 〈이삭〉과 여기서 파생된 설치작품 〈감자유토피아〉는 20세기 바르다 영화의 액티비즘적 사회참여 전략이 디지털 테크놀로지의 활용으로 말미암아 더 많은 다수의 예술 참여와 공유 전략으로 확장되었음을 드러내는 작품이자 이후 바르다의 설치작품에서 본격화되는 미학적 방법론의 전환을 가져온 작품이다.

3. 유일한 영화와 다수의 영화들: 설치 작품들과 매체 횡단

"우리는 영화의 두 번째 삶의 영역으로 들어간다"

-Agnès Varda [21]

2절에서는 영화와 회화, 사진 등 서로 다른 예술이 결합함으로써 구축되는 상호미디어성과 씨네크리튀르를 바르다의 영화를 중심에 두고 살펴봤다. 이때 디지털 소형 카메라의 피사체와의 밀착이나 필름 카메라에 비해 늘어난 촬영 시간의 역량은 바르다의 자기반영적이고 에세이적 특질을 강화시킬 수 있었다. 3절에서는 상호미디어성의 차원을 이본느 스필만이 상호미디어성의 본질적인 요소라고 강조한 서로 다른 매체의 통합을 넘어선 '변형(transformation)'이 라는 차원에서 살펴본다. 스필먼은 인터미디어에서 본질적인 것은 한 매체에 의한 다른 매체의 통합을 넘어선 변형(transformation)이라고 주장한다.22) 스필만은 시각문화의 인터미디어는 자기반영적 모드에 의해 가장 잘 확립된다 고 하는데, 이 경우 자기반영성은 영화, 그림 및 전자 이미지 등 서로 다른 매 체가 하나의 형식으로 연결되는 방법을 드러냄으로써 변형의 이중구조를 명확 하게 하는 가장 놀라운 장치라고 말한다.23) 그러나 스필만은 디지털 테크놀로 지가 회화나 사진을 영화 내에 흡수하고 기입하는 과정에서 그 회화와 사진의 성질을 변형시키는 방식에만 초점을 둘 뿐, 영화가 자신의 경계를 넘어 다른 예술 형태와 플랫폼에서 다시 창안될 때 발생하는 변형에 대해서는 설명하지 않는다. 이와 같은 한계를 감안하여 이 절에서는 프란체스코 카세티(Francesco Casetti)가 포스트-시네마 현상을 설명하는 개념인 '이주(relocation)'를 통해 바르다의 설치작품들에 나타난 상호미디어성을 고찰한다. 카세티는 영화의 구 성요소가 극장을 벗어나 다른 장소 또는 인터페이스에 자리잡을 때 영화적 경 험이 부분적으로 보존되는 동시에 고유한 새로운 경험과 행위들이 부가되는 이 중적 작용을 하게 된다고 말한다.24) 이렇듯 영화적인 것을 포함하는 설치작품

21) 2018년 갤러리 '나탈리 오바디아 (Nathalie Obadia)'의 개인전에서 바르다의 인터뷰, ("We enter in the realm of movies' second life.") https://www.nathalieobadia.com/show.php?show_id=3604&showpress=1&language=1 &p=1&g=3 (2020년 5월 25일 접근).
22) Yvonne Spielmann, "Intermedia in Electronic Images," *Leonardo*, Vol. 34, No.1 (2001), 57.
23) Ibid., 60.

속에서, 영화적인 것과 설치작품의 고유성, 다른 예술적 특징이 혼종적으로 상
호작용 하게되는 관점으로 바르다의 주요 설치작품들과 그 방법론을 드러내는
자기반영적 디스포지티프(dispositif)25)를 분석한다.

상탈 애커만, 크리스 마커, 하룬 파로키 등 많은 아트하우스 감독들이 영화
적 비디오 설치작품을 통해 극장이라는 공간을 벗어나 표준적 영화가 아닌 혼
종적 미디어 실천을 시작했던 1990년대 이후 바르다도 2000년대 초 세계적인
큐레이터 한스 오브리스트의 제안으로 베니스 비엔날레에 참여하게 되면서 이
같은 시도에 합류한다. 바르다는 〈해변〉(2008)을 만들고 가진 한 인터뷰에서
"픽션 영화는 더 힘들 것이라며, 끝까지 영화가 포함된 설치 예술을 해나갈"
26)것이라는 계획을 밝힌다. 이는 바르다에게는 대작 35mm 필름영화 작업이었
던 영화탄생 100주년 기념작 〈시몽시네마의 101의 밤〉의 실패 이후, 정반대
스타일의 실험이자 반영적 유희로서의 의미도 가졌던 디지털 다큐멘터리 〈이
삭〉(2000)의 작업에 만족하면서 든 결심이기도 하고, 글쓰기 도구(카메라)의
변모와 더불어 자전적 후기작들로 이행하는 예술적 패러다임 전환의 계기가 되
었던 것으로 보인다. 더욱이 〈이삭〉에서 파생된 첫 설치작품 〈감자유토피

---

24) Francesco Casetti, *The Lumière Galaxy: Seven Key Words for the Cinema to Come*
(New York: Columbia University Press, 2015).

25) 보통 '장치'로 번역되기도 하는 '디스포지티프'는 1970년대 '스크린 이론'을 비롯한 영미권 영화연
구에서 'apparatus'로 번역되었고, 이는 영화 이미지의 현실 효과 및 그 이미지가 특정한 관람
성을 구축하는 방식을 형성하는 기술적, 담론적, 제도적 요소들의 복합체를 가리킨다. 그러나 이
와 같은 의미를 가리키는 'apparatus'가 사실상은 내부의 구성적 이질성과 구성요소들의 다양한
결합 가능성, 그리고 확장영화의 역사적 사례가 입증하듯 다른 요소(즉 비-영화적 요소)들과의
혼합 가능성을 함축함에도 불구하고 이를 균질화하는 일반적 영화로 귀결된다는 비판이 2000년
대 이후부터 제기되었다. 이에 따라 2000년대 이후 영화미디어연구에서는 장치(apparatus)라는
번역어 대신 '디스포지티프'로 원어 표기함으로써 영화의 내적 이질성과 다양한 변주 및 확장 가
능성을 강조하는 경향이 늘어 가고 있다. 이를 반영하는 한 연구로는 다음을 참조. Adrian
Martin, "Turn the Page: From Mise en scène to Dispositif," *Screening the Past*,
no. 31(2011), https://www.screeningthepast.com/2011/07/turn-the-page-from-mise-en-
scene-to-dispositif. 이와 같은 경향에 따라 '장치' 및 '디스포지티프' 개념의 변화를 추적하고
이를 영화적 무빙 이미지 설치 작품의 미학적, 기술적 전략 및 관람 경험을 설명하는데 적용한
연구로는 다음 논문을 참조. 김지훈, 「다큐멘터리의 확장된 디스포지티프: 동시대 다큐멘터리 설
치작품과 이주 및 재분배 작용」, 「영화연구」 제78호 (2018), 5-59쪽.

26) 클라인 엮음, 「아녜스 바르다의 말」 중 '하나의 세계를 만드는 작업'(데이비드 워릭의 인터뷰, 2009),
367쪽.

아〉(2003)의 제작과정을 통해 현실에 대한 감각과 '공유와 참여'의 상호미디어에 대한 열정이 새로운 세기의 예술의 확장된 씨네크리튀르 전략으로 자각되었기 때문일 것이다. 〈말하는 바르다〉에서 바르다는 2003년 당시 베니스 비엔날레의 한 섹션을 기획했던 큐레이터 한스 울리히 오브리스트를 만나면서 자신이 비주얼 아티스트 대열에 동참하게 되는 계기와 영역을 확장해가는 과정을 설명한다. 〈감자유토피아〉는 단일 스크린의 공간에서 벗어나 세폭화의 변형인 세 개의 스크린을 활용하면서 처음으로 멀티스크린으로 확장한 첫 시도인데, 바르다는 그간 영화를 통해 가져왔던 화면 영역과 외화면 영역(champ/hors-champ)의 관계나 재현과 현실에 대한 한계를 해소하는 즐거운 작업이었다고 회상한다. 〈감자유토피아〉는 가운데 화면에 〈이삭〉에 등장했던 애정이 깃든 대상인 하트감자 영상을 상영하고, 양쪽 화면에 싹과 뿌리가 자라나며 늙고 시들었지만 생명력을 품은 감자들을 상영하며, 화면 아래 바닥에는 상품성 미달로 버려진 감자 700kg를 전시한 설치작품이다. 관객은 세 개의 스크린 속에서 시간의 흐름을 통해 감자의 변화를 환기시키는 영화적인 경험과 과잉소비사회에 대한 비판이 깃든 감자 더미들의 전시를 물리적으로 감각하면서 영화와 설치미술 차이를 미학적으로 경험하게 된다. 바르다는 〈말하는 바르다〉에서 자신을 이끈 세 가지 키워드로 '영감, 창작, 공유'를 강조하는데, 그 가운데 21세기에 들어서 점점 강조되는 관객과의 '공유'에 대한 고민이 설치예술 작업을 통해 더욱 깊어졌다고 고백한다.

카르티에 재단 현대미술관에서의 첫 개인전 "섬(그)과 그녀"(L'île et elle, 2006)는 자크 드미와의 추억을 떠올리게 하는 중의적 제목과 포스터(그림 13)의 빈 의자에서 짐작되듯, 바르다의 자전적 이야기와 삶과 죽음을 환기시키는 영화/예술에 대한 풍부한 성찰이 담긴 반영적 작품들로 채워져 있다. 이 전시에는 바르다의 가족이었던 고양이를 위한 무덤 애니메이션인 〈즈구구의 무덤〉(Le Tombeau de Zgougou, 2006), 〈누아르무티에의 세폭화〉(Le Triptyque

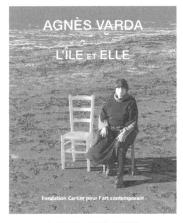

(그림 13) 바르다 개인전
'섬과 그녀'(2006) 포스터

de Noirmoutier, 2005) 등 흥미로운 멀티미디어 전시작품들이 많다. 그런데 바르다의 자기반영적 영화쓰기와 상호미디어성의 관점에서 가장 주목되는 두 작품은 비디오 설치작품 〈누아르무티에의 미망인들〉(Les Veuves de Noirmoutier, 2004)과 '실패한' 영화 〈피조물들〉(Les créatures, 1966)의 필름들을 재활용해 만든 〈내 실패의 오두막〉(Ma Cabane de l'echec, 2006)이다. 이 두 작품

에 이르기 전 관람객이 섬을 실제 방문하는 듯한 투어리즘의 아이디어를 체험하게 하는 설치작품 〈구아로 가는 길〉(Le Passage du Gois, 2006, 그림 14)은 누아르무티에의 깊은 상실의 세계로 들어서는 관문의 장치와도 같다. 이 작품은 방문자가 썰물 때만 입장하도록 차단기가 설치되어 있고, 조수 변경을 기다리는 동안 공업용 비닐로 만든 커튼 위에 펼쳐지는 영상을 6분간 감상하게 된다. 시간이 경과해 커튼을 젖히면 침잠했던 이미지들을 통과하는 행위를 통해 아래층의 바르다의 세계–섬과 만나게 된다. 바르다는 다리가 놓이기 전까지

이 섬에 도달하는 유일했던 이 방식을 관람객이 직접 체험해 봄으로써 섬의 고립감을 공감하는 것을 중요하다고 생각했다. 썰물을 기다리는 동안 섬의 영상을 고정된 자리에서 감상하는 것이 영화적 경험에 가깝다면, '이미지(커튼 위 영상)를 통과하며' 물리적, 감각적 체험을 한다는 점은 설치작품 특

(그림 14) 바르다, 〈구아로 가는 길〉, 단채널
비디오 및 혼합매체 설치

유의 '움직이는 관람성'을 경험하게 한다. 이처럼 영화적인 공간의 경험과 갤러리 공간에서의 경험의 상호작용은 〈누아르무티에의 미망인들〉에서는 더욱 정교하고 복합적인 장치로 전개된다.

17세기 플랑드르 화가 얀 반 케셀(Jan Van Kessel)의 〈4대륙 연작〉(The Four Continents, 1666, 그림 15)에서 영감을 받아 제작한 15개의 멀티스크린 설치 작품 〈누아르무티에의 미망인들〉(그림 16)은 〈카이에 뒤 시네마〉의 평론가 장 미셸 프로동의 지적처럼 "타자들—여성들—의 언어, 복잡하지만 위압적이지 않은 디스포지티프적 상상력, 기술적 요소들의 결합에 대한 관심을 절정으로 보여"27)주는 걸작이다. 가운데의 대형 스크린엔 촬영기사 에릭 고티에가 찍은 35mm 영상에서 남편을 잃은 여성들이 검은 장례식 복장을 하고 해변에 놓인 탁자 주위를 도는 이미지가 제시된다. 이 영상 주위를 14개의 작은 스크린이 둘러싸고 있고, 각 스크린에는 바르다가 새로운 디지털 소형 카메라를 가지고 친밀한 신뢰관계를 쌓으며 미망인들과 인터뷰한 비디오가 상영된다. 전시공간에는 14개의 의자와 헤드폰이 설치되어 있다(그림 17). 중앙의 영상이 모두가 같은 화면을 응시하는 전통적 영화관람의 형태를 보여준다면, 헤드폰을 끼고 들을 수 있는 작은 화면의 영상은 남편의 부재에 대한 그리움과 고독을 털어놓는 한 사람의 사연만 각자 듣도록 설계되어 있다. 영화관에서는 보는 극장용 다큐멘터리라면 관객이 14명의 인터뷰를 순차적으로 보게 되지만, 개별적으로 선택해 비디오를 감상하는 방식은 설치작품에 고유한 형식으로 두 미디어간의 관람성의 차이가 드러난다. 집단과 개인, 영화와 비디오설치, 35mm 필름과 디지털, 재현과 사실, 지역성과 보편성, 고독과 공동체를 환기시키고 비교 및 경험하게 만드는 이 장치에서 특별한 것은 시각적인 요소만이 아니다. 해외에서 전시될 때 내밀함이 깨지는 자막 대신 더빙을 함으로써 관람객에게 사회적

---

27) 장 미셸 프로동, 「슬레이트」 프랑스판 2019. 3.30 (『필로』 8호 [2019년 5.6월호] 번역 수록), 123쪽.

배우들의 고독과 멜랑콜리가 더 친밀하게 전달되도록 했다. 바르다는 〈누아르무티에의 미망인들〉의 작업과정과 해외 전시를 통해 "문화와 지역, 국가, 종교, 나이도 가로지르는 예술의 힘에 대해 신뢰가 생겼다"[28]고 말한다. 이 설치 작품은 〈누아르무티에의 어느 미망인들〉(Quelques veuves de Noirmoutier, 2006)이라는 극장용 다큐멘터리로도 확장되어 만들어졌다(그림 18).

2000년대 이후 스스로를 영화감독으로서보다는 '젊은 시각 예술가'로 규정해 왔던 바르다의 전시들에서 반복 변주된 일련의 프로젝트인 '오두막' 시리즈는 '재활용'이라는 핵심적인 방법론과 함께 '오두막(=집)'을 '영화'와 유비 관계로 상정한 그녀의 후기 작품 세계에서 중요한 자기반영적 함의를 갖는다. 더욱이 이 작업들에는 바르다 자신의 사진가와 영화감독으로서의 작업들을 포함하는 습득영상이나 아카이브적 자료들이 매체를 넘나들며 활용되었다. 이 작업은 시간과 기억을 다루는 20세기 예술을 21세기의 새로운 시각예술로 다시 태어나게 하는 에코미디어적 실천 작업이라고 할 수 있을 것이다. 또한 이러한 설치 작품들을 미디어 리터러시가 높은 소수의 관객만이 아닌 다수의 관객과 소통하고자 하는 참여와 공유의 전략은 생태주의 담론에서도 강조되는 공공성이나 연대 개념과 호응하면서 더욱 가시화되었다.

(그림 15) 얀 반 케셀, 〈4대륙 연작〉 그림
(그림 16) 바르다, 〈누아르무티에의 미망인들〉, 35mm 필름 및 비디오, 15채널 비디오 설치
(그림 17) 〈누아르무티에의 미망인들〉 설치 도면

---

28) 〈아녜스가 말하는 바르다〉 중에서 바르다의 강연 내용.

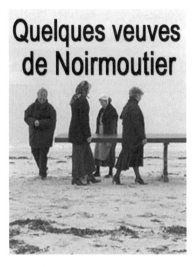

Quelques veuves de Noirmoutier

(그림 18) 바르다. 〈누아르무티에의 어느 미망인들〉 (다큐멘터리 영화) 포스터

2006년부터 시작된 바르다의 '오두막' 시리즈는 카르티에 재단에서 연 개인전 '섬과 그녀'에 선보인 〈내 실패의 오두막〉(Ma Cabane de l'echec, 2006, 이후 〈영화의 오두막〉[La Cabane de cinéma, 2006]으로 제목 변경)을 시작으로, 2009년 리옹 비엔날레에서 '아녜스의 오두막' 전시(〈영화의 오두막〉, 〈초상의 오두막〉, 〈해변의 오두막〉), 갤러리 나탈리 오바디아에서 2018년 열린 개인전 '영화의 오두막: 행복의 온실(A Cinema Shack: The Greenhouse of Happiness)'에 전시한 〈행복의 오두막〉 등으로 발전했다.[29] 이는 단지 바르다의 집에 대한 추억이나 향수로서의 개인적인 집의 개념을 넘어 '집/영화'의 재료들과 물질성에 대한 인류학적 고찰이자 아카이브적인 열정으로도 볼 수 있다. 또한 〈이삭〉에서의 재활용이 폐기물들의 재사용이나 재조합이라는 실용적, 일상적 차원의 일차적인 리사이클링이었던 것과 달리, 오두막 연작의 재활용은 '영화란 무엇이며, 어디에, 어떻게 존재하는가'에 대한 과거와 미래 양방향으로의 탐색작업이라고도 할 수 있다. 20세기의 유산이었던 필름 영화들의 물질성에 대한 변형 및 유희적인 전시 공간으로의 '이주(relocation)'라는 재창조 과정은 21세기 새로운 형태의 무빙이미지를 제안한

---

29) '오두막' 연작은 설치 작품답게 전시의 특징이나 전시 공간, 현지의 재료에 따라 변주가 발생한다. 2013년 캘리포니아주 로스앤젤레스 현대미술관(LACMA)에서의 전시 '캘리포니아 땅에서의 아녜스 바르다(Agnès Varda In Californialand)'에 소개된 〈영화의 오두막〉(My Shack of Cinema 1968-2013)에서는 바르다가 LA에 거주했을 당시 작업했던 셀룰로이드 필름과 아카이브 자료들이 전시에 활용된다거나 2017년 뉴욕의 블룸 앤 포(Blum & Poe) 갤러리 전시에서는 〈행복의 오두막〉이 미니어처 형태로 전시되었으며, 2012년 중국 베이징에서의 전시에서는 중국 지역의 특성에 맞는 오두막 재료와 형태들을 새롭게 구상했다.

다. 뿐만 아니라 '오두막' 연작에 속하는 설치작품은 이제는 구시대의 유물이 된 영화를 구성하는 다양한 재료들(셀룰로이드, 필름 캔 등)을 재활용하면서 기존에 존재하는 물질적 재료들과 시시각각 변화하는 전시공간의 빛이나 로컬 재료들을 상호미디어적으로 결합시키고 관객들에게 그 공간을 '경험'하게 하기 때문에 풍부한 해석의 가능성을 낳는다.[30] 바르다에게 필름과 디지털, 과거와 현재, 스틸 및 무빙 이미지, 영화와 시각예술은 결코 대립적인 것이 아니다. 나아가 친밀하고 사적인 공간으로서의 집을 공공장소에 전시함으로써 개인적인 것과 공적인 것의 결합, 과거의 시간과 기억의 현재적 공간화를 가능하게 한다. 또한 평면적인 2D 영화를 분해해서 재조립하고 관객이 접촉 가능하게 함으로써 3차원적인 예술적 체험을 유도한다. 이는 오늘날 부르주아적 억압으로서의 '집'의 개념에 저항해 바르다가 강조하고자 한 집의 정신성(esprit) 뿐만 아니라, 오두막을 둘러싼 풍경들과 재료들에 대한 유물론적 고찰과 유희적 방법론에서도 흥미롭게 드러난다.

〈내 실패의 오두막〉은 바르다가 1966년에 제작한 〈피조물들〉(Les Créatures, 1966)의 35mm 필름 프린트 중 망친 필름들을 재활용한 혼합매체 설치 작품이다. 이 작품은 〈이삭〉과 더불어 바르다에게 중요한 예술적 전략이 된 '재활용'이 디지털 기술의 확산과 더불어 낡은 것으로 인식되는 35mm 필름 영화에 적용되었음을 보여준다. 셀룰로이드 필름 3천 5백미터를 활용해 벽과 지붕을 만든 이 설치작품은 전시공간에 쏟아지는 자연광 빛과 관람객들의 참여가 어우러질 때 비로소 완성된다. 바르다는 자신의 오두막 설치작업에 대해 영화상영 방식이 2000년대 이후 필름 영사에서 디지털 영사로 전환하면서 필름 프린트가 효용성을 상실하게 된 상황에 대한 대응이라고 말한 바 있다. 이는 이 작품의 제목을 〈영화의 오두막〉으로 바꾼 이유이기도 하다. 즉 이 새로운 제목은 상업

---

30) 바르다의 미술관 작업에서 사진, 영화, 혼합매체 간의 상호미디어적 관계에 대해서는 다음을 참조. Rebecca J. DeRoo, *Agnès Varda: Between Film, Photography, and Art*, University of California Press, 2018.

적으로 실패한 영화인 〈피조물들〉의 프린트가 설치작품의 재료로 재활용됨으로써 그 영화가 더 이상 실패의 의미를 갖지 않게 되었음을 의미하는 것이다. 〈해변〉의 마지막에서 '영화란 무엇인가'라는 질문에 답하며 바르다가 앉아있는 곳이 바로 이 오두막의 필름 통들 더미 위다 (그림 19).

(그림 19) 바르다. 영화〈아네스의 해변〉(2008) 중 설치작품 〈영화의 오두막〉
(35mm 필름 및 혼합매체 설치)에 대해 설명하는 장면
(그림 20) 바르다. 〈영화의 오두막〉 중. 영화 〈피조물들〉(1966) 필름스트립 확대

영화를 집에 비유하는 바르다의 사유는 자신의 극장용 영화 및 미술관용 설치작품에서 반복되고 변주된 자기반영적인 영화-쓰기의 한 단면이다. 길 페리 (Gill Perry)는 바르다의 "오두막이라는 주제가 바르다의 영화와 설치작품 모두에서 눈에 띄게 다층적이고 때로는 유머러스하며 자기반영적인 모티프를 제공"[31]한다고 말한다. 이제는 사용 가치를 상실한 질료인 〈피조물들〉의 필름스트립에 인화된 1960년대 스타 카트린느 드뇌브와 미셸 피콜리의 아름다운 얼굴은 〈영화의 오두막〉을 이루는 벽지가 되고, 필름을 스크린에 실물보다 큰 이미지로 영사하는 영사기의 빛은 이 집을 비추는 조명이 되어 관객의 체험을 기다린다(그림 20). 이 필름스트립의 존재는 이중적이다. 한편으로 이 필름스트립은 스크린 상에는 실제로는 부재하고 따라서 도달할 수도 만질 수 없는 영화 이미지, 시네필에게는 매혹적인 기억의 대상이 되는 영화의 스펙터클 이미지를

31) Gill Perry, "Les Cabanes d'Agnes," in Agnès Varda Unlimited: Image, Music, Media (Cambridge, UK: Modern Humanities Research Association, 2016), 157-158.

떠올리게 한다. 다른 한편으로 표준적인 영화의 경험을 가능하게 하지만 영화가 상영되는 중에는 관객이 보고 만질 수 없는 질료인 필름스트립은 갤러리에 재배치된다. 이로써 필름스트립은 관객이 보고 만질 수 있는 조형적 오브제로, 건축의 재료들로 재활용된다. 바르다는 이 작품에 대해 "클로즈업과 필름을 투과한 햇빛이 새로운 형태의 영화를 만들었다"[32]고 말한다. 이는 영화와 영화적 설치작품이 장소(영화관 대 갤러리)와 경험(부동 자세로 주의해서 보기와 움직이면서 체험하기)에서 구별되면서도 서로 영향을 주고받는다는 점을 나타내기 때문에 중요하다. 즉 전시장에서 체험 가능한 밝은 빛은 갤러리에서 설치작품으로 체험되고 재활용을 통해 변형된 일종의 '다른 영화'다. 하지만 필름스트립의 존재로 인해 이 '다른 영화'의 빛은 영화관의 어둠 속에서 영사되는 표준적 영화의 빛 또한 연상시킨다.

이처럼 바르다의 '오두막' 연작은 2000년대 이후 바르다의 설치 작업에서 여러 모습으로 변주되면서 에코시네마적인 전략으로서의 재활용을 필름의 포스트−시네마적인 재활용이라는 차원으로 확장해 왔다. 영화 〈아녜스의 해변〉에서 파생된 설치작품 〈해변의 오두막〉(Cabane de Plage, 2009−2010)은 리옹 비엔날레에서 처음 선보였는데, 어부들의 쉼터 역할을 하는 오두막과 영사 부스 역할이라는 두 기능을 고려하면서, 캔버스, 밧줄, 프로젝션 부스 등의 재료로 구성해서 관객이 앉아서 체험할 수 있는 모래사장을 갤러리 내부에 마련한 작품이다(그림 21). 이 작품은 영화가 상영되는 별도의 천막 상영 공간을 겸비함으로써 전시공간을 잠정적인 영화관으로 바꾼다. 천막 내부에서 관객들은 바르다의 마음의 고향이기도 한 지중해 바다에 관한 비디오 〈지중해, 2개의 r과 1개의 n〉(La Mer Mediterranée avec 2 r et 1 n, 2010)를 관람하게 된다. 〈영화의 오두막〉 지붕과 〈초상의 오두막〉 벽을 구성하기도 하는 함석(tôle) 은

---

32) 카르티에 현대미술재단 홈페이지중 아녜스 바르다의 〈섬과 그녀〉 전시관련 인터뷰 동영상, https://www.fondationcartier.com/en/exhibitions/agnes-varda-lile-et-elle (2020년 5월 25일 접근).

바르다가 사랑했고 남편 자크 드미와의 추억이 깃든 섬인 누아르무티에의 오두막 집들을 이루는 재료이기도 하다. 일반적으로 재활용 폐기물들과 함석으로 만들어진 심플한 오두막은 슬럼이나 빈민가의 상징으로 여겨진다. 그러나 바르다에게 이 재료들은 오랫동안 바닷가에 살거나 바다를 마음에 품고 관찰해온 그녀에게 바다의 로컬 문화를 대표하는 재료이자 거센 바람에 대한 실용적 방어의 가치를 지닌 물질이었다. 바르다는 〈해변의 오두막〉에서 데뷔작 〈라 푸앵트〉에서부터 지중해와 누아르무티에 섬을 비롯한 그녀가 사랑했던 바다와 해변들의 레퍼런스들과 물질적 질료들을 자신의 영화 이미지와 혼합시키고 현대화시켰다. 마음의 고향으로서의 바다와 오두막이면서도 끊임없이 변화하는 풍경으로서의 해변을 공적인 것과 사적인 것, 주관적인 것과 객관적인 것, 노마드적인 것과 쉼터로서의 공간을 동시에 환기시키는 '사이(in-between)'의 공간'으로서 제시한 것이다.

(그림 21) 바르다. 리옹 비엔날레 전시 중 〈해변의 오두막〉(2009/10). 단채널 비디오, 혼합매체 설치
(그림 22) 바르다. 〈행복의 오두막〉(2018) 35mm 필름 캔 및 혼합매체 설치

(그림 23) 바르다. 〈행복의 오두막〉중. 영화 〈행복〉(1965)의 필름과 광학 사운드트랙
(그림 24) 바르다의 LACMA 전시 〈영화의 오두막〉(My Shack of Cinema 1968-2013) 중 바르다의 과거 영화들의 필름

2018년 갤러리 나탈리 오바디아의 개인전 '영화의 오두막: 행복의 온실(Une Cabane de Cinéma: La serre du Bonheur, 2018)'에 소개된 마지막 오두막 설치작품 〈행복의 오두막〉은 바르다의 대표작 〈행복〉(1965)의 프린트와 이를 보관한 필름 캔 등을 재활용한 작품이다(그림 22). 〈행복의 오두막〉은 〈영화의 오두막〉(그림 20)과 마찬가지로 필름스트립은 빛을 받아들이는 온실과 같은 집의 재료가 되고, 내부에는 바르다의 〈행복〉을 대표하는 이미지인 해바라기가 전시되어 있다. 필름 캔은 온실로 향하는 대문과도 같이 아치 모양으로 설치되어 관람객을 반긴다. 독특한 이중창이 있는 이 온실은 2200m 길이의 필름 전체 프린트로 만들어져 벽, 문 및 지붕을 덮고 있다. 관객들은 오두막에 들어가 영화의 투명한 이미지를 더 자세히 볼 수 있고, 옆의 공간에서는 극영화 〈행복〉의 인공적-세계를 만들어냈던 재료인 셀룰로이드 필름과 광학 사운드트랙의 세부를 자세히 확대한 전시물을 관람할 수 있다(그림 23). 전시장의 관람객들은 오랜 제작과정과 수많은 물리적 질료들에도 불구하고 영화관람시 비가시화될 뿐 아니라 시간이 지나면 부식되거나 사라져버리는 물질로서의 필름과 잃어버린 과거의 시간의 이미지로 둘러싸이는 것을 통해 '영화의 두 번째 삶'을 경험하게 된다.(그림 24)

4. 영화의 두 번째 삶과 그 '너머'

아녜스 바르다의 '씨네크리튀르'는 '영화란 무엇인가'라는 존재론적 질문에 대한 자기반영적 탐색과 미학적 결정들의 총체다. 이는 고전적 영화이론이 추구한 매체특정성에 근거한 구별짓기의 담론이라기보다는 바쟁의 『영화란 무엇인가』 2권 '영화와 그 밖의 예술들'의 관점이 시사하듯, 인접 예술들과 공존하고 협상하면서 매체성을 재정의하고 재규정하는 과정과도 공명하는 것으로 보인다. 특히 2000년대 디지털 기술의 사용 이후, 바르다에게 '영화란 무엇인가'

라는 질문은 영화의 '특정성'이나 '순수성' 규명을 위한 시도로서 보다는 상호미디어성의 매체로서 '혼종성'의 시각으로 바라볼 때 더욱 생산적일 것이다. 이 글은 에세이 영화적 다큐멘터리나 공유와 참여를 중시하는 설치미술 프로젝트가 중심이 된 바르다의 2000년대 이후 작업이 상호미디어성에 기반한 자기반영적 성찰성의 영화-쓰기를 확장시키는 과정이었음을 밝히고자 했다.

〈이삭〉에서 디지털 카메라가 매개한 바르다의 재활용 전략에 대한 인식은 다양한 매체들을 결합시킨 설치작업들을 거치며 재조정, 재창안되면서 더욱 유희적인 미디어 활용의 단계로 나아갔다. 물론 바르다의 '영화의 재활용'은 주로 아날로그 시대의 유산들을 다루는 방식에서 멈췄다는 아쉬움이 있다. 그러나 바르다의 '오두막' 연작은 설치미술의 형태를 통해 영화가 셀룰로이드를 비롯한 다양한 재료들이 재활용되고 결합된 복잡한 물질적 대상임을 환기시킨다. 또한 영화를 구성했던 아날로그 시대의 재료들과 그 물질들의 소멸 및 재탄생을 가시화하면서 우리에게 친숙한 집(오두막)이라는 공간과 장소에 대한 관객의 사유와 참여를 이끌어냈다는 점에서 실천적 의미가 있을 것이다. 바르다의 이러한 방법론적 전환과 디지털 카메라 및 멀티스크린 등의 디지털 기술의 전유, 예술을 인간중심주의를 넘어 인간과 사물의 다양한 상호작용과 공존을 보여주는 실천으로 간주한 바르다의 에코시네마(ecocinema) 관념이 구현된 '오두막' 연작, 그리고 〈이삭〉에서 '오두막' 연작까지 이어지는 '참여와 공유'를 중요시하는 미학적 전략 등은 포스트-시네마 시대에 영화란 무엇인가를 고찰하는 데 있어서 중요한 시사점을 준다고 여겨진다.

1. 복잡성 내러티브 영화와 김민희 이후 홍상수 내러티브의 '미니멀한 복잡성'

2000년대 중반 이후 영화학계에서는 1990년대부터 세계영화계에 성행해 온 대안적 내러티브에 대한 연구가 활발히 진행되어 왔다. 이 일련의 연구는 타란티노, 폴 토마스 앤더슨, 리처드 링클레이터, 찰리 카우프만, 크리스토퍼 놀란, 데이비드 핀처, 왕가위, 알레한드로 곤잘레스 이냐리투, 미카엘 하네케 등의 영화에서 발견되는 비선형적 시퀀스 연결, 플래시백의 탈선형적 재배열, 인과론을 벗어나는 우연한 사건들의 전개, 평행적인 에피소드들의 차이와 반복 등에 주목했다. 이와 같은 장치들이 고전적 내러티브 양식으로부터 이탈하거나 이를 새롭게 만드는 방식, 그리고 내러티브의 시공간을 비선형적, 다층적으로 조직하는 방식에 주목하여 이 연구들은 위 감독들의 영화를 복잡성 내러티브 영화(complex narrative film)로 규정해 왔다.[1] 이 연구들은 또한 복잡성 내

---

1) 이 글에서는 '복잡성 내러티브 영화'라는 용어를 사용했지만, 연구자에 따라 '대안적 플롯 영화(alternative plot film)', '퍼즐 영화(puzzle film)', '모듈 내러티브 영화(modular narrative film)', '복합설계 내러티브 (multiple-draft narrative)', '데이터베이스 내러티브(database narrative)', '복잡성 플롯 영화(complex plot film)' 등의 현대 서사학 개념들이 함께 사용되어

러티브 영화가 할리우드 영화의 갱신 또는 이에 대한 반작용에 그치는 것이 아닌 동시대 글로벌 시네마의 한 경향임을 밝히는데 기여하기도 했다. 이창동의 〈박하사탕〉(2000), 박찬욱의 〈올드보이〉(2003), 김지운의 〈장화, 홍련〉(2003) 등이 이 리스트에 포함되어 온 이유가 여기에 있다. 그리고 홍상수는 이 목록에 가장 빈번히 포함되는 이름이다. 이와 같은 동시대 내러티브 연구의 흐름을 고려하여 본 논문은 홍상수 영화의 내러티브가 갖는 복잡성, 그리고 고전적 서사의 규칙에 종속되지 않는 시공간 및 인물 배치 방식과 관객의 인지적 참여를 촉진하는 소통 방식에 주목하기 위해 '복잡성 내러티브'라는 용어를 사용하고자 한다.

홍상수 영화에 대한 국내외 주요 연구 경향은 초기에 집중되었던 주제나 캐릭터의 '일상성'에 관한 연구, 그의 영화를 이끄는 비관습적이고 대안적인 서사 양식 및 구조에 대한 분석, 유럽 영화와의 비교 및 모던 시네마의 전통에 기반한 들뢰즈 철학적 접근, 자기반영성이나 꿈 형식의 에세이 영화의 관점, 줌이나 롱테이크 같은 시각적 스타일과 미학 연구 등으로 분류할 수 있을 것이다.[2]

왔다. 다음을 참조. Charles Ramires Berg, "A Taxonomy of Alternative Plots in Recent Films: Classifying the "Tarantino effect,"" *Film Criticism*, vol. 31, nos. 1-2(2006): 5-61; Elliot Panek, "The Poet and the Detective: Defining the Psychological Puzzle Film," *Film Criticism*, vol. 31, nos. 1-2(2006): 62-88; Allan Cameron, *Modular Narratives in Contemporary Cinema*, London: Palgrave Macmillan, 2008; Warren Buckland, "Introduction: Puzzle Plots," in *Puzzle Films: Complex Storytelling in Contemporary Cinema*, ed. Warren Buckland, West Sussex, UK: Wiley-Blackwell, 2009, pp. 1-12.

2) 임세은, 「현대 영화에서의 일상과 인물에 대한 연구: 일상적 인물의 유형 분석을 중심으로」, 동국대 석사학위 논문, 1999; 조혜정, 「"생활의 발견" 혹은 "일상의 정신병리학": 홍상수 영화세계의 주제의식 및 영화적 전략 고찰」, 「비교한국학」 20권 1호(2012), 113-144쪽; 김호영, 「홍상수의 초기 영화에 나타난 표면의 미학」, 「기호학연구」 22권 1호(2007), 433-461쪽; 고현철, 「영화서술학과 영화의 유형학」, 부산대학교출판부, 2014; 김수남, 「초창기 홍상수 영화의 서사방식에 대한 논의: 구조주의 영화의 관점에서」, 「영상예술연구」 20호(2012), 9-33쪽; 장병원, 「홍상수 내러티브의 비조화 패턴 연구」, 중앙대학교 첨단영상대학원 박사논문, 2012; 김인식, 「상호텍스트적 영향: 영화 〈돼지가 우물에 빠진 날〉과 〈녹색광선〉의 경우」, 「인문과학」29호, 1999; 김경현, 「질들뢰즈의 「영화」와 시간-이미지」, 「KINO」 2001년 11월호, 114쪽; 김지훈, 「실재와 상투구들의 힘: 〈강원도의 힘〉과 탈현대 모더니즘」, 「강원도의 힘」, 연세대학교 미디어아트연구소 편, 2003, 117-138쪽; 이왕주, 「들뢰즈 극장의 홍상수」, 「철학연구」 117집(2011), 249-273쪽; 최수임, 「몸짓의 꿈': 홍상수 영화 〈자유의 언덕〉에서 내레이션과 꿈, 몸짓의 관계에 대한 고찰: 아감벤의 「몸짓에 관한 노트」에 비추어」, 「현대영화연구」 10권 3호(2014), 241-267쪽; 문관규, 「홍상수 영화에 재현된 초현실주의 기법과 꿈 시퀀스 분석」, 「영화연구」 51호(2012), 119-146쪽; 김이석 ·

6장에서는 다양한 선행연구들의 경향 가운데 홍상수 영화의 중요한 특징이라고 여겨지는 '내러티브' 영화로서의 관점에 집중한 선행연구들에 특히 주목한다. 마샬 뒤텔봄이나 마크 레이먼드 같은 해외연구자들도 초기작부터 숏 바이 숏 분석과 다이어그램 제시를 통해 홍상수의 다중 플롯과 구조적 특징 대한 분석적 연구를 해온 바 있지만 주로 초중기 작품들에 그치고 있고, 보드웰의 경우 운영중인 블로그에 홍상수 영화의 서사적 특징과 시각적 스타일에 대해 최근까지 글을 써 왔지만 개별 영화에 대한 비평적 단평을 넘어선 학술적 연구는 아니었다.3) 홍상수 영화의 대안적 내러티브로서의 가능성을 작품분석과 함께 매우 정교하게 제시한 장병원은 홍상수가 자신의 영화가 "집단적인 경향이나 미학으로 묶이는 것을 기피하면서 자신만의 고유한 형식을 발명"하고자 하고, "작품이 쌓일수록 논리적 체계화를 거부하는 방식으로 이야기를 구성해가고 있다"고 주장한다. 즉, "굳어있는 구조가 아니라 유기체처럼 변화하고 재생성되는 이야기를 지향"한다는 것이다. 장병원은 홍상수 내러티브의 중요한 특징들을 진단하고 있지만 주로 초기 작품들을 분석 대상으로 하고 있어 2010년대 중반 이후의 변화를 논하는 데는 다소 한계가 있다.4)

이 장에서는 김민희라는 페르소나 이후 홍상수 영화의 새로운 특징들에도 불

김병철, 「홍상수 영화의 시각적 스타일 연구-〈극장전〉을 중심으로」, 『인문과학연구』 65호 (2020), 245-268쪽 등.

3) 뒤텔봄의 연구는 다음을 참조. Marshall Deutelbaum, "Reversibility as Structuring Principle in Hong Sang-soo's *Turning Gate*," *New Review of Film and Television Studies*, vol. 12, no. 1(2014): 60-65; "A Closer Look at the Structure of Hong Sangsoo's *Hahaha*," *Asian Cinema*, vol. 23, no. 2(2012): 157-166; "The Pragmatic Poetics of Hong Sangsoo's *The Day a Pig Fell into a Well*," in *Puzzle Films*, 203-216.
레이먼드의 연구는 Marc Raymond, "Hong Sang-soo and the Film Essay," *New Review of Film and Television Studies*, vol. 12, no. 1(2014): 22-36. 보드웰의 홍상수 영화 관련 포스팅은 David Bordwell, "Lessons from BABEL,"David Bordwell's Blog, November 27, 2006,
http://www.davidbordwell.net/blog/2006/11/27/lessons-from-babel/(최종검색일: 2021년 2월 1일).

4) 이런 문제의식에 근거해 장병원은 비선형적으로 연대기를 기술하는 내레이션의 조직, 시간과 기억의 혼합이라는 복합 변수의 작용, 서사정보의 위계에 대한 재설정이라는 세 가지 특징을 제시하며 홍상수 내러티브의 '비조화 패턴(discordant pattern)'이 대안적 내러티브의 가능성을 보여주었다는 점을 규명한다. (장병원, 「홍상수 내러티브의 비조화 패턴 연구」, 13쪽, 157쪽 재구성).

구하고 최근 영화들을 분석하는 국내외 영화학계에서의 연구가 거의 부재한다는 점을 감안하여, 이 시기를 이전 시기 영화들과 변별적으로 고찰하고자 하는 이유를 다음과 같이 제시한다. 첫째, 주인공이 남성 지식인/예술가 중심에서 여성으로 이동하면서 특별한 사건이 없는 (식사, 대화, 산책) 비선형적인 에피소드식 내러티브가 더욱 강화됐다. 둘째, 디지털 제작방식과 스태프 규모의 축소로 내러티브가 극도로 단순해지고 제한된 공간 속 최소한의 변수들의 활용만으로 서사를 구성한다. 이 장에서는 이러한 변화에 따른 자유로움과 제약의 양면성에 주목한다. 셋째, 앞선 두 이유의 영향으로 주인공이 특정 환경이나 상황 (풍경, 날씨, 음식, 관습, 실연 등)에 처해지면서 겪는 인물의 섬세한 내면 및 감정변화가 영화의 주요 특징을 이룬다. 넷째, 기존의 남성 중심 영화들이 주로 인물과 풍경의 '표면'을 탐구했던 반면, 김민희 등장 이후의 영화세계는 여성 주체의 존재론적 불안과 자아탐구 과정에 천착하면서 다양한 서브플롯 또는 분산적 에피소드로 파생하며 복수의 해석 가능성 및 모호한 결말로 관객을 한층 적극적인 참여자로 끌어들인다(파생적/네트워크 서사로의 이행).[5]

고전적 내러티브 영화들과의 연속성 또는 불연속성이라는 관점과 더불어 홍상수의 복잡성 내러티브를 가장 효과적으로 설명할 수 있는 방식은 '인지주의적(cognitive) 접근'일 것이다. 데이비드 보드웰(David Bordwell)과 에드워드 브래니건(Edward Branigan)은 복잡성 내러티브 영화가 플롯을 탈연대기적이거나 평행적으로 구조화하더라도 관객은 이를 궁극적으로는 고전적 서사의 이야기로 재구성한다고 주장한다. 따라서 이들은 이 이야기를 구성하기 위해 관객이 적용하는 사유의 과정에 주목한다. 예를 들어 보드웰은 〈롤라 런〉, 〈슬라이딩 도어즈〉와 같은 영화의 플롯을 '갈라지는-길 플롯(forking-path plot)'

---

5) 이러한 특징들은 영화의 역사 속에서 로셀리니 영화의 '버그만 시기'를 연상시키는 측면이 있다. 네오리얼리즘을 이끌었던 로셀리니 영화세계(1기)는 잉그리드 버그만과의 작업으로 새로운 국면(2기)을 맞이한다. 로셀리니 2기(1949-1956)로의 변화는 네오리얼리즘의 패러다임이 변화하던 역사적 시기와 맞물려 있다는 이유도 있겠지만, 버그만이라는 새로운 페르소나와의 만남이 내러티브를 비롯한 영화 양식과 주제 자체의 변모를 이끌어 '모던 시네마'의 새로운 미학과 영화적 세계를 낳았다고 볼 수 있다.

이라 규정하고, 이 영화가 전개하는 여러 개의 사건이 관객이 식별할 수 있는 구조적인 평행 관계를 이루며 결국은 전통적인 일관성을 확인하는 장치에 의해 통합된다는 점을 밝힌다.[6] 이와 같은 인지주의적 주장은 복잡성 내러티브 영화가 아무리 시공간적으로 복잡하더라도 이는 내러티브의 근본적인 혁신으로 귀결되지는 않는다고 간주한다. 왜냐하면 관객의 가설 구축과 추론 과정 속에서 이 영화의 플롯이 암시하는 이야기는 결국 고전적 서사 체계가 수립한 규범들인 인과율의 법칙 및 선형적 시간성의 논리를 참조함으로써 획득되기 때문이다. 말하자면 고전 할리우드 내러티브에 대한 절대적으로 순수한 대안은 존재하지 않는다는 주장이다.[7]

　그러나 논리적 일관성에 저항하고 관객의 적극적 참여를 활성화시키는 홍상수의 인지적 내러티브 실험들이 결국 고전적 서사 및 이를 뒷받침하는 세계관을 확인하는 것으로 귀결되는 것인가? 브래니건은 보드웰과 마찬가지로 고전적 서사의 규칙에 근거한 이야기 재구성 과정을 지지하는 하는 입장이면서도 복잡성 내러티브 영화에 일정한 혁신과 창조성을 기대할 수 있다는 단서를 또한 덧붙인다. "우리는 '갈라지는—길' 플롯의 통일성이 기억의 작업이 갖는 통일성 및 효율성과 더불어 항상 대가를 치르고 마련된다는 점을 잊어서는 안 된다. 그 대가는 무질서, 과잉, 다른 '일련의 인과성(causal trains)'과 다름 그 자체(other-ness)다. 따라서 보다 급진적인 종류의 갈라지는—길 영화들을 상상하는 것이 가능하다."[8] 이 연구는 이와 같은 가능성이 홍상수의 최근 영화들, 특히 김민희가 페르소나로 등장한 영화들에서 구체화되고 있다는 점을 주장하며 그 가능성의 다른 원천을 홍상수의 새로운 '마인드—게임' 구축 방식에서 발견하고자 한다.

---

6) David Bordwell, "Film Futures," *Substance*, no. 97 (2002): 88-104.
7) 즉 "고전 할리우드 영화의 역사적, 미학적 중요성은 우리가 그것을 통과해야만(go through), 넘어설 수 있다(go beyond)는 것"이다. David Bordwell, Janet Staiger and Kristin Thomson, *The Classical Hollywood Cinema*, New York: Routledge, 1985, 385.
8) Edward Branigan, "Nearly True: Forking Plots, Forking Interpretations," *Substance*, no. 97 (2002): 106-107.

'마인드-게임'이라는 용어는 토마스 엘새서(Thomas Elsaesser)가 복잡성 내러티브 영화에 대해 명명한 '마인드-게임 영화(mind-game Film)'라는 개념에 근거한다. 엘새서는 디제시스 내 등장인물이 "게임 상황이나 게임 대상을 모른 채" 자신을 둘러싼 세계를 파악하는 "게임의 상황에 빠져드는" 영화, 디제시스 내 현실에 대한 "어떤 결정적인 정보가 유예되거나 모호하게 제시됨으로 인해"[9] 관객이 그 게임에 참여하게 되는 영화로 마인드-게임 영화를 정의한다. 물론 이 개념을 홍상수의 영화에 도식적으로 적용할 수는 없다. 엘새서가 일차적으로 주목하는 마인드-게임 영화의 사례인 〈파이트 클럽〉(1999), 〈메멘토〉(2001), 〈마이너리티 리포트〉(2002) 등에서 중요한 특징은 주인공이 편집증, 분열증, 건망증 등의 극심한 '병리적' 증상을 겪고, 이것이 관객이 허구적 세계를 파악할 때 혼돈 및 우연으로 이어지기 때문이다. 즉 홍상수의 영화 속 캐릭터가 명시적으로 이와 같은 병리적 증상에 빠져 있다고 말할 수는 없다. 따라서 등장인물이 겪는 세계 인식의 혼란이 관객이 허구적 세계 파악 과정에서 겪는 혼란으로 직접적으로 연장된다고 보기는 어렵다. 오히려 홍상수의 주인공들에게 잠재된 혼란과 불안은 존재론적이고 철학적인 문제로 보이기 때문이다. 그럼에도 불구하고 엘새서가 말하는 '마인드-게임 영화'의 한 함의는 홍상수의 영화를 기존의 마인드-게임 영화 목록에 종속되지 않는 새로운 영화의 사례로 확장시킬 수 있는 가능성을 제공한다. 엘새서는 주체와 자신을 둘러싼 세계 간의 불일치라는 마인드-게임 영화의 중요한 국면이 관객이 영화와 맺는 동일화 모델의 위기와 연결된다고 말한다. 즉 이 위기는 "'관음자', '목격자', '관찰자'와 같은 고전적인 주체 위치들 및 이와 연관된 영화적 기법들이 더 이상 적합하고 설득력 있거나 충분히 도전적인 것으로 여겨지지 않음을 뜻하는"[10] 위기다.

이런 관점에서 보면 홍상수의 복잡성 내러티브 영화, 특히 김민희가 등장하

---

9) Thomas Elsaesser, "The Mind-game Film," in *Puzzle Films*, 14.
10) Ibid., 19.

는 일련의 영화는 고전적 내러티브가 상정하는 동일화 모델에 귀속되지 않으면서도 보다 관습적인 복잡성 내러티브 영화가 보여주는 이야기의 재구성 과정에도 수렴되지 않는 차별성을 갖는다. 이 논문은 이러한 차별성을 드러내는 구조를 '미니멀한 복잡성(minimal complexity)'이라는 개념으로 설명하고자 한다. 이는 홍상수의 최근 영화가 극도로 제한된 장소와 스태프, 반복된 등장인물, 촬영 방식과 화면구성의 최소한의 변수만을 활용하면서도 이를 정교하게 변주하고 확장시킴으로써 영화적 시공간을 복잡하게 제시하는 방식을 가리킨다. 그리고 그 복잡성을 낳는 중심에 김민희라는 페르소나가 있다.

이 글에서는 김민희가 출연한 작품 중 미니멀한 복잡성을 잘 보여주는 네 편의 영화를 '여성 산책자 내러티브'와 '확장된 네트워크 내러티브'라는 개념으로 분석한다.11) '여성 산책자 내러티브'는 여주인공이 목적없는 여행 또는 소요 과정에서 조우하는 우연한 마주침과 그 과정에서 심화되는 내적 자아의 탐색을 전개하는 내러티브로, 김민희 등장 이전의 홍상수의 영화에서는 〈누구의 딸도 아닌 해원〉이 이를 잘 보여준다. 또한 '확장된 네트워크 내러티브'는 보드웰이 복잡성 내러티브 영화의 한 사례로 지적한 '네트워크 내러티브(network narrative)'에서 착안해 발전시킨 것이다. 보드웰은 네트워크 내러티브를 "주인공들의 수가 증가함에 따라 이들 간의 관련성이 복잡해지는"12) 영화의 내러티브로 정의하며, 할리우드 및 미국 독립영화에서의 현대적 사례(〈펄프 픽션〉, 〈숏 컷〉 등)를 예로 든다. 이런 맥락에서 볼 때 홍상수의 최근 작업에서 '확장된 네트워크 내러티브'로서의 특징은 여러 인물들 간의 관련성이 단일 작

---

11) '김민희 시기' 영화 가운데 이 네 작품을 중심으로 다룬 이유는 〈그 후〉(2017)와 〈강변호텔〉(2018)은 각각 권해효와 기주봉이 중심이 되는 서사이고, 〈클레어의 카메라〉(2017)는 칸 영화제 체류 중 제작된 작품인데다 이자벨 위페르의 시점으로 전개되기 때문이다. 〈인트로덕션〉(2020)에서는 젊은 남녀주인공들의 옴니버스 서사 속 2부에서 짧게 등장한다. 그러나 모든 작품들의 캐릭터들이 연관되는 한편, 김민희의 실존적 차원을 환기시키며 '복잡성 내러티브'를 강화시키는 측면이 있기 때문에 전반적인 분석의 차원에서는 출연 작품 모두를 다루며 각각의 작품 속에서의 연결지점을 밝혀내고자 했다.

12) Bordwell, *The Way Hollywood Tells It: Story and Style in Modern Movies*, Berkeley, CA: University of California Press, 2006, 99.

품에 그치지 않고 여러 작품들을 통해 분산적으로 드러나고 마치 '느슨한 연작' 처럼 변주된다는 점을 의미한다. 이 두 서사적 특징을 밝힘으로써 본 논문은 김민희가 페르소나로 등장하는 홍상수 영화가 어떤 새로운 서사의 실험도 결국 은 고전적 서사에 따른 이야기의 인지적 구성으로 수렴된다는 보드웰식 주장과 는 구별되는 복잡성 내러티브 영화의 혁신을 성취한다는 점을 주장한다. 이와 같은 혁신은 이 영화들이 '마인드-게임 영화'로서 관객에게 시간, 장소, 인물들 간의 관계에 대한 다층적이고도 세심한 관찰과 미세한 혼돈을 제공하면서도 병 리적 혼란이나 환각과 같은 '마인드-게임 영화'의 전형적 특징과는 구별된다는 점, 그럼으로써 관객에게 새로운 게임의 규칙을 제시한다는 점 또한 시사한다.

2. '여성 산책자' 내러티브: 〈지금은 맞고 그때는 틀리다〉, 〈밤의 해변에서 혼자〉

> 바다와 해변에는 사람을 끌어당기는 매력과 황홀감이 있다! 바다와 해변의
> 단순함, 심지어 텅 비어 있음에 대해 얼마나 깊이 생각해보게 되는지! 바다와
> 해변의 여러 방향들과 방향 없음에 의해 깨어나는 우리 내면의 그것은 대체 무
> 엇이란 말인가? … 단조롭고 무의미한 풍경 … 그 풍경은 이 겨울날에도 이루
> 말할 수 없이 위안을 주고 … 지각할 수 없는 감정적 깊이를 만들어낸다.13)

〈북촌방향〉(2011), 〈자유의 언덕〉(2014) 등의 작품이 본격적인 다중 플롯의 복잡한 구성 및 시간의 재배열을 보여주는 영화들이었다면, 김민희가 등장한 〈지금은 맞고 그때는 틀리다〉(2015, 이하 〈지금〉으로 표기) 이후 홍상수의 영 화는 복합 서사보다는 표면적으로 단순하고 투명해 보이는 미니멀한 구조 속에 서 새로운 내러티브의 가능성을 확장해왔다. '데칼코마니' 같은 작품을 염두에 두었다는 〈지금〉은 작은 디테일의 차이들이 서사의 큰 차이를 만들어내는 영화

---

13) 월트 휘트먼, '해변에서 보낸 어느 겨울날', 『밤의 해변에서 혼자』, 인다, 2019, 183쪽.

다. 1부(그때는 맞고 지금은 틀리다)와 2부(지금은 맞고 그때는 틀리다)로 구분되는 구성은 표면적으로 큰 변화가 없는 듯한 사건들의 반복으로 보이기 때문에, 시놉시스나 특정 장면의 비교만으로는 의미 있는 차이를 발견하기 어렵다. 영화감독 함춘수(정재영)는 특강을 위해 수원에 왔다가 화성행궁에서 윤희정(김민희)을 마주치고 호감을 느낀다. 두 에피소드에서 함춘수의 거짓말/솔직함은 윤희정의 태도, 감정, 대사 등을 변화시키고, 이러한 미세한 변화들이 결국은 완전히 다른 결말에 이르게 한다.

'여성 산책자 내러티브 영화'로 분류될 수 있는 〈지금〉과 〈밤의 해변에서 혼자〉(2017, 이하 〈해변〉)는 관객에게 극적 세계를 김민희 캐릭터의 심리와 관련하여 파악하고 추론하도록 자극한다. 그런 점에서 이 영화들은 비록 병리적 주인공이나 그가 겪는 현실 파악의 혼돈을 제공하지 않더라도 마인드-게임 영화의 인지적 작용을 관객에게 활성화한다. 엘새서에 따르면 마인드-게임 영화는 관객에게 서사적인 문제 또는 퍼즐을 제공한다. 즉 이 영화는 서사적 층위에서 "플롯 뒤틀기나 서사적 반복과 같은 일련의 전략을 마련하는데, 이 전략은 영화가 관객에게 '거짓말'을 하지 않으며 진실하고 자기-일관적이라는 영화-관객간의 공통의 계약을 중단시킨다."[14] 〈지금〉에서 1부와 2부 에피소드 간의 관계를 살펴보면 이 영화의 서사가 이와 같은 계약을 정교하게 중단시킴으로써 관객을 극적 세계의 진실성은 물론 김민희 캐릭터의 모호한 내면 세계와 자기 탐색까지도 적극적으로 추론하도록 하는 것을 알 수 있다.

이 영화는 관객들이 1부와 2부의 차이와 반복에 집중하며 관람하게 된다는 점에서 인지주의적인 접근을 활성화한다. 그러나 이와 같은 접근이 인과적이며 연대기적인 이야기의 구성으로 유기적으로 귀결되지는 않는다는 점에서 복잡성 내러티브에 대한 보드웰-브래니건의 가설을 벗어난다. 이들의 가설에 따르면 〈메멘토〉와 같은 역순형 플롯은 표면적으로는 연대기를 벗어나지만, 폴라로이

---

14) Elsaesser, "The Mind-game Films," 19.

드 현상 장면의 역재생이나 컬러 시퀀스의 첫 장면을 그 다음 컬러 시퀀스의 마지막 장면에 반복하는 것과 같은 실마리(cue)를 제공함으로서 관객이 사건의 이야기를 연대기적으로 추론하고 재구성할 수 있도록 한다. 그러나 〈지금〉에서는 그러한 실마리를 제공하지 않는다. 오히려 이 영화에서는 인물들이 서로 영향을 주고 받으며 내러티브가 형성되고, 이 과정에서 배우의 목소리, 제스처, 억양과 톤, 눈빛, 타인에 대한 경계를 누그러뜨리는 함박눈, 상대방의 작품(그림/영화)에 대한 태도 등의 디테일(즉 플롯 내 요소)은 이야기의 선형적 발전이나 내러티브의 정보 전달 기능을 넘어서 감정과 분위기의 의미심장한 차이를 만들어낸다 (그림 1-4).[15]

(그림 1-4) 〈지금은 맞고 그때는 틀리다〉 스틸 사진

15) 〈뉴욕타임스〉에서 선정한 '21세기 위대한 배우 25인'에 김민희가 선정됐는데, 대표작으로 꼽힌 두 작품이 〈지금〉와 〈아가씨〉였다. 「송경원 기자의 Pick, 〈도망친 여자〉 김민희」, 「씨네21」, 2020년 12월 11일, http://www.cine21.com/news/view/?mag_id=96715&utm_source=naver&utm_medium=news (2021년 2월 1일 접근).

즉 두 에피소드 간의 미묘한 차이가 두드러지면서 이들의 관계는 연대기적이 거나 인과적인 도식으로 수렴되지 않고, 오히려 수원에서의 어떤 두 남녀의 만 남이라는 '두 가능성의 세계'를 평행적으로 제시하는 것처럼 보인다.

홍상수의 초중기 영화들이 지식인, 예술가가 주인공인 남성 산책자들의 영화(〈강원도의 힘〉, 〈생활의 발견〉, 〈극장전〉, 〈하하하〉, 〈북촌방향〉 등)였다면, 2010년대 이후 두드러지는 여성 산책자 영화의 경향은 그간 거의 논의되지 않았다. 〈지금〉과 〈해변〉은 〈누구의 딸도 아닌 해원〉(2013)에서부터 나타나기 시작한 산책자로서의 여성주체의 특징을 여성 자아의 내면적 성찰과 탐색이 강조된 '여성 산책자' 내러티브 영화로 확장시킨다.16) '산책', '방랑(balade)'이라는 모티프는 들뢰즈가 2차 대전 이후 '행동-이미지'의 위기로 인해 나타난 '새로운 이미지'들의 특성 가운데 하나로 꼽은 것17)으로, 홍상수의 초중기 모던 시네마 속 소요(逍遙)하는 남성 주체들을 설명하는데 자주 등장했다. 그러나 김민희가 주인공인 영화에서 '여성 산책자'는 단지 욕망과 충동에 사로잡힌 남성 산책자의 대립항으로서 젠더적 주체의 변화 자체에 의미가 있다기보다는, 젊은 여성 주체들의 자기성찰이나 방랑이 끊임없이 상투적인 세계와 부딪치면서 단독자로서의 절대고독과 대면함으로써 정동적 깊이를 만들어낸다는 차이점이 있다.

홍상수 영화에서 김민희가 연기하는 인물들은 대체로 미래를 탐색하고 있는 불안정한 자아들이다(〈지금〉의 (화가가 아닌) 그림만 그리는 사람, 〈해변〉의

---

16) 홍상수의 영화는 초창기 페미니즘 시각에서 비판을 받기도 했다(문영희, 「산책자가 여자를 만났을 때: 〈여자는 남자의 미래다〉 깊이 읽기」, 『영화언어』, 2004 여름/가을호, 90-105쪽; 김경욱, '홍상수도 나쁜 남자다: 페미니즘 비평의 딜레마를 응시하기', 『씨네21』 451호, 2004 등). 여성 서사의 비중이 커지고(〈해변의 여인〉(2006), 〈잘 알지도 못하면서〉(2009)) 본격적으로 젊은 여성 주체를 전면적으로 내세우게 되기 시작한 것은 2010년대 이후 (〈옥희의 영화〉(2010), 〈누구의 딸도 아닌 해원〉(2013), 〈우리 선희〉(2013))라고 볼 수 있다. 그러나 20대 대학생이 주인공이었던 〈해원〉이나 〈선희〉에 비해, '김민희 시기'의 여성들은 더욱 내밀한 자아 성찰의 산책자형 내러티브를 이루는 경향이 있다.

17) 질 들뢰즈, 『시네마 I : 운동-이미지』, 유진상 옮김, 시각과언어, 2002, 377쪽. 새로운 이미지의 다섯가지 특성들 ①분산적 상황, ②의도적으로 약한 관계들, ③**방랑-형식**, ④상투성에 대한 의식화, ⑤음모의 고발

연기를 쉬고 있는 배우, 〈클레어의 카메라〉에서 해고된 영화사 직원, 〈그후〉와 〈풀잎들〉의 (작가가 아닌) 글쓰는 사람 등. 직업으로서의 일을 안정적으로 한 다기보다는 좋아하는 일을 순수하게 추구하는, 부유하는 정체성의 캐릭터들). 〈지금〉의 희정이나 〈해변〉의 영희는 스스로 친구가 없고 쓸쓸하다고 고민하지 만, 많은 사람들을 만나는 것은 힘들어하는 '예민한' 인물들이다. 그림에만 집 중하는 삶을 위해 엄격한 '루틴'을 만들어 매일 한 시간 이상 산책하는 희정이 나, 외국에서 지내며 가장 좋았던 게 산책이어서 매일 많이 걸었다고 말하는 영희에게 산책과 소요는 자신을 성찰하고 '발견'하기 위한 수행과도 같다. '죽은 시간(dead-time)'을 보여주고, 목적 없는 산책을 반복하는 것은 주류 영화에 서는 내러티브의 경제성을 훼손시키는 일이고, 홍상수의 영화 내에서도 주로 남성들의 전유물이었다. 그런 까닭에 〈해변〉에서 영희가 함부르크 공원산책 도 중 다리 위에서 갑자기 멈춰 큰절을 하는 장면은 세계와 자아 사이에, 아무 것 도 존재하지 않는 것만 같은 지독한 절대고독의 성찰적 깊이가 느껴진다(절한 이유를 묻는 선배의 질문에 영희는 "내가 원하는 게 뭔지 다짐하고 기도한 것" 이라면서 "흔들리지 않고 나답게 살기로 했다"고 답한다). 한겨울의 바다를 산 책하다 파도 앞에 누워 그리운 사람의 꿈을 꾸는 장면 또한 고독의 심연을 보여 주는 이미지다(그림 5-6). 〈해변〉은 사랑을 다루면서도 여주인공 '혼자' 존재 하는 시간에 집중하는 영화다. 영화의 2부 강릉에서 만난 지인들은 영희에게 분위기가 달라졌다며 "성숙해졌다"고 말하는데, 이는 외국에서 이방인으로 지 내면서 끊임없이 자신과 대면하며 단조롭고 반복되는 풍경들의 산책과 사색들 속에 얻게 된 내면의 깊이일 것이다. 〈해변〉 1, 2부의 공간인 함부르크와 강릉 은 영화 속 인물들에 의하면 "사람들이 가장 살고 싶어하는 도시 1위"라고 상투 적으로 언급되는데, 바다와 해변, 매일 산책하고 싶은 공원이 있는 아름다운 곳에서 '혼자' 존재한다는 의미, 그 고독이라는 감정-이미지로의 침잠이 이 영 화의 가장 눈에 띄는 성취 중 하나다.

(그림 5-10) 〈밤의 해변에서 혼자〉 스틸 사진

김영진은 이 영화의 몇몇 장면에 주목하면서(공원 산책 중 절하는 장면, 카페 앞에서 그리움의 노래를 읊조리는 장면, 해변에 누워 잠든 장면 등) "서사 바깥의 잉여의 덩어리들 덕분에 인간의 초상을 전혀 다른 각도에서 바라볼 수 있"다고 비평한다.18) 이는 이 장면이 복잡성 내러티브 영화에서 플롯의 사건을 이야기로 재구성하는데 관객이 활용할 수 있는 '실마리'의 기능을 하지 않음을 뜻한다. 그러나 이 장면을 내러티브에 침입하는 잉여적 요소라는 의미로만 한정할 수는 없을 것이다. 영화의 메인 예고편을 장식하고도 있는 이 세 장면은 오히려 서사로 설명할 수 없는, 이 영화가 전하고자 하는 진정한 '이미지'들일 것이다. 이는 영화는 반드시 서사 중심의 매체가 아니며, 인과성과 결정성의 중심 내러티브로 수렴되지 않더라도 장면 하나로 온 우주의 시공간을 응축할 수 있는 역량을 가지고 있음을 의미한다. 2010년대 중반부터 시작된 홍상수의 '여성 산책자' 내러티브 영화들은 이렇듯 서사로는 온전히 포착할 수 없는 여성들의 감정, 정동, 내면을 탐색하고 있는 중이다.

〈해변〉에서 가장 빛나는 장면은 김민희가 혼자 있는 장면들 (그림 5-10)이며, 다른 인물들과 함께 등장하는 장면들에서조차 카메라는 그녀를 중심으로 프레이밍하면서 마치 주변에 아무도 없는 듯한 단절의 표면을 만들어낸다(ex-검은 옷의 남자 등장 장면들, 강릉 술자리 그룹 숏). 물리적 시간으로는 함부르크와 강릉에서 만난 사람들과의 대화 장면이 적지 않음에도 내러티브는 앞으로 나아가지 않고 끝까지 '단독자'로서의 김민희에 집중되며, 제목이 시사하듯 겨울밤, 해변에서 바다를 응시하는 그녀 자신 이외의 모든 존재를 프레임 아웃한다. 또한 '여성 산책자 내러티브' 영화로서 홍상수 영화가 보여주는 새로운 국면은 〈지금〉 이후 주인공 김민희가 지속적으로 '홀로 영화를 본다'는 점이다(그림 11-14). 기존의 남성 중심 내러티브에서의 '욕망의 모호한 대상'으로서의 여

---

18) 김영진, 「〈밤의 해변에서 혼자〉 그리고 〈싱글라이더〉와 〈재심〉」, 「씨네21」, 2017년 4월 11일 http://www.cine21.com/news/view/?mag_id=86903 (2021년 2월 1일 접근).

성이 아닌, 자아를 발견하고 꿈에 다가가기 위해 부단히 세계와 맞서는 실존적이고 성찰적인 여성이 혼자 영화를 보는 장면은 어떤 의미를 갖는 것일까? 〈해변〉의 두 번째 이야기는 강릉의 독립예술영화관에서 시작되는데, 어두운 객석에 앉은 김민희가 화면을 응시하고 있고, 곧 불이 켜지면 객석에 홀로 앉아 감정을 추스르고 있는 그녀를 카메라가 오랫동안 지켜본다(그림 12). '행동'의 영화가 아닌 '견자(見者)'의 영화에서 산책자는 무기력한 존재로서, 자신이 바라보는 이미지에 사로잡혀 정신적 모험을 한다. 매혹적이고 찰나적인 이미지와의 대면 속에서 자신만의 경험과 기억을 만들어간다는 것, 그것은 불안하고 두려운 삶 속에서 고독하게 세계-이미지와 마주하는 평범한 관객 일반의 영화관람 경험으로까지 확장된다.[19] 장 루이 셰페르의 말처럼 영화의 내러티브는 대체로 우리를 정해진 길로 이끌지만, 관객들은 종종 특정 이미지의 스펙터클에 이끌려 영화를 지각하게 된다. 셰페르는 이를 "가시적인 것들을 통해 비가시적인 '영혼, 정신, 사유'를 탐색하기 위한 여정"이라고 말하기도 했다.[20] 영화를 본다는 경험은 결국 기억과 정동의 문제이고, 이 세계와의 조우인 것이다. 〈지금〉에서 시작된 홀로 영화보기의 여정은 〈해변〉에서는 영화의 초월적인 정동적 순간을 환기시키고, 〈도망친 여자〉(2020)에 이르러서는 디제시스 안팎을 넘나들며 '두 번의 관람' 행위라는 반복을 통한 마인드-게임을 펼친다. 감정적 차원을 넘어 '영화/관객'의 존재론을 질문하는 이 장면의 의미에 대해서는 이 장의 결론에서 다시 언급하기로 한다.

---

19) 〈지금〉에는 홀로 영화를 보고 글을 쓰는, 홍상수의 또 다른 산책자적 페르소나이자 관객의 한 인물로 서영화가 등장하는데, 극중 함춘수 감독(정재영)에게 팬으로서 전한 글을 인용해 보면 다음과 같다. "함춘수 감독님, 언제나 감독님 영화 즐겨보고 있습니다. 우리 삶의 표면에 숨겨진 것들의 발견만이 우리의 두려움을 이겨내는 길이라는 생각에 공감합니다. 새로 나온 영화를 보고 나면 언제나 다음 영화를 기다립니다."
20) 장-루이 셰페르, 『영화를 보러 다니는 평범한 남자』, 김이석 옮김, 이모션북스, 2020, 327쪽.

〈그림 11〉〈지금은 맞고 그때는 틀리다〉에서 영화를 관람하는 희정(김민희)
〈그림 12〉〈밤의 해변에서 혼자〉에서 영화를 관람하는 영희(김민희)
〈그림 13, 14〉〈도망친 여자〉에서 영화를 관람하는 감희(김민희)

3. '확장된 네트워크' 내러티브: 〈풀잎들〉, 〈도망친 여자〉

"단순한 이야기, 단순한 상황 속에 다른 종류의 요소들이 중첩되고, 그런 요
소들이 시간상의 연결을 만들어내는 것이 내가 스스로에게서 발견한 영화의 형
태였던 것 같다. 맨 처음 영화를 만들 때 첫 촬영 날부터 이런 식의 형태가 마
치 내 속에 오래 존재했던 것처럼 나의 모든 영화적 결정들을 지배해왔다."[21]

보드웰이 말하는 네트워크 내러티브의 핵심적인 형식 원리는 여러 주인공이
서로 뒤얽힌 줄거리에 참여할 때 어느 정도 '동일한 무게'를 부여한다는 것이다.
일반적으로 이러한 선은 어느 정도 서로 영향을 주는데, 등장인물은 낯선 사람,
약간 아는 사람, 친구 또는 친족일 수 있다. 네트워크 내러티브에서 영화는 개

---

21) 다음에서 인용, 박은영, 「보드웰, 홍상수를 만나다」, 『씨네21』, 2002년 12월14일
http://www.cine21.com/news/view/?mag_id=15813 (2021년 1월 29일 접근).

별적인 궤적(trajectories) 밑에 있는 더 거대한 '패턴'을 보여주는 것을 중요한 목표로 한다.22) 보드웰은 이냐리투 감독의 〈바벨〉('진실 3부작'의 마지막 작품)을 이 경향의 대표적 영화로 꼽는데, 네트워크 내러티브는 다소 느슨하게 결합된 예술영화의 '삼부작들(trilogies)' 속에서도 오랫동안 영화적 호소력을 지닌 채 만들어져 왔다. (안토니오니의 '모더니즘 3부작'에서 키에슬롭스키의 '삼색 시리즈', 키아로스타미의 '코케 3부작' 등) 예술영화 시장에서 이러한 연작 영화는 비평가들에게 감독 자신을 설명하고, 영화를 판매할 수 있는 중요한 전략이 된다. 감독은 연작들이 얼마나 서로 비슷하거나(네트워크 구조, 오버랩되는 시간 도식) 다른지(선형성 정도, 주제의 변화)를 비평가와 관객에게 주목시킴으로써 작품을 잘 이해할 수 있도록 한다. 그러나 이냐리투 같은 감독은 홍상수와는 비교할 수 없이 규모가 큰 영화들을 만드는 경우이며, 〈바벨〉의 사례에서 보듯 여러 장소와 지리적 배경에 있는 다른 인물들의 평행 관계로 이어진다. 이에 반해 홍상수의 작업방식은 국제적 예술영화 시장을 고려하며 제작되긴 하지만, 독립영화에 가까운 방식으로 최소한의 스탭(5-10명)들과 함께, 제한된 형식의 변수들로만 만든 영화이기 때문에 이냐리투 식의 네트워크 내러티브 영화와는 구별된다.

2010년대 중반 이후 홍상수 영화가 고유의 네트워크 내러티브를 실험하는 방식은 일단 극적 사건을 최소화하거나 아예 지워버리는 것이다. 최근의 홍상수 영화에 대한 시놉시스 소개를 보면 당혹스러울 경우가 많다. 이는 대개의 영화 정보와 달리 스토리가 영화에 대한 충실한 안내자 역할을 하지 못하거나 피상적인 정보만을 제공함을 뜻한다. 그 이유는 이 영화들이 내러티브를 탐구하며 실험하고 있지만 내러티브로 설명할 수 없는 '구조' 혹은 '비가시적 세계'를 영화화하기 때문이다. 이 과정에서 홍상수가 고유의 네트워크 내러티브를 구축하는 방식은 극도로 제한된 공간에 제한된 등장인물을 반복시키면서도 촬

---

22) Bordwell, "Lessons from BABEL."

영 및 미장센의 변주를 통해 이 공간 및 인물들 간의 관계 구축 방식을 복잡하게 만드는 것이다. 〈풀잎들〉은 작은 카페라는 닫힌 공간 안에서 한 여성(김민희)이 카페 안 몇 쌍의 남녀들의 대화를 '엿듣는/관찰하는' 구조라는 점에서 보드웰이 "투 숏의 영화"라고 비평한 〈우리 선희〉와의 유사성을 떠올리게 한다. 〈우리 선희〉는 주체(정유미)의 의식을 초월해서 작동하는 말들의 반복과 순환("끝까지 깊이 파서 자기 자신을 발견하라")을 유머러스한 실험으로 풀어냈다. 〈풀잎들〉 또한 복수의 주인공들 어느 누구에게도 초월적 지위를 부여하지 않으면서, '죽음'이라는 느슨한 연결고리를 소재로 예술가들의 폐쇄적 공간 안에서 차이와 반복의 구조를 통해 프레임 '바깥' 세계로의 확장을 모색하는 영화다. 안재홍−공민정/기주봉−서영화/장진영−김새벽(그림15−17)은 각각 변주되는 투숏의 주인공들이고, 내레이터 김민희는 공간 전체를 조망할 수 있는 구석 자리에서, 인물들을 관찰하고 글을 쓴다 (그림18).

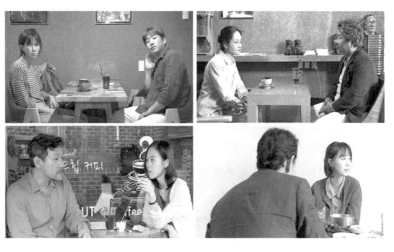

(그림 15−18) 〈풀잎들〉 스틸 사진

유운성은 〈풀잎들〉이 장소 전체를 보여준다거나 부분과 전체를 연결하는 관습적인 몽타주와 미장센으로 공간을 제시하지 않고 관객들을 외화면으로 이끄는

'공간의 위상학'에 주목한다. 즉, 〈풀잎들〉은 '이드라'라는 소우주적 카페와 그 세계 속 인물들을 그리고 있지만, 주체를 벗어난 비인칭적인 이미지들은 역설적으로 자명하다고 여겨지는 장소를 의심하게 만들고 '비가시적 영역'을 사유하게 한다는 것이다.23) 〈풀잎들〉은 이렇듯 화면에 드러나지 않는 것들을 끊임없이 환기시키면서, 영화의 공간 구성에 대한 관객의 관습과 프레임 내부와 바깥에 대한 직관을 촉진하고, 디제시스 내 이야기에 대한 혼란을 불러일으키는 방식으로 영화적인 질문을 던진다. 따라서 이 영화에서 주목해야 하는 것은 등장인물들이 고민하는 서사의 내용보다는 서사의 '흐름'과 '방향'이며, 복잡한 문제를 해결하기 위해 서사에 참여하는 관객의 역할이다. 개별적 투 숏을 보여주던 영화는 후반부에 이르러 인물들이 서로 대화도 나누고 테이블에 합석하기도 하는데, 이때 서사의 확장 또는 네트워킹은 디제시스 내 인물들 사이에서만 일어나는 상호작용이 아니라 후속 작품들인 〈강변호텔〉과 〈도망친 여자〉로까지 연장된다. 〈풀잎들〉에서 기주봉은 후배 서영화에게 자신이 여자 때문에 자살을 하려다 실패했고, 갈 곳이 없다며 방을 하나만 내줄 수 있는지 묻는다. 그런데, 서영화가 말하는 이사간 새집은 바로 〈도망친 여자〉의 설정과 정확히 일치한다. (룸메이트와 둘이 생활하고 있고 산이 보이는 2층 빌라) 홍상수의 영화에서 특정 배우의 반복출연은 흔한 일이지만, 〈풀잎들〉의 다음 작품이 죽음을 감지하는 시인(기주봉)의 자살충동과 죽음의 여정을 다룬 〈강변호텔〉이고, 바로 다음 작품인 〈도망친 여자〉에서 서영화가 첫 번째 에피소드의 주인공으로 등장한다는 점은 이 영화들이 일종의 '연작' 영화처럼 보이도록 한다.24) 〈강변호텔〉에서 역시 김민희는 기주봉의 죽음의 관찰자로 등장한다. 〈누구의 딸도 아닌 해원〉에서도

---

23) 동시대 한국영화들의 '과도하게 주체화된' 영화적 이미지들과 구별되는 홍상수 영화의 사진적 이미지가 갖는 비인칭성/무인칭성에 대한 뛰어난 고찰은 다음을 참고; 유운성, "어떻게 밖으로 나갈 것인가: 홍상수의 〈풀잎들〉과 한국영화라는 문제," 『현대비평』 3호, 2020.6.30. 유운성의 블로그에 수록, http://annual-parallax.blogspot.com/2020/11/blog-post.html (2021년 1월 25일 접근).

24) 〈풀잎들〉에서 작가는 아니지만, 카페에서 하루 종일 '글을 쓰는' 아름(김민희)은 전작 〈그후〉에서 출판사에 취직했다 오해로 쫓겨난 아름(김민희)과 연장선상에 있는 인물로 보인다.

유준상, 예지원이 〈하하하〉의 불륜 커플을 연상시키는 방식으로 등장하고, 김의 성도 〈북촌방향〉에서와 비슷한 역할로 출연해 영화들간의 네트워크를 이루고 있긴 하지만, 이처럼 전작이 아닌 '이후' 만들어질 영화들과의 네트워킹 방식은 매우 이례적이기 때문에 일련의 영화들이 사전에 느슨하게 연작으로 구성되어 있는 것이 아닌가 생각하게 한다. 또한 이는 예술영화의 전통에서 관행처럼 제작되어 온 네트워크 내러티브 영화인 '3부작' 영화들과도 구별되는 것이다.

베를린영화제 감독상 수상작이자 〈카이에 뒤 시네마〉 2020년 영화 10편에 선정된 24번째 장편 〈도망친 여자〉는 3부의 옴니버스 형식으로 구성되어 각 에피소드가 동등하게 펼쳐지는 동시에, 홍상수의 이전 영화들과 매우 긴밀하게 연결되며 연상작용을 불러일으키기 때문에 홍상수식 네트워크 내러티브의 전형과 종합을 보여주는 작품이다. 영화는 감희(김민희)가 남편의 출장 기간 동안 친한 언니 두 명(1부: 서영화, 2부: 송선미)과 오래전 친구 한 명을 만난다(3부: 김새벽)는 설정으로, 시놉시스는 한 줄로 요약된다. 시간구조가 뒤섞여 있다거나 흔한 꿈 장면의 혼란도 없이 내러티브는 '선형적'으로 펼쳐진다. 그럼에도 불구하고 영화의 복잡성과 모호성은 세 편의 에피소드 모두에 반복되는 감희의 대사와 미묘하게 변주되는 형식들(여성 옆얼굴 투 숏과 뒷모습으로만 등장하는 남성들/그림 19-24)에서 비롯된다. '결혼 후 5년 동안 남편과 하루도 떨어져 본 적이 없고, 사랑하는 사람은 무조건 붙어있어야 한다'는 남편의 말을 전하며, '매일 조금씩이지만 사랑하고 사랑받고 있음을 느낀다'는 영희의 대사는 반복될수록 혼란을 야기시키는 수상하고 신뢰할 수 없는 내러티브로 발전한다. 영화는 감희의 세 지인들과의 끊임없는 대화들로 구성되는 가운데, 말의 진실성과 거짓에 대한 토론이 이루어지기도 하는데, 세 번째 에피소드에서 김민희와 김새벽이 김새벽 남편이자 TV에 자주 출연하는 인기 작가(권해효)를 함께 비판하는 이유가 '같은 얘기를 계속하기 때문에 진심일 수 없다'는 것인데, 감희 자신도 이런 자기모순에 빠져 있다.

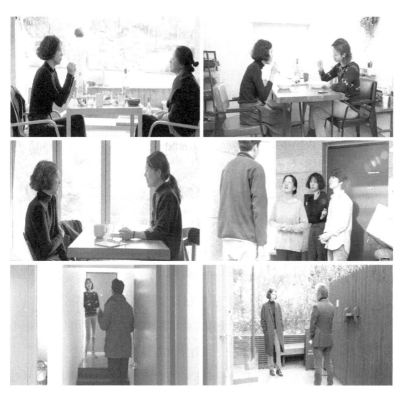

(그림 19-24) 〈도망친 여자〉 스틸 사진

화자에 대한 믿음과 말의 진실성/거짓이라는 측면에서 〈도망친 여자〉의 흥미로운 대목 중 하나는 1부에서 김민희가 서영화의 집에서 자다가 새벽에 깨어나 잠꼬대처럼 묻는 '3층의 비밀25)이다. 비평가들은 "그 집에 3층이 있었던가(김병규)"26)라는 인식론적 질문부터, "생략된 장면에서 그녀는 3층에 몰래 올라가 봤을 것이다. 1부 마지막의 시점 샷이 김민희의 것으로 보인다(박인호)"27), 룸메이트와의 동성애적 비밀 공간이라는 시각 등 다양한 해석을 펼친다. 이는 홍상수 내러티브의 오랜 특징이기도한 영화의 우발성, 비인과성, 비결정성을 중시해온 방법론에서 기인하는 것으로 볼 수 있다. 또한 '유예와 생략'으로 이루어진 모호한 내러티브 구성방식이자 비가시적 세계와 영화적 믿음의 문제, 엘세서의 '마인드-게임'의 특징(결정적 정보의 유예와 모호성으로 관객의 참여를 이끔)과도 연결된다. 〈생활의 발견〉에서 다음날 알려주기로 했지만 끝내 알 수 없었던 '닭죽 맛의 비밀'이나 〈해변〉에서 강릉 카페의 '2층 공간'-정재영과 김민희의 대화에서 언급만 되고, 나중에 가보기로 하는 유예된 시공간의 비가시적 세계와도 같은 것이다. 이렇듯 내러티브의 비중은 최소화(최소한의 시놉시스와 대사의 반복)시킨 가운데 카메라의 위치나 화면구성의 미묘한 변주((그림 19-24)의 여성/남성의 촬영이나 미장센 차이), 시점이 모호한 사물, 동물 등의 비인칭적 장면들을 생략적으로 배열함으로써 서사의 빈틈이나 인식론적 단절을 만들고 관객들의 문제해결 의욕을 자극하며 마인드 게임의 세계로 이끄는 것이 홍상수식 마인드-게임 영화라고 할 수 있다.

한편 네트워크라 내러티브의 관점에서 이 영화의 주목할 만한 부분은 1부의 서영화, 2부의 송선미, 3부의 김새벽/권해효가 모두 전작들의 캐릭터를 계승하

---

25) "김민희: 언니, 3층의 비밀이 뭐예요?
서영화: 3층에 무슨 비밀이 있어.
김민희: 근데 왜 3층에 못 올라가게 해요. 언니 나 못 믿죠?" (〈도망친 여자〉 1부 중)
26) 김병규, 「홍상수 감독의 전작들과 다르다 … '도망친 여자'가 멈추는 곳은 어디인가?」, 『씨네21』, 2020년 9월 29일, http://www.cine21.com/news/view/?mag_id=96236 (2021년 2월 1일 접근).
27) 박인호, 「홍상수의 삼면화", 〈도망친 여자〉 속 감희의 초상에 대하여」, 『FILO』, no. 16(2020년 9-10월), 27쪽.

며 연상 작용을 불러일으킨다는 점이다. 서영화는 〈해변〉에서 영희(김민희)가 독일에서 지낼 때 의지가 됐던 사람이고, 2부의 송선미 역시 〈해변〉에서 영희가 한국에 돌아왔을 때 배우로서 재기할 수 있도록 돌봐주겠다고 용기를 준 사람이자 전작 〈강변호텔〉에서도 실연으로 괴로워할 때 곁을 지켜준 지인이다. 3부의 김새벽과 권해효는 〈그 후〉(2017)에서 삼각관계를 이뤘던 인물들로, 극장에서 김새벽을 우연히 만났을 때 감희가 처음에 어색해했던 이유와도 연결되는 것으로 보인다(즉, 이전 영화의 선행 서사를 환기시키는 것). 관객의 입장에서 전작들을 보지 않았다 하더라도 〈도망친 여자〉는 그 자체로 완결성을 가진 내러티브지만, 이전 작품들에서 구축된 내러티브와 등장인물들의 일관된 성격을 알고 있을 때 영화는 더욱 풍부하게 해석되고 영화적 세계는 확장된다. 그러나 홍상수의 영화 제작방식과 그가 만들어내고 있는 네트워크적 영화세계는 이냐리투나 MCU(Marvel Cinematic Universe)의 '세계-만들기' 방식보다는 에릭 로메르의 방식에 가깝다고 보인다.[28] 로메르는 데뷔 후 작가적 명성을 얻은 후에도 '가벼움의 경제학'과 아마추어적 영화만들기를 추구하며, 자신의 영화사 '로장주'에서 소수의 동료들과 자신만의 소우주를 만들어냈다. 그러나 홍상수가 로메르와 차별되는 점은 로메르는 배우들을 일정한 간격을 두고 기용했으며 아마추어 배우들을 선호했고, 캐릭터가 다른 영화들로 이어지는 경우는 거의 없었다. 반면, 홍상수는 자기 영화 세계의 범주를 넘어, 배우들의 현실세계에서의 이미지(소문들)와 감독 자신에 대한 평판까지도 활용해 영화를 만든다. 이렇듯 배우의 물리적 실존에서 오는 리얼리티 (육체성, 소문과 상투구)를 포함한 사실과 허구의 혼합, 가시적 세계와 비가시적 세계의 텍스트 안팎을 넘나드는 확장된 네트워크 내러티브는 지극히 제한된 영화적 시공간 속에서도 '바깥-세계'를 사유하게 한다.

---

28) 실제로 홍상수는 1998년의 한 인터뷰에서 감독으로서 가장 부러운 사람이 로메르라고 밝히며, 그의 영화에서 소재와 작가 사이의 관계, 앵글과 이야기를 만드는 격조 등을 극찬한다.

4. 도망치는 영화, 혹은 비가시적 세계의 확장

"영화는 우선 이미지라는 것이 있어 감정의 폭력성을 포착하지. 이것은 스토리와는 다른 것. 어디로 우리를 데려갈지 예측할 수 없는 다른 것으로 우리를 포착하게 되지. 여기서 우리들은 어떤 '스펙터클'에 끌려들어가게 되는데 이것은 스토리가 만들어낸 스펙터클이 아니라 '가시화된 인간'이 만들어내는 뭐라고 말하기 힘든 스펙터클이야. 영혼, 정신, 사유라고 하는 보이지 않는 것들이 보이는 인간들의 행동을 통해 마치 열린 장기들처럼 가시적인 것으로 나타난다네."[29]

이 글은 1990년대 이후 현대 할리우드와 예술영화의 서사적 경향으로 발달해 온 복잡성 내러티브 영화의 경향들 속에서, 김민희 등장 이후 홍상수의 영화가 보여주는 내러티브의 새로움을 고찰해 보고자 했다. 할리우드 고전 서사와의 연속성/불연속성의 관점에서 복잡성 내러티브 연구를 질문하는 인지주의 서사이론가 보드웰은 현대 미국 영화에서 대부분의 대담한 스토리텔링이 "시간, 공간, 목표 달성, 인과관계 등을 제시하기 위한 확고한 전략에 대한 변형"이라고 규정하며 모든 새로운 예술적 성취란 기존 관습을 수정하는 것이고, 비전통적인 전략은 단지 다른 관습을 따르는 것이라고 주장한다.[30] 즉, 고전적 할리우드 서사에 대한 절대적으로 순수한 대안적 서사는 존재하지 않는다는 것이다.[31] 그렇다면 보드웰이 말하듯 비선형적이고 탈중심화된 현대의 대안적 서사들은 결국은 관객의 인지적 참여를 통해 할리우드 고전적 서사로 재구성되거나 수렴되고 마는 것인가? 보드웰의 이론은 예술영화를 다루고 있지만, 고전영화의 비교 대상으로서만 설명할 뿐 예술영화 자체가 갖는 특성이나 함의 즉, 예술영화가 왜 만들어지고, 무엇을 반영하는지를 설명하는 데는 한계가 있다(인물

---

29) 셰페르, 『영화를 보러 다니는 평범한 남자』, 327쪽.
30) Bordwell, The Way Hollywood Tells It, 75-76.
31) 보드웰은 할리우드 내러티브 실험이 1990년대에 급증한 이유로 이 시기 독립제작의 붐으로 인한 플롯 차별화의 필요성과 함께, 다양한 현대적 미디어를 수용하며 복잡한 내러티브에 대한 혁신을 수용할 준비가 되어있는 미디어 리터러시가 함양된 관객들로의 세대교체를 지적한다.

의 심리학, 세계관 결여). 또한 현대 영화의 경험들이 수반하는 이미지와 서사의 관계 변화, 그리고 주체와 세계의 관계 변화 등을 충분히 설명하지 못한다.

따라서 이 장에서는 이를 보완할 수 있는 또 다른 현대 서사 이론으로 엘세서의 마인드 게임 이론에 주목해 김민희 시기 홍상수 영화에 특징적으로 나타나는 존재론적 질문이나 철학적 탐구의 측면을 고찰해 보았다. 엘세서는 현대 서사에서 마인드-게임 영화를 관객의 열렬한 참여를 이끌어내는 특정 '경향'이나 컬트적 '현상'으로 규정하면서, 주류 할리우드 영화 뿐 아니라 미국 독립영화, 예술영화라는 장르의 경계들을 횡단하며 캐릭터의 내면적 삶을 연구하고, 관객이 장면의 세부 사항에 대한 전문가가 되는 게임을 제시한다고 말한다. 이 게임을 통해 이러한 영화는 인간의 의식, 마음과 뇌, 다중 현실 또는 가능한 세계에 초점(기억과 정체성의 혼란, 주체의 문제)을 맞춘다. 주인공이 겪는 인식론적 혼란은 넓은 의미의 게임이 되고 이렇듯 유예되거나 모호한 서사 속에서 관객 또한 게임에 참여하게 되는 것이다.

(그림 24-28) 〈도망친 여자〉 스틸 사진

'김민희 시기'의 종합편과도 같은 〈도망친 여자〉 3부는 이러한 관객의 혼란과 참여를 유발하며 마인드-게임을 활성화시키는 대표적인 경우다. 이 영화에는 김민희가 같은 영화를 '두 번' 반복해서 보는 장면이 등장한다 (그림 25-26). 그런데 〈지금〉이나 〈해변〉에서는 영화의 화면을 보여주지 않던 것과 달리, 〈도망친 여자〉에서는 김민희가 보고 있는 영화의 바다 장면이 처음에는 흑백으로 두 번째는 컬러로 제시된다. 단순한 서사 속 차이와 반복이 중시되는 홍상수의 영화 속에서 주인공이 같은 영화를 반복해서 본다는 사실과, 영화가 흑백에서 컬러로 변화된다는 것은 어떤 의미를 갖는 것일까? 이 '두 번의 다르게 보기(그림 27-28)'는 관객을 적극적인 '참여자'로 끌어들이기 위한 최소한의 서사 장치로 볼 수 있다. 결말의 해석은 무한대로 열려 있겠지만, 하나의 가능성은 세계의 관찰자이자 산책자인 감희가 영화 속에서 어떤 심경의 변화를 겪은 후 이 세계의 '파편적' 조각들을 있는 그대로(컬러) 직면하게 된다는 것이다. 또는 끊임없이 유동하는 바다의 흐름 속으로 감희의 의식이 침잠하는 것으로 생각해 볼 수 있다. 관습적인 복잡성 서사 영화들이었다면 결말에서 갈등을 해결하거나 정답을 제시했겠지만, 홍상수의 영화는 파편적 현실들을 결코 재구성하지 않는다.[32] 바다는 늘 비슷해 보이지만, 단조롭고 무의미한 듯한 풍경 속에서 정동적 깊이를 만들어내고, 영화를 보는 평범한 인간들은 그 감정적 지각을 통해 작은 위로를 받기도 한다. 따라서 컬러로 표현되는 바다 장면의 이미지는 내러티브의 일관성을 벗어난 독자적인 이미지임에도 관객들로 하여금 비가시적 서사를 보완하기 위한 내밀한 사유를 불러일으킨다.

이 장에서는 김민희 시기 홍상수 영화의 새로운 서사적 특징들을 다음과 같이 제시했다. 첫째, 주인공이 여성 중심으로 변하면서 특별한 사건 대신 '비선형적인 에피소드식 내러티브'가 더욱 강화됐다. 둘째, 디지털 제작과 영화 규모의 축소로 내러티브가 극도로 단순해지고 제한된 공간 속 최소한의 변수들의

---

32) 장병원, 「홍상수 내러티브의 비조화 패턴 연구」, 158쪽.

활용만으로 서사를 구성한다. 셋째, 그러한 영향으로 주인공이 특정 환경이나 상황(풍경, 날씨, 음식, 관습, 실연 등)에 처해지면서 겪는 인물의 섬세한 내면 및 감정 변화가 영화의 주요 특징을 이룬다. 넷째, 남성 주인공 영화들이 인물과 풍경의 '표면'을 탐구했던 반면, 김민희 등장 이후의 영화세계는 여성 주체의 불안정하고 모호한 심리에 기반하면서 더욱 다양한 서브플롯 또는 에피소드로 파생하며 복수의 해석 가능성 및 모호한 결말로 관객을 이끌고 다른 영화와의 '확장된 네트워크'를 파생시킨다. 할리우드의 내러티브 이론들은 차이와 반복 속에서 관객을 게이머나 플레이어로 참여하게 하는 이런 영화들을 현대적 복잡성 내러티브의 대표적 경향으로 이론화해 왔다. 하지만 김민희라는 페르소나 이후 홍상수 내러티브의 '미니멀한 복잡성'은 인지주의에서 마인드-게임 영화에 이르는 현대 서사학의 어느 갈래에도 온전히 분류되지 않고 탈주하면서, 표면적으로는 극도로 단순해지고 있는 반면 비가시적 세계를 점차 확장시켜 나가고 있는 중이다.33)

---

33) 코로나로 인한 영화제작과 개봉의 어려움 속에서도 홍상수는 자신만의 방식과 최소 규모로 '가능한 영화들'을 선보이고 있다. 〈인트로덕션〉(2020)은 신석호, 박미소 주연의 스물다섯 번째 장편 영화로 젊은 남녀 주인공들의 존재론적 불안과 방황을 중심으로 다룬다는 점에서 '홍상수 월드'의 또 다른 확장을 압축한 '서문'이라고도 할 수 있다. 김민희는 여기서 2부의 작은 배역으로 등장하고, 10명 이내인 스태프 및 제작의 크레딧에 이름을 올렸다. 최근작 〈당신 얼굴 앞에서〉(2021)는 배우 이혜영의 얼굴과 존재 자체가 영화적 세계를 이끌어가는 작품으로, 극도로 미니멀해지는 형식 속에서 영화를 가능하게 하는 '최소 영화'의 조건들을 질문한다. 우리 얼굴 앞에 이미 완성된 채로 존재하는 세계의 '진실'을 어떻게 '발견'할 것인가라는 철학적 물음과 함께, 단순하고 투명한 이야기 구조와 등장인물 속에서도 홍상수의 세계는 더욱 확장된다. 조윤희와 신석호가 등장하는 〈인트로덕션〉의 모자 관계는 이 영화 속에서 느슨하게 연장된 인상을 주며, 〈도망친 여자〉의 동거인 서영화, 이은미 또한 유사한 이미지로 이야기 세계의 확장을 연상시킨다. 그런가 하면 영화감독으로 등장하는 권해효는 이전 작품들(〈그 후〉, 〈도망친 여자〉 등)의 캐릭터와 연장선상에서 다소 '신뢰할 수 없는' 내러티브를 만드는 데 기여한다.

7장

1. 편재하는 '카메라를 든 사람들'

〈고진감래〉(Bitter, Sweet, Seoul)는 서울시가 국내 최초로 글로벌 시민들을 대상으로 시도한 '우리의 영화, 서울'이라는 크라우드소싱 영화 프로젝트로 2014년 온라인과 오프라인을 통해 전세계에 동시에 공개된 작품이다.[1] 2013년 8월부터 11월까지 공모된 1만 1천여 개의 서울과 관련된 UCC 영상을 박찬욱, 박찬경 감독의 프로젝트 그룹 파킹찬스(PARKing CHANce)가 편집해 63분의 다큐멘터리로 완성한 것이다. 그러나 제작, 배급 및 상영 방식의 새로움과 서울시의 홍보영상이라는 기획성, 박찬욱, 박찬경 형제의 협업이라는 화제성에도 불구하고 대중과 비평은 물론 영화연구의 지형에서도 크게 주목받지 못했다. 7장에서는 서울시의 공모로 선정된 154개의 시민 제작 영상을 수집하고 편집한 작품인 〈고진감래〉를 도시교향곡의 현대적 관점에서 논의하고 분

---

[1] '2013년 8월 20일부터 11월 25일까지 전 세계 2821명의 사람들이 서울의 다양한 모습을 촬영해 11852개의 비디오를 우리에게 보내왔다. 파킹찬스는 154개의 비디오를 선정했고, 편집과 음악을 덧붙여 한 편의 영화가 됐다. 우리와 함께 작품을 공유한 모든 감독들에게 감사드린다'는 영문자막과 함께 영화가 시작된다.

석한다. 도시교향곡은 도시의 일상과 사건에 대한 인상을 기록하면서 도시적 현대성의 물질적, 문화적, 인류학적, 지리적 차원을 성찰하는 장르로서, 1920년대 이후부터 다큐멘터리와 아방가르드 영화 제작 양식의 상호 교차를 추구한 감독들(알베르토 카발칸티, 발터 루트만, 지가 베르토프, 요리스 이벤스 등)에 의해 진화되어 왔다. 〈고진감래〉를 제작한 박찬욱, 박찬경 형제가 선별한 시민 제작 영상은 서울의 랜드마크 관광지나 건축물에 한정되지 않고 무국적의 공간과 낙후된 뒷골목, 서울의 일상 및 역사와 관련된 아카이브 기록 영상, 실향민에서 외국인에 이르는 이산민 주체들의 이면을 드러내면서 메트로폴리스 서울의 역동적인 모습을 다면적으로 기록하고 보여준다. 이 연구는 파킹찬스가 시민 제작 영상에 포함된 이러한 잠재성을 연상적, 충돌적 몽타주로 시청각적으로 연결함으로써 도시교향곡의 서사적, 미학적 전통을 현대적으로 확장하고 있음을 주장한다.

이 장은 〈고진감래〉의 도시교향곡 장르 전통 내에서의 연속성을 밝히면서도 이 작품의 기술적, 현대적인 특징에 주목함으로써 아날로그 시기의 도시교향곡이 디지털 시대의 참여문화를 통해 재생산되고 확장되는 방식을 밝힐 것이다. 이를 위해 이 글에서는 21세기의 크라우드소스 다큐멘터리라는 관점에서 살펴본다. 온라인 커뮤니티의 집단지성을 활용하여 제작과정을 공유하고 배급하는 크라우드소스 다큐멘터리는 〈라이프 인 어 데이〉(Life in a Day, 2011, 이하 〈라이프〉로 표기) 시리즈 성공의 영향으로 디지털이 제시하는 유토피아적 기대들과 함께 영화 매체의 민주화와 참여미디어적 실천의 가능성을 열어놓았지만, 전통적인 다큐멘터리 영화의 구성방식이나 미학 및 작가성에 관련한 다양한 질문을 제기한다. 〈고진감래〉에서 파킹찬스의 역할은 미장센이나 촬영의 역할에 중점을 둔 작가(author)라기 보다는 매개자(mediator)에 가깝다. 또한 이러한 글로벌 미디어 프로젝트를 극장용 영화로 발전시킨 원형적 작품인 〈라이프〉와 유사하게 참여 미디어 기반의 크라우드소싱 양식으로 제작된 이 작품은 아마추어와 전문가, 개인적인 것과 집단적인 것, 사적인 것과 공적인 것의 대립을 넘어서는 질문을 제기한다. 본 연구는 도시교향곡 장르의 전통과 핵심적인 양식들을 염두에 두고 이 장르의 고전작품들(〈오직 시간만이〉, 〈베를린: 위대한 도시의 교향곡〉, 〈카메라를 든 사나이〉)과 수정주의적 장르의 하나라고 할 수 있는 21세기 크라우드소스 다큐멘터리 양식의 비교를 통해 〈고진감래〉의 차이를 드러내면서, 필름 시기의 비관습적, 대안적, 인상주의적 영화 스토리텔링 양식인 도시교향곡이 동시대 영화제작으로 확장되는 양상을 규명하고자 한다.

이와 관련해 이 연구의 핵심적인 문제의식은 다음의 세 가지로 요약된다.

첫째, 도시교향곡 장르의 중요한 특징이었던 '하루'의 기록이라는 시간성이 유튜브를 기반으로한 글로벌 시민참여 프로젝트인 〈고진감래〉에서 어떻게 변주되면서도 또한 '동시성의 감각'으로 연결되는가?

둘째, 크라우드소스가 논의되는 층위나 디지털 민주주의의 '참여'의 문제와 관련해 카메라를 든 시민들(콘텐츠 제작자)의 위치는 무엇인가? (공동제작자/공동창작자/공동작가?)이는 베르토프가 제안한 급진적 개념인 '키노키(kinoki 영화인 집단)'와는 어떻게 유사하고 다른가?

셋째, 파킹찬스의 역할과 관련해 매개자, 제작자로서의 제작의 통제권과 제작과정에서의 인터랙티비티, 미학적 선택의 문제 그리고 한계는 무엇인가?

이러한 질문들에 대해 답하기 위한 이 장의 구성은 다음과 같다. 2절에서는 우선 전통적으로 도시교향곡 장르의 정의와 주요 특징, 논점들을 살펴보고, 이 장르에서 중요하게 다루어졌던 영화적 요소들이 디지털 '참여'를 화두로 전개되고 있는 2000년대 이후 다양한 크라우드소스 다큐멘터리들 속에서 어떻게 전개되고 있는지를 고찰한다. 3절에서는 〈고진감래〉를 〈오직 시간만이〉(Rien que les heures, 1926), 〈베를린: 위대한 도시의 교향곡〉(Berlin: Die Sinfonie der Groß stadt, 1927, 이하 〈베를린〉으로 표기), 〈카메라를 든 사나이〉(Man with a Movie Camera, 1929, 이하 〈카메라〉로 표기)를 비롯한 도시교향곡 장르의 정전들의 진화와 변주 속에서 분석하면서 크라우드소스 다큐멘터리로서 〈고진감래〉의 유사성과 차이, 가능성과 한계를 살펴본다.

2. 도시교향곡 장르의 전통과 크라우드소스 다큐멘터리

데이비드 보드웰과 크리스틴 톰슨은 "도시풍경의 시적인 측면을 포착"하는 "기록영화에 속하면서도 동시에 실험영화에 포함시킬 수 있는"[2]영화를 도시교향악이라고 정의했다. 이들에 따르면 이같은 서정성을 띤 시적 다큐멘터리 영화 장르는 폴 스트랜드와 찰스 실러의 〈맨하타〉(Manhatta, 1921)를 시작으로 [파리의 이면의 삶을 하층계급의 시선으로 담아낸] 〈오직 시간만이〉와 이 장르의 고전이 된 〈베를린〉을 거치며 일반적인 경향이 되어갔고, 〈카메라〉, 장 비고의 〈니스에 관하여〉(À Propos de Nice, 1930) 등 다양한 작품들로 발전하면서 다큐멘터리와 실험영화 사이에서 긴 생명력을 가진 장르로 자리 잡았다.[3]

도시교향곡 장르를 모더니티의 관점에서 '현대의 일상성'에 대한 질문을 중심으로 고찰한 로라 마커스(Laura Marcus)는 도시교향곡 영화를 1920-30년대 유럽과 미국에서 만들어진 영화들의 한 집합으로 규정한다. 마커스는 〈베를린〉을 비롯한 주요 작품들에 공통적인 도시적 삶에서의 '하루'라는 시간과 '일상성'을 이 장르의 핵심적인 양식으로 주목한다.[4] 마커스는 도시의 시간, 공간, 일상생활을 '리듬분석'의 관점에서 고찰한 앙리 르페브르를 참조하면서 "새벽과 깨어남, 노동자 행렬, 아침 출근과 기차, 자동차 등 교통수단과 같은 기계들,

2) 데이비드 보드웰, 크리스틴 톰슨, 『세계영화사 I: 영화의 발명에서 무성영화까지』, 이용관, 주진숙 옮김, 시각과언어, 2000, 288쪽.
3) 도시교향곡 영화에 대한 국내 연구로는 다음을 참조. 윤학로, 「장 비고와 도시교향곡 - 〈니스에 관하여〉 소고」, 『인문언어』 11권 2호 (2009), 209-226쪽; 함충범, 「1920년대 '도시교향곡 영화'에 나타난 테크놀로지의 유토피아적 표상」, 『사회과학연구』 26권 1호 (2018), 118-150쪽.
4) Laura Marcus, *Dreams of Modernity: Psychoanalysis, Literature, Cinema*. New York: Cambridge University Press, 2014, 89-90.

부자와 가난한 사람들의 점심시간 대비, 오후의 나른함, 화려한 광고판 및 나이트클럽의 네온 장식" 등을 도시교향곡에서 반복되는 표현들로 본다. 마커스는 "이른 아침의 도시가 무의식의 이미지로 작용할 수 있고 잠과 깨어남 사이의 관계가 영화 매체의 정지와 운동 사이의 상호작용과 관련 될 수 있다는 점을 시사"하면서 "(유리, 진열용 창문, 영화 자체 등) 현대 도시의 다양한 반사된 표면들을 활용하여 지각 대상을 반영하고 특정 패턴으로의 움직임이라는 리듬 오케스트레이션을 강조"하는 도시교향곡 장르의 자기반영적 차원을 중요하게 인식한다. 마커스는 도시교향곡을 "'예술 작품'으로 물화되지 않은, 예술의 이상에 조응"하는 장르로 인식하고, 사물의 본성과 아름다움을 포착하는 포토제니의 창시자 루이 델뤽을 인용해 도시교향곡 영화의 다큐멘터리적 차원이 아방가르드 영화와 잘 결합할 수 있었다고 지적한다.

아방가르드 영화의 역사 속에서 파리-베를린-모스크바를 축으로 전개된 1920년대 도시교향곡을 몽타주 미학의 관점에서 고찰한 알렉산더 그라프 (Alexander Graf)는 도시교향곡의 정전과 기원에 대한 논의들을 정리하면서 도시교향곡이라는 영화의 장르성을 질문한다.5) 그는 〈맨하타〉를 이 장르의 효시작으로 보는 관점은 새벽에서 해질녘까지라는 시간 구성방식이 도시교향곡의 표준이 되었다는 점과 사진작가와 화가라는 제작자들의 배경이 추상적인 건축적 사진과 구상적인 다큐멘터리 스타일 시퀀스의 병치를 드러내는 반면, 영화 자체는 도시교향곡 장르의 전형이 된 운율적이거나 연상적인 편집에 대한 의미 있는 관심을 드러내지 않는다고 본다. 또한 르네 클레르의 〈파리는 잠들다〉(Paris qui dort, 1923)도 도시교향곡의 초기형태로 언급되곤 하지만 부분적으로 운율적인 편집 형식을 띠고 도시의 다큐멘터리 스타일 이미지를 사용하는 반면, 관습적인 내러티브를 따르고 강력한 플롯요소와 카메라 속임수가 형

---

5) Alexander Graf, "Paris-Berlin-Moscow: On the Montage Aesthetic in the City Symphony Films of the 1920s". In *Avant-garde Film*, Alexander Graf and Dietrich Scheunemann. eds. New York: Rodopi, 2007, 77-92.

식적인 특징을 지배해 도시교향곡으로 범주화하기에는 어려움이 따른다고 분석한다.

그라프는 아담스 시트니와 지그프리트 크라카우어가 주목했던 카발칸티의 〈오직 시간만이〉를 이 장르의 출발점으로 본다. 이 작품에서 카발칸티의 주요 관심은 파리의 하층계급(포주, 창녀, 선원, 신문판매원, 노파 등)의 비참한 실존묘사를 통한 사회적 비평이었다. 영화의 제목과 자막이 시사하는 것처럼, 영화적이고 추상적인 시간의 개념은 작품 속에서 형식적 수준에서 뚜렷한 운율적 편집 리듬의 형태와, 내용의 수준에서 글로벌 시공간의 연속적인 역동성에 대한 고찰에 관심이 있다는 점을 알 수 있다. 카발칸티는 자신의 작품을 "투박한 사회적 기록(clumsy social document)"6)이라고 묘사했다. 그라프는 영화가 새벽부터 황혼까지라는 시간 형식을 엄격하게 따르지 않는다는 사실에도 불구하고, 많은 도시 시퀀스의 다큐멘터리 특성은 리듬 및 연상 편집을 통한 추상화에 대한 관심과 결합해 이 영화가 앞선 작품들과 비교할 때 도시교향곡 장르의 의미있는 성숙을 논하기에 충분해 보인다고 평가한다. 이 장르는 〈베를린〉과 〈카메라〉에서 완전한 성숙에 이르는데, 두 영화는 자막, 내러티브, 플롯 요소의 거의 완전한 억제와 전통적 의미에서 다큐멘터리 형식의 거부, 형식적 장치로서 리듬적이고 연상적인 몽타주를 주장하고, 순수한 영화형식의 탐구 속에서 '새벽에서 황혼까지'라는 시간 구조의 전략을 지지한다.

한편 다큐멘터리 진영에서도 도시교향곡은 중요한 장르였다. 빌 니콜스는 다큐멘터리가 장르로서 폭넓게 인식되고 자기 발견을 시작하게 되는 시기를 1920년대에서 1930년대 초로 간주하면서 이 시기 "영화에서의 시적 실험이 서로를 풍부하게 만들었던 20세기의 다양한 모더니즘 아방가르드와 영화 사이에 일어난 상호 영향에서 기인한다"7)고 말한다. 따라서 니콜스가 '시적 양식(poetic

---

6) Ibid., 78.
7) 빌 니콜스, 『다큐멘터리 입문』, 이선화 옮김, 한울, 2005, 151-152쪽.

mode)'으로 분류하는 다큐멘터리(도시교향곡 장르)는 모더니즘 아방가르드와 공동의 영역을 갖는다. 시적 양식은 연속편집 관습이나 사건에 수반되는 시공간의 구체적인 현장감 대신 시간적 리듬과 공간적 병치가 이루어지는 패턴 및 연결을 탐구한다. 니콜스는 대상에 대한 단순한 사진적 기록과 복제가 예술가의 새로움에 대한 욕망에는 방해물이라면서, 1920년대 유럽 아방가르드를 선도했던 프랑스 인상주의나 소비에트 몽타주 모두 "리얼리티를 기계적으로 재생산하는 작업을 극복하는 방식"이며 "영화만이 할 수 있는 방법으로 새로움"[8]을 추구하는 것이었다고 규정한다. 빌 니콜스는 도시교향곡의 대표작 〈베를린〉과 〈카메라〉를 비교하면서, 〈베를린〉을 "일상의 다양성을 찬양하는 시적이며 비분석적인 목소리"로, 〈카메라〉는 "노동계급의 변혁의 힘을 지닌 시적인 동시에 성찰적, 분석적인 목소리"[9]로 규정한다. 이렇듯 1920년대 아방가르드 영화의 해방의 힘은 주류의 내러티브 영화만이 아닌, 시적 다큐인 도시교향곡에서도 극영화와는 확연히 다른 언어로 관객에게 이야기하는 목소리를 증명하는 기반이 되었다.

도시교향곡에 대한 최근의 연구가 입증하듯 이 장르는 1920-40년까지 유행했던 하나의 영화적 현상으로 볼 수 있다.[10] 그럼에도 불구하고 도시교향곡의 주제적, 형식적 특징을 담은 영화들은 지속적으로 만들어지고 있다. 1980년대에 시작해 2000년대까지 도시에 대해 시적 양식을 발전시켜 탐구한 일련의 영화들은 도시교향곡의 현대적 버전이라 볼 수 있다. 갓프리 레지오의 '카시' 삼부작 〈코야니스카시〉(Koyaanisqatsi, 1982), 〈포와카시〉(Powaqqatsi, 1988), 〈나코이카시〉(Naqoyqatsi, 2002), 토마스 샤트(Thomas Schadt)의 〈베를린〉 75주년 기념 리메이크작인 〈베를린 교향곡〉(Berlin Symphony,

---

8) 위의 책, 174쪽.
9) 위의 책, 172쪽.
10) Steven Jacobs, Eva Hielscher, and Anthony Kinik eds. *The City Symphony Phenomenon: Cinema, Art, and Urban Modernity Between the Wars.* New York: Routledge, 2019.

2002), 페리 바드(Perry Bard)의 〈카메라를 든 사나이: 글로벌 리메이크〉(Man with a Movie Camera: The Global Remake, 2007-2014) 등은 도시교향곡의 변주된 사례들에 속할 것이다. 〈고진감래〉는 도시교향곡의 동시대적 버전을 제시하는 과정에서 디지털의 등장 이후 영화 매체의 민주화와 참여 미디어적 실천의 가능성을 모색해 온 크라우드소스 다큐멘터리[11]의 제작 양식을 받아들인다. 다렌 브랍햄 (Daren C. Brabham)은 크라우드소싱을 "특정한 조직적인 목표를 제공하기 위해 온라인 커뮤니티의 집단지성을 활용하는 배급 문제-해결과 생산의 온라인 모델"[12]로 정의한다. 다양하고 독립적인 대중 주체들에 대한 신뢰는 이 양식의 민주적인 가능성에 대한 기대와 함께 다큐멘터리의 제작과정을 개방한다. 크라우드소싱은 이상적으로 군중의 집단지성 역량과 더불어 하나의 조직적인 목표의 단위를 구성하는 공동제작 모델을 구성한다. 그러나 제작의 통제권을 감독이나 제작자 개인이 아닌 참여자 다수에게 배분함으로써, 프로젝트의 목표가 조직화를 지향하더라도 다양한 방향에서 혁신과 활력이 동시에 흐르도록 한다. 즉 통제의 장소는 조직과 군중 사이에 존재한다. 이러한 과정은 탈중심화된 군중을 감독 및 제작팀을 포함하는 중심화된 조직에 도입하는 것을 시사하지만, 기대하는 목표는 프로젝트의 완성 뿐 아니라 사회적 다큐멘터리와 관련된 관객의 인식 제고

---

11) 참여 제작 및 배급의 다큐멘터리를 지칭하는 유사한 개념어들로는 '협업(collaborative)' 다큐멘터리, '상호작용(interactive)' 다큐멘터리 등 다양한 용어가 있지만 본 논문에서는 다렌 브랍햄(Daren C. Brabham)과 헤더 매킨토시(Heather McIntosh)가 제안한 크라우드소스 다큐멘터리를 사용하고자 한다. 용어를 둘러싼 더 정교한 이해를 위해서는 다음의 연구들을 참조할 것. Sandra Gaudenzi, "Strategies of Participation: The Who, what and When of Collaborative Documentaries," in *New Documentary Ecologies: Emerging Platforms, Practices and Discourse*, eds. Kate Nash Craig Hight, Catherine Summerhayes, New York: Palgrave Macmillan, 2014, 129-148; Heather McIntosh, "Producing The Crowdsourced Documentary: The Implications of Storytelling and Technology," in *Contemporary Documentary*, Daniel Marcus and Selmin Kara, eds. New York: Routledge, 2015, 57-71; 차민철, 「트랜스미디어 콘텐츠-플랫폼으로서의 인터랙티브 다큐멘터리」, 「문학과영상」 19권 1호 (2018), 93-124쪽; 김지현, 「디지털 담론이 매개하는 영화 민주주의에 대한 비판적 고찰: 〈라이프 인 어 데이〉와 〈지구에서의 하루〉에 나타난 참여 메커니즘 비교를 중심으로」, 「영상예술연구」 20호 (2012), 163-198쪽.

12) Daren C. Brabham, "Crowdsourcing as a Model for Problem Solving: An Introduction and Cases," *Convergence*, vol. 14, no. 1(2008), 75.

(提高)나 동기부여, 그리고 변화 등의 '다른 목표'들을 포함한다.[13]

제작과정에 크라우드소스를 포함하는 다큐멘터리의 주목되는 작품들로는 〈라이프 인 어 데이〉(이하 〈라이프〉로 표기)와 〈지구에서의 하루〉(One Day on Earth, 2012, 이하 〈지구〉로 표기) 등을 들 수 있다.[14] 〈라이프〉는 2010년 7월 24일에 전세계에서 촬영된 푸티지 숏들을 모아 극장 영화로 만든 경우로, 4500 시간 이상을 차지하는 8만 개의 비디오를 사용자들이 유튜브에 업로드해 90분의 시간으로 편집해 제작한 첫 사례다. 〈지구〉는 이와 유사한 모델에 따라 150개국 이상의 참가자들이 제작한 2010, 2011, 2012년의 푸티지를 수집했다. 클레이 셔키(Clay Shirky)는 크라우드소싱 내에서 참여자들의 집단 활동과 온라인 참여들을 3단계로 요약한다. 가장 첫 번째 단계는 단순한 활동인 정보와 물질의 '공유', 조금 더 복잡한 수준의 두 번째 단계가 '협력'이며, 이는 그룹 전체의 행동을 공통 목표를 향해 (온라인 플랫폼을 넘나들며 대화에 참여하는 등) 조정하는 것을 포함한다. 마지막으로 가장 복잡한 활동은 '집합행동'이며, 집단의 응집력은 집단 정체성, 헌신 및 구속력 있는 결과를 결정한다. 크라우드소싱 프로젝트에 참여할 수 있는 참여 유형은 조직과 목표에서 비롯되겠지만, 이러한 단계론은 사람들이 관심과 동기부여 수준에 따라 어떻게 이러한 프로젝트에 접근할 수 있는지를 나타내며 대중 측면에서의 '참여'와 '실천'을 이해하는 도구를 제공한다.[15]

인터넷을 비롯한 새로운 테크놀로지와 다양한 플랫폼들은 이러한 참여미디

---

13) McIntosh, "Producing The Crowdsourced Documentary," 57–60.
14) 김지현은 디지털 '참여' 담론이 매개하는 민주주의에 대해 비판적으로 고찰하면서 이 두 가지 글로벌 미디어 프로젝트를 참여의 관점에서 비교한다. 김지현은 〈라이프 인 어 데이〉가 사용자의 참여보다는 전문제작자들에 의한 매개가 더욱 강조된다는 사실을 비판하는 반면, '커뮤니티의 영화'로 스스로를 명명한 〈지구에서의 하루〉는 컨텐츠의 생산에 대한 참여 뿐 아니라 컨텐츠에 대한 통제권, 프로젝트의 운영구조나 활동 등에 대해서도 의견을 제안하거나 영향을 미칠 수 있는 여지가 더 많다고 진단한다. (김지현, 「디지털 담론이 매개하는 영화 민주주의에 대한 비판적 고찰」, 182–189쪽).
15) Clay Shirky, *Here Comes Everybody: The Power of Organizing without Organization*, New York: Penguin Books, 2008, 49

어적 실천의 가능성을 가능하게 하고 이질적인 지리학적 위치로부터 더 많은 군중들을 결집하는 한편 참여의 장벽을 감소시킨다. 미디어 컨버전스로 인해 특징화된 포스트미디어 미학이 혼종적 미디어 문화를 활성화했고, 〈카메라를 든 사나이: 글로벌 리메이크〉가 입증하듯 이러한 문화에 영향을 받은 동시대 도시교향곡 영화 실천은 과거의 정전을 현재의 상황에 따라 다시 평가하고 문맥화하며 이동시킨다.16) 이 과정에 참여하는 시민들은 오락성에 대한 개입과 창조자로서의 숭고한 경험의 대리인으로 양쪽 모두에 참여하는 주체로 간주된다. 웹 2.0은 비록 그 가능성과 한계에 대한 중요한 논의들을 지금까지 제기하고 있지만,17) 참여의 다양한 양식들을 촉진하면서 전통적인 다큐멘터리의 구성 방식이나 미학, 작가성, 관객성에 관련한 다양한 질문들을 제기해 왔다. 다음 절에서는 크라우드소스 다큐멘터리 양식을 적용하면서 자신들의 역할을 사용자 제작 영상의 선별 및 편집으로 설정한 파킹찬스의 작가성이 전통적 도시교향곡을 현대적으로 재해석하는 방식을 밝힌다. 아울러 이러한 방식이 온라인과 오프라인 공간의 관계, 아마추어와 전문가의 기여 관계, 군중의 잠재력과 개인의 기여 사이의 관계를 어떻게 구성하는가도 탐구한다.

3. 편집자/매개자로서의 '파킹찬스'와 크라우드소스 '서울 교향곡' 〈고진감래〉

'파킹찬스(PARKing CHANce)'는 영화감독 박찬욱과 미디어 아티스트 박찬경 형제의 프로젝트 그룹명으로 각각 영화와 사진 및 영상 설치작품을 기반

---

16) Kornelia Boczkowska, "From Master Narratives to DIY Stories: On the Post-digital Sublime and Database Documentary in Two City Symphony Films." *Studies in Documentary Film*, 2019, https://doi.org/10.1080/17503280.2019.1696147 (2020년 6월 20일 접근).

17) 이 논의들의 요약은 다음을 참조. Henry Jenkins, Sam Ford, and Joshua Green, *Spreadable Media: Creating Value and Meaning in a Networked Culture*, New York: NYU Press, 2013.

으로 작업하는 두 예술가의 개인작업과는 달리, 장르와 매체, 플랫폼을 넘나들며 실험적인 협업을 함께 할 때 사용하는 타이틀이다. 이들은 아이폰4로 촬영해 극장에서 개봉한 데뷔작 〈파란만장〉(2010)을 시작으로 이정현의 호러 뮤직비디오 〈V〉(2013), 〈공동경비구역 JSA〉의 세트장을 배경으로 남북관계라는 주제를 3D 영상과 사운드 실험으로 풀어낸 단편 〈격세지감〉(2017) 등 영화와 현대미술의 기존 경계를 넘어서는 작업들을 해 왔다. 제작방식의 새로움 뿐 아니라 관객과 만나는 방식에 있어서도 파킹찬스는 국제영화제나 해외비엔날레, 국립아시아전당과 같은 전통적 예술의 공간 외에 광고나 뮤직비디오 등 다양한 포맷과 유튜브 등의 플랫폼을 통해 관객과의 접촉면을 넓혀 왔다.

7장의 도입부에서도 강조했듯 도시교향곡 장르의 핵심적인 양식은 첫째, '하루'라는 시간의 기록과 둘째, 내러티브, 자막 등 플롯 요소 거부 셋째, 도시의 일상과 모더니티에 대한 운율적, 연상적, 인류학적 몽타주로 요약할 수 있다. 메트로폴리스 도시에 대한 인상을 시적으로 담아내는 도시교향곡의 특징과 공통점을 가지고 있으면서도 〈고진감래〉가 가장 구별되는 지점은 바로 시간성의 구조와 감각일 것이다. 영화 형식의 측면에서 볼 때 〈고진감래〉는 '하루'라는 시간성에 대한 압축적 탐구를 통해 내러티브나 자막 없이 영화적 소통을 실험하고 국제적인 영화언어를 창조하려 했던 〈베를린〉 및 〈카메라〉와 구별된다. 대신 이 영화는 '사계절'을 서울의 시간성으로 구축한다. 사계절의 감각은 프롤로그와 에필로그에 배치한 국악연주단의 '강호사시가(江湖四時歌)'[18] 공연과 함께 느슨한 순환(윤회)의 시간관으로 변주된다. 또한 '새벽에서 황혼까지 24시간'이라는 압축된 시간 속에서 도시의 일상과 모더니티의 순환적, 반복적 리듬을 시적으로 표현했던 도시교향곡의 정전들과 달리, 〈고진감래〉는 현재의 시

---

18) 맹사성의 강호사시가는 봄, 여름, 가을, 겨울의 4수로 이루어진 연시조로 사계절의 자연경관을 즐기면서 임금의 은혜에 감사하는 내용을 담고 있다. 수미상관을 이루는 공연 장면은 〈고진감래〉의 처음과 끝을 장식할 뿐 아니라, 사용자 참여영상이 아닌 영화음악이 장영규가 이끄는 국악퓨전밴드 '비빙(BE-BEING)'의 공연을 따로 촬영하고 편집한 유일한 영상이기 때문에 파킹찬스의 작가성과 시간관을 짐작할 수 있는 요소다.

점에서 서울을 그려내면서도 한국전쟁 당시 1·4 후퇴 피난이나 한강철교 파괴 장면, 성수대교 붕괴, 남대문 화재 등과 같은 과거 트라우마적 사건들의 기억이 아카이브 기록 영상으로 삽입되어 서울의 현재 장면들과 시적 연상으로 병치되어 있다. 즉, 21세기라는 시간성의 바탕 위에 역사적 시간과 억압된 기억들이 유령처럼 소환되어 오는 것이다. 〈고진감래〉는 편집자, 매개자로서 참여한 두 사람의 협업으로 이루어진 작품이지만, 이러한 접근방식은 장르에 기반한 극영화를 주로 만들면서 무국적성과 초국적 무드를 불어넣었던 박찬욱에 비해 박찬경의 작가성과 큐레이팅 취향을 더욱 떠오르게 하는 요소다. 무당 김금화의 신산한 삶을 통해 한국 근현대사의 비극을 넘나드는 다큐멘터리 〈만신〉(2013)이나 분단이나 냉전을 소재로 한 설치작품들(〈블랙박스-냉전이미지의 기억〉(1997), 〈세트〉(2000), 〈비행〉(2005) 등), 〈고진감래〉와 같은 해에 박찬경이 감독했던 '미디어시티 서울 2014'의 주제가 '귀신, 간첩, 할머니'였던 점을 보더라도 공시성을 중시하는 다른 도시교향곡 영화들과 확연히 구별되는 〈고진감래〉 특유의 역사성과 멜랑콜리가 어디에서 기인하는지를 짐작할 수 있다.

그러나 도시교향곡 영화가 랜드마크나 관광유적지들, 마천루의 스펙타클을 앞세우지 않고 도시의 '이면'을 그리는 것이 이 장르의 전통과 완전히 동떨어진 것은 아니다. 그런 점에서 〈고진감래〉는 〈베를린〉이나 〈카메라〉와 같이 시민들의 일상의 역동성을 예찬하는 정전화된 도시교향곡보다는 고상하고 화려한 삶의 묘사 대신 파리의 남루한 하층계급의 삶과 뒷골목을 시적 연상으로 몽타주한 '사회 비평'인 카발칸티의 〈오직 시간만이〉의 멜랑콜리한 전통에 더욱 맞닿아 있다.[19] 〈오직 시간만이〉의 도입부는 화려하게 드레스를 차려입은 젊은 여자들의 움직임이 정사진으로 바뀌면서 이 사진을 조각조각 찢는 손이 등장하

---

19) 부르주아들의 휴양도시 니스를 '계급성'의 시각에서 급진적으로 비판하고 도시의 양면성을 부각시킨 장 비고의 〈니스에 관하여〉도 〈오직 시간만이〉와 유사성이 있지만, 〈니스에 관하여〉가 직접적으로 계급의식을 내세우는데 비해 〈오직 시간만이〉는 좀더 시적이고 멜랑콜리한 방식으로 사회 비평을 하는데, 〈고진감래〉는 〈오직 시간만이〉의 방식에 더 가까워 보인다.

면서 다음과 같은 자막을 제시한다. "이 영화는 패셔너블하고 고상한 삶의 묘사가 아니다. 변변치 않은 낙오자들의 삶"을 그리고 있다. 곧이어 화면은 화려한 자동차 속에 양복 입은 신사의 모습이 짐을 가득 실은 수레의 나귀를 끄는 나이든 노동자의 움직임으로 이중인화 되며 영화가 어떻게 진행될지를 예감하게 한다. 〈오직 시간만이〉에서 파리는 낭만과 예술의 도시라기보다는 극부감과 불안정한 앵글로 반복적으로 조명되는 홈리스들과 쇠약한 노파, 포주와 창녀, '미스테리', '불안'의 공기가 전해지는 범죄현장 혹은 후미진 뒷골목으로 대표되는 것처럼 보인다. 빠르게 회전하는 놀이공원의 기구들, 카니발, 댄스홀 장면처럼 도시교향곡 장르를 식별할 수 있는 역동적인 클리셰 장면들이 배열되어 있음에도 전반적으로 느린 리듬과 시적인 자막들, 빈민촌, 실직자, 레스토랑 접시 속 도축된 동물의 고통과 노동의 묘사 오버랩 등의 파편적 도시 이미지들은 거대도시 서울의 '밝은(sweet)' 활력 못지않게 '씁쓸한(bitter)' 이면을 양면적으로 드러내는 〈고진감래〉를 환기시킨다. 이런 관점은 파킹찬스의 인터뷰("밝은 면만 보여주려는 홍보영상이라면 우리에게 의뢰하지 않았을 것"[20])이라거나 "삶의 현실이 잘 드러난 작품이 될 것"[21])나 한강 다리 위 소녀의 투신자살 사운드로 마무리되는 충격적인 아방 타이틀, 양면성을 암시하는 제목, 영화의 분위기를 지배하는 한의 정서가 가득한 음악들(검은 옷을 입은 다섯 명의 국악연주단이 영화 속에서 공연하는 강호사시가, 판소리 심청가), 디제시스 안팎을 넘나드는 주술적 음악(삽입곡 '수리수리마수리', 록밴드 공연영상 중 반복되며 이질적 영상들과 몽타주되는 가사 "수많은 일들이 동시에 일어난다")을 통해서도 확인할 수 있다. 비록 이 영화가 '하루'에 대한 기록은 아니지만 서울이라는 대도시를 둘러싼 일상성과 '동시성의 감각'이 〈고진감래〉에서 어떻게

---

20) 다음에서 인용, 김성훈, 「서울의 활력을 '유머러스하게' 담았다」, 「씨네21」, 2014.1.23., http://m.cine21.com/news/view/?mag_id=75725 (2020년 6월 10일 접근).

21) 〈고진감래〉 공식 유튜브 채널, 서울시의 영상 공모 홍보를 위한 박찬욱 인터뷰 2013.8.20., https://www.youtube.com/user/seoulourmovie (2020년 6월 20일 접근).

(그림 1) (그림 2)

변주되면서도 연결되는가는 크라우드소스 다큐멘터리로서의 특징들을 고려할

때 더욱 잘 드러난다

〈고진감래〉는 '서울에 관련된 영상(거주, 방문, 경험, 생각 등)을 세계 시민

들의 참여 속에서 만들어나가는 글로벌 시민참여 프로젝트'로 기획되었다(그림

1).22) 공모된 영상의 테마는 'Working in Seoul, Made in Seoul, and

Seoul'인데, 이 주제는 영상 속 사회적 배우들에게 ①서울에서 어떤 일을 하며

---

22) 서울시청, 보도자료, 「글로벌 시민이 함께한 서울 영화 '고진감래' 11일 공개」, 2014. 2.13.
    https://www.seoul.go.kr/news/news_report.do#view/18903?tr_code=snews (2020년 6
    월 20일 접근).

살고 있는가? ②서울에서 만들어진 것과 관련한 어떤 기억들을 가지고 있는가? ③당신의 눈의 비친 서울은 어떤 모습인가? 라는 질문들로 제시된다. (그림 2 나 그림 5-8도 외국인 참여자의 영상이지만 〈고진감래〉에는 영상제작자로서 뿐만 아니라 서울에 거주하는 노동자, 관광객 등 메트로폴리스 서울의 태피스트리를 구성하는 다양한 외국인들의 장면이 비중있게 등장한다.) 전통적인 도시교향곡에는 존재하지 않는 이러한 '질문과 인터뷰'의 구성방식은 2000년대 이후 활성화된 참여형 크라우드소스 다큐멘터리의 원형적 작품이며 〈고진감래〉에도 많은 영향을 끼친 것으로 보이는 〈라이프〉에도 유사하게 나타난다. 〈라이프〉에서 질문은 ①당신이 사랑하는 것은 무엇인가? ②두려워하는 것은 무엇인가? ③주머니에 가지고 있는 물건은 무엇인가?였다. 인터넷과 유튜브 플랫폼에 기반해 '유튜브가 중심이 되어 보통 사람들이 참여하는 극장 개봉 영화를 만든다'는 핵심 아이디어로 시작한 〈라이프〉는 '전세계인을 대상으로 한 하나의 영상 프로젝트가 진행된 최초의 사례'로 논의되곤 한다.23) 그러나 이 영화가 선댄스에서 큰 화제가 되고 유튜브에서 폭발적인 반응을 불러일으켰음에도 불구하고 디지털 민주주의라는 관점에서 '유튜브를 통한 영화제작 방식의 혁명'이 이루어졌는가를 생각해보면 긍정적으로 말하기만은 어려울 것이다. 리들리 스콧과 토니 스콧 형제의 제작사와 유튜브가 함께 제작하고 케빈 맥도날드가 감독한 이 영화는 제작과 공유에 있어서의 참여적 측면이나 영화의 주제가 던지는 문제점, 영화형식적 자의식의 측면에서도 뚜렷한 한계가 있는 작품이기 때문이다. 김지현이 지적하듯 이런 양식의 다큐멘터리에서는 "콘텐츠의 생산에 참여하는 것 뿐 아니라 생산물에 대한 통제권"이 중요하며 참여의 각 과정에서 "의사결정과정" 또한 개방되어야 한다. 그에 따르면 이 작품의 최종 완성본 중 75%가량이 유튜브 공모영상들에서 나온 반면, 나머지 25%는 세계

---

23) 목표는 다르지만 비슷한 시기 기획되어 시리즈로 만들어진 또 다른 글로벌 미디어 영상 프로젝트 〈지구〉는 자신들이 최초라고 주장한다. 이 프로젝트는 2010년 10월 10일 하루 동안의 지구의 기록을 글로벌 참여영상으로 제작해 동시에 소개되었다.

성을 담보하기 위해 개발도상국으로 보내진 카메라로부터 얻었다. 따라서 카메라에 대한 리터러시나 소통의 불균형이라는 문제가 있고, 이 프로젝트에 참여한 일반인들은 전문가 집단이 미리 설정한 프로젝트의 컨셉과 계획에 따라 역할과 참여가 엄격히 제한되었다는 것이다.24) 네나드 조바노비치(Nenad Jovanovic) 또한 〈라이프〉의 영화형식과 이데올로기 사이의 관계에 주목하며 이 영화가 "뉴 에이지와 파시즘"의 교리와 미학을 주도면밀하게 전파한다고 말한다. [가부장제나 인종적, 젠더적, 섹슈얼리티 등의 선입견에 기반해] 이 글로벌 프로젝트는 "스스로 표방하는 [다양성이라는] 목표와는 정반대로 동시대의 정치적, 종교적, 문화적 편견을 영속"25)시키고 있다는 것이다. 조바노비치는 이 영화를 〈카메라를 든 사나이〉와 대비하면서, 자기반영적 요소의 유무가 두 영화가 추구하는 정치적 의미의 차이에 결정적으로 작용했다고 주장한다. 김지현과 조바노비치가 비판하는 것처럼 양적, 형식적, 기술적 다양성의 추구가 크라우드소싱 프로젝트의 민주주의를 반드시 보장하는 것은 아니며, "미래의 후손들에게 건네는 일종의 타임캡슐"이라는 제작 의도 또한 다큐멘터리의 '기록성'의 관점에서 위험한 유산이 될 수도 있어 보인다.

전문가 집단의 사전 기획과 영상 선별 과정 및 통제는 결국 다음과 같은 문제를 제기한다. 〈라이프〉 프로젝트에서 카메라를 든 시민들의 위치는 무엇인가? 〈라이프〉에서 콘텐츠 제작자를 어떻게 호명할 수 있을 것인가? 공동제작자인가, 공동창작자인가, 공동 작가인가? 이 문제는 〈고진감래〉의 질문과도 연결될 수 있다. 베르토프는 누구나 카메라를 들 수 있고, 누구나 '키노키(영화인 집단)'가 될 수 있다고 했는데, 〈고진감래〉를 구성한 154개 영상의 제작자들은 이 글로벌 프로젝트에서 어떤 방식으로 참여하며 다성성이라는 영화의 목표를 위해 기여한 것인가? 〈고진감래〉는 스마트폰을 비롯해 캠코더 등 다양한 영상

---

24) 김지현, 「디지털 담론이 매개하는 영화 민주주의에 대한 비판적 고찰」, 185–187쪽.
25) Nenad Jovanovic, "*Life in a Day*: Ideology of Form, Form of Ideology", *Studies in Documentary Film*, vol. 10, no. 1(2016), 37.

매체의 접근가능성을 염두에 두고 영상을 공모했다. 공식 홈페이지의 가이드 라인 영상 26)이나 파킹찬스의 인터뷰 영상을 보면 공모 형식이나 기획 의도, 조직화나 통제의 정도를 가늠할 수 있다. 촬영은 가로/와이드(16:9) 비율로 찍을 것을 권장하고, 약간의 불안정한(shaky)한 화면은 관계없지만, 영상의 흐름에 방해가 되는 자막은 허용되지 않는다. 사운드는 현장음과 목소리는 크게 녹음하되, 음악은 저작권 문제가 없는 것만 사용가능하다. 또한 서울이라는 메트로폴리스의 특성상 "아파트나 직장 건물 내에서의 촬영보다는 야외 촬영을 권장"하며, "어느 정도 연출된 화면은 괜찮지만(플롯은 있어도 되고 없어도 된다), 오리지널리티가 없는 패러디나 댄스 커버 영상 등은 선호하지 않는다."27) 이와 같은 제한과 지시사항들은 〈고진감래〉가 크라우드소스 다큐멘터리의 이상인 사용자의 제작 과정 및 완성된 텍스트에의 전반적 참여 가능성(콘텐츠 제공뿐 아니라 완성된 콘텐츠에 대한 공유와 언급, 수정 가능성 등)을 온전히 실현하지는 못했음을 시사한다. 이는 서론에서 제기했던 질문인 '파킹찬스'의 역할과 제작의 통제권, 제작과정에서의 상호작용성, 미학적 선택의 문제 등과 연결된다. 권위 있는 프로듀서와 유명 감독, 전문적인 영화인들의 철저한 기술적, 제작과정 통제와 아마추어적 요소의 제거, 멜로드라마를 능가하는 인위적인 내러티브 라인과 감동 코드(과도한 낭만적 음악사용) 등이 〈라이프〉가 가진 문제점이었다면 유사한 과정과 결과로 이어질 수 있었던 프로젝트인 〈고진감래〉는 이에 어떻게 대응했는가? 박찬욱은 영상 모집 인터뷰를 통해 '아마추어적 영상'이 신선하다는 점을 수차례 강조하는데, 이렇게 만들어진 아마추어 영상은 최고의 '프로들이 만든 사운드(음악과 음향효과)', 그리고 '이 모든 것이 어우러진 편집'으로 하나의 작품이 될 것이라고 말한다. 이를 입증하듯 〈고진감래〉는 오리지널 영상의 아마추어리즘을 최대한 보존하면서 불균질한 영상도 개별적 의

---

26) 〈고진감래〉 영문 유튜브 채널, "Seoul, Our Movie_Guideline for Uploading Video #1-#3," https://www.youtube.com/watch?v=9976DGtc1zk (2020년 6월 20일 접근).

27) 박찬욱, 〈고진감래〉 유튜브 채널, 앞의 인터뷰 영상, https://www.youtube.com/user/seoulourmovie (2020년 6월 20일 접근).

미나 완성도보다는 전체적인 흐름과 다양성이라는 화두를 중심으로 편집했다. 즉 〈라이프〉와 비교할 때 〈고진감래〉에서 매개자이자 편집자로서의 파킹찬스는 내용상의 유사성이나 드라마적 내러티브에 따른 연결보다는 때로는 자유로운 시적 연상의 흐름을 따르기도 하고 때로는 시각적 유사성에 따라 편집하기도 하면서 작품에 관여하고 있다. 결국 〈고진감래〉는 전세계 시민들의 영상을 제공받으면서도 그들을 제작 과정에서 공동 제작자, 창작자, 또는 작가로 적극적으로 관여시키지는 않는 〈라이프〉의 한계로부터 자유롭지 않다. 파킹찬스의 작가성은 〈고진감래〉의 전체를 조직하는 중요한 원동력인 것이다. 그럼에도 불구하고 파킹찬스는 오리지널 영상의 아마추어리즘과 이질성을 보존함으로써 영상의 선별과 편집의 과정에서 개별 제작자의 아마추어적인 저자성을 일정 부분 회복하고자 한다.

그 결과 〈고진감래〉에는 1920년대 이후 도시교향곡의 전통을 계승한 듯한 사용자 비디오와 이러한 전통으로 환원될 수 없는 아마추어리즘의 흔적을 담은 사용자 비디오가 공존한다. 예를 들어 서울의 고층건물들과 도시 경관을 디지털 효과들과 함께 가속 편집한 장면은 도시교향곡의 현대적 진화형인 〈코야니스카시〉를 떠올리게 한다는 점에서 도시교향곡의 전통에 충실하다(그림 3-4). 그러면서도 도시적 삶의 다양한 면모를 기록한 사용자 영상의 화질과 화면 비율의 차이, 그리고 사용자의 서울에서의 일상과 삶을 일인칭 브이로그(vlog)의 형식으로 기록한 클립은 카메라가 전문적 촬영기사나 감독에게 주어졌던 전통적 도시 교향곡에서는 발견되지 않는 참여 미디어의 흔적을 드러낸다. 영화 후반부에 등장하는 이태원에서 살고 있는 외국인 임산부의 출산 과정 영상은 이러한 아마추어 콘텐츠의 불안정성을 고스란히 드러내면서도 출산의 긴장과 설렘, 운동감, 육체성 등을 효과적으로 보여준다. 출산하러 가는 차 안에서의 급박한 휴대폰 촬영, 의학적 기록인 초음파 영상, 병원에서 촬영한 진통과정 및 출산 비디오 장면, 이태원 출신 신생아의 첫나들이 장면 등 다양한 포맷과 불균질한 영상들의 몽타주를 통해, 시민들이 자의식적으로 촬영을 배우지 않아도 일상의 기록이 보편적 미디어 리터러시가 된 21세기 대도시의 편재하는 '카메라를 든 사람들'을 증명한다(그림 5-8). 또한 서울 태생의 외국인 아기는 영화의 주제 중 하나인 'Made in Seoul'을 환기시키면서 글로벌 미디어 프로젝트로서 이 다큐멘터리가 추구하는 다양성의 한 조각을 채워 넣는다.

(그림 3-4)

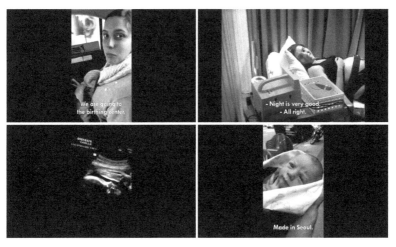

(그림 5-8)

도시의 모더니티가 주는 놀라움과 충격을 빠른 리듬감과 스펙터클한 몽타주로 편집한 도시교향곡의 정전들에 비해 〈고진감래〉의 편집은 개별 사용자 제작 영상의 이질적이고 다성적인 요소들을 최대한 보존한 채 충돌과 병치를 강조한다. 영화의 주제가 잘 드러나는 클라이맥스라고 할 수 있는 후반부 4분여 간 지속되는 '수많은 일들이 동시에 일어난다(Many things are happening at once)' 시퀀스가 이를 잘 보여준다. 갑작스런 폭우와 함께 시작되는 이 시퀀스에서 한국전쟁 당시 UN군의 서울 재탈환 푸티지 장면은 폭우 중 시위 속 록 밴드의 공연현장으로 이어지고, 전쟁시 화재의 자료화면이 숭례문 화재 장면으로 연결된다. 시위 속 공연장의 난장이 계속되다 광화문 월드컵 응원 장면이 짧게 인서트되고, 숭례문 화재진압의 소방차의 물줄기로(화마 속 사운드는 대위법적인 '대한민국' 구호로 이어짐), 이어 거리 시위대를 진압하는 물대포 물줄기로 연결되고, 이것이 다시 한강다리의 조명 분수 쇼의 물줄기로 시각적, 운율적 연상에 의해 편집된다. 남대문이 무너져 내리자 우는 아이의 영상(현재 사용자 영상과 과거 자료 화면의 연속 제시), 사이키델릭한 록 음악이 절정에 이르면 편집이 가속화되면서 시민들의 불꽃놀이의 열광으로 이어지고, 과거 서울 도심의 전차 교차로 장면이 현재 서울의 속도감 넘치는 지하철 장면으로 이어지는데 이는 〈카메라를 든 사나이〉 속 클라이맥스의 폭발하는 역동성을 환기시킨다. '수많은 일들이 동시에 일어난다'라는 시퀀스 전체를 아우르는 밴드의 노래처럼 전쟁의 분열과 파괴의 혼란에서 시작한 이 충돌적 시퀀스 안에는 비동시적인 것들의 동시성과 공존을 특징으로 하는 한국의 압축적 모더니티가 4분간의 파편적 조각들로 명멸한다. 과거와 현재, 상승과 하강, 흑백과 컬러, 환희와 불안, 번영과 저개발, 정동과 역동의 이미지들이 자아내는 서울의 시티스케이프는 제목 그대로 '비터, 스위트, 서울' 그 자체로 제시된다. (그림 9-22)

(그림 9-22)

이와 같은 점들을 고려할 때 〈고진감래〉는 서울의 과거와 현재, 서울의 이질적인 물질적, 지리적, 심리적 경관이 공존하는 하나의 모자이크와도 같다. 또는 유튜브 썸네일 영상의 분할화면을 선형적으로 편집한 것으로 간주할 수도 있을 것이다. 이는 〈고진감래〉가 전문가 주도형 크라우드소싱 다큐멘터리 프로젝트의 한계, 즉 참여 문화라는 관점에서 볼 때 일반 시민이 프로젝트의 콘텐츠 제공자라는 역할에 국한될 수밖에 없고 프로젝트 완성 및 이후의 배급과 콘텐츠 수정 과정에는 참여할 수 없다는 한계를 일정 부분 극복하는 것으로 보인다. 파킹찬스는 개발도상국과 선진국의 차이를 '하루'라는 텅 빈 시간의 등질성으로 지워버린 〈라이프〉의 한계를 반복하지 않고, 가속화된 동시적 시간성을 압축한 20세기 초 도시교향곡의 '하루'를 다성적 몽타주가 전개하는 순환적인 '사계'와 과거-현재의 지속적인 공존으로 번역한다. 그럼으로써 〈고진 감래〉는 서울을 점유한 다양한 시민과 이주민들의 시선이 기입된 개별 사용자 제작 영상의 창작성을 일정 부분 보존하고 그로부터 공통성을 엮어낸 21세기 도시교향곡이 된다.

4. 디지털 도시교향곡과 다성적 몽타주

크라우드소스 다큐멘터리는 제작과정을 개방하는 방식을 제공함으로써 다수의 사람들이 참여할 수 있도록 한다. 하지만 참여의 관점에서 볼 때 이러한 프로젝트의 성과는 결과물 자체보다는 '과정'에 달려 있는 것으로 보인다. 〈라이프〉를 비롯한 2010년 이후 몇 개의 글로벌 프로젝트에서 볼 수 있었듯 대중참여의 관점에서 크라우드소스 다큐멘터리는 잠재력과 한계를 동시에 제공한다. 시민 참여의 이상을 실현하기 위해서는 이러한 프로젝트의 참가자들이 콘텐츠 제공, 연구 결과, 네트워킹 기회 등을 통해 자신의 목소리를 더욱 풍부하게 포함시키거나 전반적인 방향을 결정할 수 있어야 한다. 이를 통해 시민들은 영상, 장비, 상호접촉 또는 재정기부를 통해 신뢰하는 프로젝트에 기여함으로써 전통적인 미디어 행동주의를 새롭게 하기도 한다. 또한 성공적인 크라우드소싱은 자금제공자에게 프로젝트에 대한 대중의 관심을 보여주고, 핵심 관객층을 창출하며 입소문을 촉진할 수 있다.[28] 그러나 〈라이프〉와 같은 프로젝트는 홍보와 주목 효과를 극대화시켰지만 디지털 참여 문화가 제공하는 사용자의 다층적인 참여 양상 전체를 활성화시키지는 못했다. 매킨토시의 지적처럼 이같은 한계는 참가자들 못지않게 다큐멘터리 제작자에게도 영향을 끼친다. 의사소통 의무의 증가, 참여자의 숙련 정도 및 자료교환 같은 실행 계획 등은 기존 다큐 제작과

---

28) McIntosh, "Producing The Crowdsourced Documentary," 70.

정에 더해 추가되는 작업들이고 참가자의 예측 불가능성으로 인해 전체일정 및 작업흐름에 문제가 발생할 수도 있다.

〈고진감래〉는 서울시가 글로벌 메트로폴리스의 브랜드 이미지를 구축하기 위한 이벤트로 기획되었다는 점, 크라우드소스 제작 방식 또한 이와 같은 이미지의 구축을 위해 활용되었다는 점으로 인해 제작 및 수용 과정 전반에서 사용자의 상호작용적 참여를 가능하게 하는 다큐멘터리 실천으로 귀결되었다고 말하기는 어렵다는 한계를 갖는다. 그럼에도 불구하고 〈고진감래〉는 도시교향곡 장르를 크라우드소스 제작 방식으로 수집된 사용자 제작 영상의 선별과 편집에 활용함으로써 몇 가지 가능성을 드러냈다. 첫째, 도시의 현대성이 제공하는 충격과 경이의 인상을 스펙터클하고 역동적인 리듬으로 재구성한 도시교향곡의 전통과는 달리 〈고진감래〉의 편집은 과거와 현재의 충돌, 역동성과 느림의 공존, 낯익음과 기이한 낯섦의 공존, 영광과 격동 등을 보존하는 다성적이고 이질적인 특성을 띤다. 이는 비록 촬영을 하지 않았음에도 기획과 편집의 차원에서 파킹찬스의 작가성이 드러나는 부분이자 이들이 도시교향곡 장르를 서울의 역사와 현재의 미디어 환경에 적응하며 재창안하고 있음을 시사한다. 둘째, 비록 사용자의 참여적 역할이 콘텐츠의 제공에 머물러 있음에도 불구하고 사용자 영상의 다양한 화질과 화면비율, 형식(브이로그부터 스냅 사진 촬영 등)을 보존함으로써 유튜브 이후 비디오 문화에 조응하는 방식으로 도시의 집단적 초상을 구축했다는 점이다. 이는 서로 무관한 사용자들의 영상이 가진 이질성과 차이를 보존하면서도 그로부터 집단성을 이끌어냄으로써 서울을 중심으로 베르토프가 말한 '시각적 유대(visual bond)'의 아카이브를 만들어낸 것으로 볼 수 있을 것이다.

1장

〈단행본〉

데이비드 노먼 로도윅, 『디지털 영화미학』, 정헌 옮김, 커뮤니케이션북스, 2012.

레프 마노비치, 『뉴 미디어의 언어』, 서정신 옮김, 커뮤니케이션북스, 2014.

로라 멀비, 『1초에 24번의 죽음』, 이기형, 이찬욱 옮김, 현실문화, 2007.

자크 랑시에르, 『이미지의 운명』, 김상운 옮김, 현실문화, 2014.

질 들뢰즈, 『시네마 2: 시간-이미지』, 이정하 옮김, 시각과언어, 2005.

Baudrillard, Jean. *Simulacra and Simulation*. trans. Sheila Faria Glaser. Minneapolis, MN: University of Minnesota Press, 1994.

Benson-Allott, Caetlin. *Killer Tapes and Shattered Screens: Video Spectatorship from VHS to File Sharing*. Berkeley, CA: University of California Press, 2013.

Corrigan, Timothy. *A Cinema without Walls: Movies and Culture after Vietnam*. New Brunswick, NJ: Rutgers University Press, 1991.

Cubitt, Sean. *Timeshift: On Video Culture*. New York: Routledge, 1991.

Greenberg, Joshua M. *From Betamax to Blockbuster: Video Stores and The Invention of Movies on Video*. Cambridge, MA: MIT Press, 2008.

Hanhardt, John (ed.) *Video Culture: A Critical Investigation*. Rochester, NY: Visual Studies Workshop Press, 1986.

Herbert, Daniel. *Videoland: Movie Culture at the American Video Store*. Berkeley, CA: University of California Press, 2014.

Jameson, Fredric. *Postmodernism, or The Cultural Logic of Late Capitalism*. Durham, NC: Duke University Press, 1991.

Newman, Michael Z. *Video Revolutions: On the History of a Medium*. New York: Columbia University Press, 2014.

Schneider, Ira and Beryl Korot (eds.) *Video Art: An Anthology*. New York:

Harcourt Brace Jovanovich, 1976.

Spielmann, Yvonne. *Video: The Reflexive Medium*. Cambridge, MA: MIT Press, 2008.

Wasko, Janet. *How Hollywood Works*. London: Sage Publications, 2003.

Wasser, Frederick. *Veni, Vidi, Video : The Hollywood Empire and the VCR*. Austin, TX: University of Texas Press, 2009.

Witt, Michael. *Jean-Luc Godard: Cinema Historian*. Bloomington, IN: Indiana University Press, 2015.

〈논문〉

김성욱, 「역사의 유령과 영화사의 뮤지올로지 : 장 뤽 고다르의 〈영화사〉를 중심으로」, 중앙대학교 첨단영상대학원 박사학위논문, 2009.

김지훈, 「우발성의 테크놀로지들: "마음-게임 영화"에서의 디지털 미디어 인터페이스 효과들」, 『문학과영상』, 12권 1호, 2011년 봄, 47-85쪽.

남완석, 미하엘 하네케: 폭력의 일상성에 대한 거리두기적 관찰 - 〈하얀 리본〉을 중심으로, 『브레히트와 현대연극』, Vol.24, 2011, 321-346쪽.

임유영, 「미디어 폭력에 대한 성찰과 형상화 전략 : 미하엘 하네케의 〈베니의 비디오〉를 중심으로」, 『독일언어문학』, 제 53집, 2011, 27-49쪽.

정찬철, 「시네마에서 포스트시네마로의 전환에 관한 연구」, 한양대학교 대학원 연극영화학과 박사학위 논문, 2016.

Bellour, Raymond. "The Pensive Spectator." *Wide Angle*, vol. 3, no. 4 (1984): 6-10.

Dubois, Philippe. "Video Thinks What Cinema Creates: Notes on Jean-Luc Godard's Work in Video and Television." in *Jean-Luc Godard: Son + Image, 1974-1991*, eds. Raymond Bellour and Mary Lea Bandy. New York: Museum of Modern Art, 1992: 169-185.

Friedberg, Anne. "The End of Cinema: Multimedia and Technological Change." in *Reinventing Film Studies*, eds. Christine Gledhill and Linda Williams. London: Bloomsbury Academic, 2000: 438-452.

Hilderbrand, Lucas. "Cinematic Promiscuity: Cinephilia after Videophilia." *Framework: The Journal of Cinema and Media*, vol. 50, nos. 1-2 (Fall 2009): 214-217.

Krauss, Rosalind E. "Video: The Aesthetics of Narcissism." *October*, no. 1

(1976): 50–64.

Lefebvre, Martin and Marc Fursteneu. "Digital Editing and Montage: The Vanishing Celluloid and Beyond." *Cinémas: Journal of Film Studies*, vol. 13, nos. 1–2 (2002): 69–107.

Silverman, Kaja. "The Dream of the Nineteenth Century." *Camera Obscura*, vol. 17, no. 3 (2002): 1–25.

Tashiro, Charles Shiro. "Videophilia: What Happens When You Wait for It on Video." *Film Quarterly*, vol. 45, no. 1 (Autumn 1991): 7–17.

⟨신문/잡지 인터넷 자료⟩

"⟨히든⟩의 미카엘 하네케" ⟨씨네 21⟩ http://www.cine21.com/news/view/? mag_id=37448

Pressman, Aaron. "End of Era as Last VCR Maker Ends Production." Fortune, July 21, 2016, accessed March 30, 2017, http://fortune. com/2016/07/21/last-video-cassette-recorder-maker

2장

⟨단행본⟩

데이비드 노먼 로도윅, 『디지털 영화미학』, 정헌 옮김, 커뮤니케이션북스, 2012.

레프 마노비치, 『뉴미디어의 언어』, 서정신 옮김, 커뮤니케이션북스, 2014.

Boym, Svetlana. *The Future of Nostalgia* , New York: Basic Books, 2001.

Cook, Pam, *Screening the Past: Memory and Nostalgia in Cinema*, New York: Routledge, 2005.

Dyer, Richard, *Pastiche*, New York: Routledge, 2006.

Haines, Richard W. *Technicolor Movies: The History of Dye Transfer Printing*, Jefferson, NC: McFarland & Company Inc., 1993.

Huyssen, Andreas, *Twilight Memories: Making Time in a Culture of Amnesia*, New York: Routledge, 1995.

Jameson, Fredric, *The Cultural Turn: Selected Writings on the Postmodern, 1983–1998*, New York: Verso, 1997.

_____, *Postmodernism, or The Cultural Logic of Late Capitalism*, Durham, NC: Duke University Press, 1991.

Manovich, Lev, *The Language of New Media*, Cambridge, MA: MIT Press, 2001.

Sperb, Jason, *Flickers of Film: Nostalgia in the Time of Digital Cinema*, New Brunswick, NJ: Rutgers University Press, 2016.

〈논문〉

정찬철, 「포스트시네마로의 전환」, 『영화연구』 64호(2015): 135-175쪽.

태지호, 「문화적 기억으로서 '향수 영화'가 제시하는 재현 방식에 관한 연구」, 『한국언론학보』, 57권 6호 (2013), 417-439쪽.

Annette, Sandra, "The Nostalgic Remediation of Cinema in *Hugo and Paprika*," *Journal of Adaptation in Film and Performance*, vol. 7, no. 2 (2014): 169-180.

Denson, Shane and Julia Leyda, "Perspectives on Post-Cinema: An Introduction," in *Post-Cinema: Theorizing 21st-Century Film*, eds. Shane Denson and Julia Leyda (Falmer: REFRAME Books, 2016), 1-19.

Dyer, Richard, "Entertainment and Utopia," in Dyer, *Only Entertainment*, 2nd edition (New York: Routledge, 2002), 19-35.

Elsaesser, Thomas, "The "Return" of 3-D: On Some of the Logics and Genealogies of the Image in the Twenty-First Century," *Critical Inquiry* 39 (2013): 217-246.

Gilbert, Andrew, "The Death of Film and the Hollywood Response," *Senses of Cinema* 62 (April 2012), http://sensesofcinema.com/2012/feature-articles/the-death-of-film-and-the-hollywood-response (2018년 6월 20일 접근).

Gunning, Tom, "An Aesthetic of Astonishment: Early Film and the (In)credulous Spectator," in *Viewing Positions: Ways of Seeing*, ed. Linda Williams (New Brunswick, NJ: Rutgers University Press, 1995), 114-133.

_____, "The Cinema of Attractions: Early Film, Its Spectator and the Avant-Garde," in *Early Cinema: Space, Frame, Narrative*, ed.

Thomas Elsaesser (London: British Film Institute, 1990), 56-62.

Huyssen, Andreas, "Present Pasts: Media, Politics, Amnesia," *Public Culture*, vol. 12, no. 1 (2000): 21-38.

Ndalianis, Angela, "Special Effects, Morphing Magic, and the 1990s Cinema of Attraction," in *Meta-morphing: Visual Transformation and the Culture of Quick-change*, ed. Vivian Sobchack (Minneapolis, MN: University of Minnesota Press, 2000), 251-271.

Prince, Stephen, "True Lies: Perceptual Realism, Digital Images, and Film Theory," *Film Quarterly*, vol. 49, no. 3 (1996): 27-37.

Sperb, Jason, "Specters of Film: New Nostalgia Movies and Hollywood's Digital Transition," *Jump Cut*, no. 56 (Fall 2014), https://www.ejumpcut.org/archive/jc56.2014-2015/SperbDigital-nostalgia/index.html (2018년 6월 1일 접근).

〈잡지 및 인터넷 자료〉

Anon., "Technology Was Used To Make *La La Land So* Visually Rich And Colorful?", *Forbes*, March 3, 2017, https://www.forbes.com/sites/quora/2017/03/03/what-technology-was-used-to-make-la-la-land-so-visually-rich-and-colorful/#52cc3b393b58 (2018년 6월 15일 접근).

Huddleston Jr., Tom, "This Studio Had a Special Effect on *La La Land*," *Fortune*, February 23, 2017, http://fortune.com/2017/02/23/crafty-apes-movie-digital-special-effects-la-la-land (2018년 6월 10일 접근).

Koresky, Michael, "Interview: Todd Haynes, Ed Lachman, and Mark Friedberg," *Film Comment*, September 25, 2017, https://www.filmcomment.com/blog/interview-todd-haynes-ed-lachman-mark-friedberg/ (2018년 5월 10일 접근).

Silberg, Jon, "Edward Lachman, ASC, Develops the Visual Language for 'Wonderstruck,'" *Creative Planet Network*, December 23, 2017, https://www.creativeplanetnetwork.com/news-features/edward-lachman-asc-develops-visual-language-wonderstruck-636530 (2018년 5월 11일 접근)

Murie, Michael, "Color Grading Film and Digital for Wonderstruck," *filmmakermagazine.com*, October 26, 2017, https://filmmakermagazine.com/103145-color-grading-film-and-digital-for-wonderstruck/#.Wvw70KSFOM8 (2018년 5월 13일 접근).

O'Fait, Chris, "'Wonderstruck' DP Edward Lachman Tells All: How He Created the Eloquence of Silent Movies and the Grit of 'The French Connection,'" *Indiewire.com*, May 20,2017, http://www.indiewire.com/2017/05/edward-lachman-wonderstruck-interview-cinematography-cannes-1201829397/ (2018년 5월 12일 접근).

Seymour, Mike, "*Hugo*: A Study of Modern Inventive Visual Effects," *fxguide.com*, December 1, 2011, https://www.fxguide.com/featured/hugo-a-study-of-modern-inventive-visual-effects/ (2018년 6월 20일 접근).

3장

〈단행본〉

데이비드 노먼 로도윅, 『디지털 영화미학』, 정헌 옮김, 커뮤니케이션 북스, 2012.

로라 멀비, 『1초에 24번의 죽음』, 이기형, 이찬욱 옮김, 현실문화, 2007.

전주국제영화제 편, 『페드로 코스타』, 전주국제영화제 JIFF 2010 총서, 2010.

정한석, 『지아장커: 제 14회 부산국제영화제 마스터클래스』, 동서대학교 임권택영화연구소, 2010.

질 들뢰즈, 『시네마 2 - 시간-이미지』, 이정하 옮김, 시각과언어, 2005.

하스미 시게히코, 『영화의 맨살: 하스미 시게히코 영화비평선』, 박창학 옮김, 이모션북스, 2015.

Bazin, André, *What is Cinema? Vol. 1*, trans. Hugh Gray, Berkeley, CA: University of California Press, 2004.

de Luca, Tiago and Nuno Barradas Jorge (eds.) *Slow Cinema*, Edinburgh, UK: Edinburge University Press, 2016.

Jaffe, Ira, *Slow Movies: Countering the Cinema of Action*, New York: Wallflower Press, 2014.

Rosen, Philip, *Change Mummified: Cinema, Historicity, Theory*, Minneapolis, MN: University of Minnesota Press, 2001.

Rushton, Richard, *The Reality of Film: Theories of Filmic Reality*, Manchester, UK: Manchester University Press, 2011.

Russell, Catherine, *Experimental Ethnography: The Work of Film in the Age of Video*, Durham, NC: Duke University Press, 1999

〈논문〉

최수임, 「차이밍량 '행자' 시리즈에서의 시간에 관한 고찰 – '느린 영화'의 관점에서」, 『씨네포럼』 23호 (2016), 247-274쪽.

Andersen, Thom, "Painting in the Shadow (2007)," in S*low Writing: Thom Andersen on Cinema*, London: The Visible Press, 2017, 148-155.

Bellour, Ramond, "The Pensive Spectator", *Wide Angle*, vol. 3, no. 4 (1984), 6-10.

Chan, Andrew, "Interview with Jia Zhangke," *Film Comment*, March/April 2009, https://nwfilmforum.wordpress.com/2009/03/08/an-interview-with-jia-zhangke/ (2017년 10월 1일 접근).

Flanagan, Matthew, "'Slow Cinema': Temporality and Style in Contemporary Art and Experimental Film," unpublished PhD thesis, Universit of Exeter, 2012.

Gunning, Tom, "What's the Point of Index, or Faking Photographs," *Nordicom Review*, vol. 25, nos. 1-2 (September 2004), 39-49.

James, Nick, "Passive-Aggressive," *Signt & Sound*, vol. 20, no. 4 (2010), 5.

Jorge, Nuno Barradas, "Living Daily, Working Slowly: Pedro Costa's *In Vanda's Room*," in *Slow Cinema*, 69-179.

Margulies, Ivone, "Bodies Too Much," in *Rites of Realism: Essays on Corporeal Cinema*, ed. Ivone Margulies, Durham, NC: Duke University Press, 2002, 1-23.

Mello, Cecilia, "If These Walls Could Speak: From Slowness to Stillness in the Cinema of Jia Zhangke, *Slow Cinema*, 137-152.

Morgan, Daniel, "Rethinking Bazin: Ontology and Realist Aesthetics," *Critical Inquiry*, no. 32 (Spring 2006), 443-481.

Nagib, Lúcia, "The Politics of Slowness and the Traps of Modernity," in *Slow Cinema*, 25-47.

Neyrat, Cyril, "Rooms for the Living and the Dead," booklet for *Letters from Fontainhas: Three Films by Pedro Costa* (Criterion Collection, 2014), 10-17.

Pantenburg, Volker, "Realism, not Reality: Pedro Costa's Digital Testimonies," *Afterall: A Journal of Art, Context and Enquiry* 24 (Summer 2010), 54-61.

Purse, Lisa, "Working Space: Gravity (Alfonso Cuarón 2013) and the Digital Long Take," in *Long Take: Critical Approaches*, eds. John Gibbs and Douglas Pye, London: Palgrave Macmillan, 2017, 221-238.

Rancière, Jacques, "The Politics of Pedro Costa," booklet accompanying the Pedro Costa retrospective at Tate Modern (25 September - 4 October 2009).

Romney, Jonathan, "In Search of Lost Time," *Signt & Sound*, vol. 20, no. 2 (2010), 43-44.

Zhen Zhang, "Bearing Witness: Chinese Urban Cinema in the Era of "Transformation"(Zhuanxing)," in *Chinese Cinema and Society at the Turn of the Twenty-First Century*, ed. Zhen Zhang, Durham, NC: Duke University Press, 2007, 1-45.

〈잡지 및 인터넷 자료〉

정성일, 「지아 장커의 〈스틸 라이프〉」, 『씨네21』, 2006.11.3., http://www.cine21. com/news/view/?mag_id=42355 (2017년 10월 10일 접근).

Bordwell, David, and Kristin Thompson, "Good and Good for You," *Observations on Film Art* [online blog], http://www.davidbordwell. net/blog/2011/07/10/good-and-good-for-you (2017년 10월 15일 접근).

Ciment, Michel, "The State of Cinema," address speech at the 46th San Francisco International Film Festival, online at http://unspokencine ma.blogspot.kr/2006/10/state-of-cinema-m-ciment.html(2017년 10월 1일 접근).

Koehler, Robert, "Agrarian Utopias/Dystopias: The New Nonfiction," *Cinema Scope* 40 (2009), http://cinema-scope.com/features/features- agrarian-utopiasdystopias-the-new-nonfiction (2017년 10월 10일 접근).

Gottlieb, Akiva, "A Cinema of Refusal: On Pedro Costa," *The Nation*, August 30/September 6, 2010, https://www.thenation.com/article/

cinema-refusal-pedro-costa (2017년 10월 15일 접근).

Shaviro, Steven, "Slow Cinema Vs Fast Films," *The Pinocchio Theory*, May 12, 2010, http://www.shaviro.com/Blog/?p=891 (2017년 10월 1일 접근).

4장

〈단행본〉

데이비드 보드웰, 『영화 스타일의 역사』, 김숙, 안현신, 최경주 옮김, 한울, 2002.

로버트 스탬, 『영화이론』, 김병철 옮김, K-books, 2012.

정헌, 『영화기술역사』, 커뮤니케이션북스, 2013.

Abel, Richard, *The Ciné Goes to Town: French Cinema, 1896-1914*, Berkeley, CA: University of California Press, 1998.

Altman, Rick, *Silent Film Sound*, New York: Columbia University Press, 2004.

Bordwell, David, Janet Staiger and Kristin Thompson, *The Classical Hollywood Cinema: Film Style and Mode of Production to 1960*, New York: Routledge, 1985.

Burch, Noël, *Life to Those Shadows*, trans. and ed. Ben Brewster, Berkeley, CA: University of California Press, 1990

Gaines, Jane M., *Pink-Slipped: What Happened to Women in the Silent Film Industries?*, Champagne, IL: University of Illinois Press, 2018.

Guy-Blaché, Alice, T*he Memoirs of Alice Guy-Blaché*, trans. and eds. Roberta and Simone Blaché, New York: Scarecrow Press, 1996.

Kittler, Friedrich A., *Optical Media: Berlin Lectures 1999*, trans. Anthony Enns, Cambridge UK: Polity Press, 2010.

McMahan, Alison, *Alice Guy-Blaché: Lost Visionary Cinema*, New York and London: Continuum, 2002.

Simon, Joan (ed.), *Alice Guy-Blaché: Cinema Pioneer*, New Haven, CT: Yale University Press, 2009.

〈논문〉

Gaines, Jane M., "Of Cabbages and Authors," in A *Feminist Reader in Early cinema*, ed. Jennifer M. Bean and Diane Negra, Duke University Press, 2002, 88-118.

Gunning, Tom, "Applying Color: Creating Fantasy of Cinema," in *Fantasia of Color in Early Cinema*, eds., Tom Gunning, Joshua Yumibe, Giovanna Fosssati, and Jonathon Rosen, Amsterdam: Amsterdam University Press, 2015, 17-28.

Gunning, Tom, "D. W. Griffith: Historical Figure, Film Director, and Ideological Shadow,"in *Film and Authorship*, ed. Virginia Wright Wexman, New Brunswick, NJ: Rutgers University Press, 2003, pp. 181-193.

Hastie, Amelie, "Circuits of Memory and History: The Memoirs of Alice Guy Blaché,"in *A Feminist Reader in Early cinema*, 29-59.

King, Norman, "The Sound of Silents," in *Silent Film*, ed. Richard Abel, New Brunswick, NJ: Rutgers University Press, 1996, 31-44.

Musser, Charles, "Pre-classical American Cinema: Its Changing Modes of Film Production," in *Silent Film*, 85-108.

O' Brien, Charles, "Motion Picture Color and Pathè-Freres: The Aesthetic Consequences of Industrialization," in A *Companion to Early Cinema*, eds. Andre Gaudreault, Nicolas Dulac, and Santiago Hidalgo, Oxford, UK: Wiley-Blackwell, 2012, 298-313.

Williams, Alan, "Historical and Theoretical Issues in the Coming of Recorded Sound to the Cinema," in *Sound Theory, Sound Practice*, ed. Rick Altman, New York: Routeldge, 1992, 126-137.

〈신문, 잡지, 영화 및 기타〉

조혜영, "프랑스 여성영화 120년, 1896-2016 - 알리스 기 블라쉐에서 뉴 제너레이션까지", 2016 서울국제여성영화제 프로그램 노트, http://iwffis.tistory.com/ 715 2016/12/17 (2017년 2월 1일 접근).

Gaumont Treasures: 1897-1913 (Kino Lorber Film, DVD, 2009)

Marquise Lepage, 〈잃어버린 정원: 알리스 기-블라쉐의 삶과 영화 (The Lost Garden: The Life and Cinema of Alice Guy-Blaché, Canada, 1995)〉

Pamela B. Green, 〈자연스럽게 : 알려지지 않은 알리스 기 블라쉐의 이야기 (Be Natural The Untold Story of Alice Guy-Blaché, USA, 2018)〉

5장

〈단행본〉

데이비드 노먼 로도윅, 『디지털 영화미학』, 정헌 옮김, 커뮤니케이션 북스, 2012

앙드레 바쟁, 『영화란 무엇인가: 영화와 그 밖의 예술들』, 김태희 옮김, Pubple, 2018.

자크 오몽, 『멈추지 않는 눈』, 심은진, 박지회 옮김, 아카넷, 2019.

제퍼슨 클라인 엮음, 『아녜스 바르다의 말』, 오세인 옮김, 마음산책, 2020.

Barnet, Marie-Claire, ed., *Agnès Varda Unlimited: Image, Music, Media*, Modern Humanities Research Association, 2016.

Peucker, Brigitte, *The Material Image: Art and the Real in Film*, Stanford, CA: Stanford University Press, 2007.

Conway, Kelly, *Agnès Varda*, Chicago, IL: University of Illinois Press, 2015.

Cubitt, Sean, *Finite Media: Environmental Implications of Digital Technologies,*, Durham, NC: Duke University Press, 2017.

DeRoo, Rebecca J, *Agnès Varda: Between Film, Photography, and Art*, Berkeley, CA: University of California Press, 2018.

Russell, Catherine, *Archiveology: Walter Benjamin and Archival Film Practice*, Durham, NC: Duke University Press, 2018.

Kline, T. Jefferson ed., *Agnes Varda: Interviews*, University Press of Mississippi. 2015.

〈논문〉

김지훈, 다큐멘터리의 확장된 디스포지티프: 동시대 다큐멘터리 설치작품과 이주 및 재분배 작용, 『영화연구』 제78호 (2018), 5-67쪽.

박제철, 「인터미디어성(Intermediality)을 통한 영화의 특정성(specificity)의 재발명」, 『영상예술연구』 12호 (2008), 113-135쪽.

변재란, 「아녜스 바르다, 여성의 역사, 영화적 실천」, 『순천향 인문과학논총』 38권 2호 (2019), 121-142쪽.

여금미, 「유토피아적 글쓰기로서의 자화상 영화: 아녜스 바르다의 2000년 이후 작품을 중심으로」, 『서강인문논총』 49호 (2017), 154-180쪽.

장미화, 「아녜스 바르다의 디지털 에세이 영화에 나타나는 촉각성, 상호작용성」, 『문학과영상』, 20권 2호 (2019), 321-341쪽.

King, Homay, "Matter, Time, and the Digital: *Varda's The Gleaners and I*," *Quarterly Review of Film and Video*, vol. 24, no. 5(2007): 421-429.

Pethö, Ágnes, "Intermediality as Metalepsis in the "Cinécriture" of Agnès Varda," *Acta Universitatis Sapientiae, Film and Media Studies*, no. 3 (2010), 69-94.

Spielmann, Yvonne, "Intermedia in Electric Images", *Leonardo*, vol. 34, no. 1 (2001), 55-61.

⟨신문, 잡지 및 인터넷 자료⟩

Cine-tamaris 홈페이지, https://www.cine-tamaris.fr/ (2020년 5월 15일 접근).

갤러리 나탈리 오비디아 홈페이지, https://www.nathalieobadia.com/show.php?show_id=3604&showpress=1&language=2&p=1&g=3 (2020년 5월 15일 접근).

카르티에 현대미술재단 홈페이지, https://www.fondationcartier.com/en/exhibitions/agnes-varda-lile-et-elle (2020년 5월 15일 접근).

이나라, 「다큐멘터리스트, 아녜스 바르다」, 『다큐멘터리 매거진 DOCKING』, 2019.9.23. http://dockingmagazine.com/contents/16/115 (2020년 5월 27일 접근).

장 미셸 프로동, 『슬레이트』 프랑스판 2019.3.30. (『필로 8』 2019년 5.6월호 번역 게재)

6장

⟨단행본⟩

고현철, 『영화서술학과 영화의 유형학』, 부산대학교 출판부, 2014.

월트 휘트먼, 『밤의 해변에서 혼자』, 황유원 옮김, 인다, 2019.

장 루이 셰페르 지음, 『영화를 보러 다니는 평범한 남자』, 김이석 옮김, 이모션북스, 2020

질 들뢰즈, 『시네마 I 운동-이미지』, 유진상 옮김, 시각과 언어, 2002.

Bordwell, David, *The Way Hollywood Tells It: Story and Style in Modern*

Movies, Berkeley, CA: University of California Press, 2006.

Bordwell, David, Janet Staiger and Kristin Thomson, *The Classical Hollywood Cinema: Film Style and the Mode of Production to 1960*, New York: Routledge, 1985.

Cameron, Allan, *Modular Narratives in Contemporary Cinema*, London: Palgrave Macmillan, 2008.

〈논문〉

고현철, 「홍상수 〈우리 선희〉의 영화서술학적 연구」, 『아시아영화연구』, 7권 1호 (2014), 5-24쪽.

조혜정, 「"생활의 발견" 혹은 "일상의 정신병리학":홍상수 영화세계의 주제의식 및 영화적 전략 고찰」, 『비교한국학』 20권 1호 (2012), 113-144쪽.

김수남, 「초창기 홍상수 영화의 서사방식에 대한 논의: 구조주의 영화의 관점에서」, 『영상예술연구』 20호 (2012), 9-33쪽.

김이석 · 김병철, 「홍상수 영화의 시각적 스타일 연구-〈극장전〉을 중심으로」, 『인문과학연구』 65호 (2020), 245-268쪽.

김지훈, 「실재와 상투구들의 힘: 〈강원도의 힘〉과 탈현대 모더니즘」, 『강원도의 힘』, 연세대학교 미디어아트연구소 편, 2003, 117-138쪽.

김호영, 「홍상수의 초기 영화에 나타난 표면의 미학」, 『기호학연구』, 22권 1호 (2007), 433-461쪽.

문관규, 「홍상수 영화에 재현된 초현실주의 기법과 꿈 시퀀스 분석」, 『영화연구』 51호 (2012), 119-146쪽.

문영희, 「산책자가 여자를 만났을 때: 〈여자는 남자의 미래다〉 깊이 읽기」, 『영화언어』, 2004 여름/가을호, 90-105쪽.

이선주, 「죽어가는 자의 고독'을 넘어서: 〈누구의 딸도 아닌 해원〉의 에세이 영화적 특징들에 대하여」, 『현대영화연구』 10권 1호 (2014), 11-29쪽.

이왕주, 「들뢰즈 극장의 홍상수」, 『철학연구』, 117집 (2011), 249-273쪽.

이지현, 「〈지금은 맞고 그때는 틀리다〉의 반복된 시간」, 『현대영화연구』 12권 1호 (2016), 7-36쪽.

장병원, 「홍상수 내러티브의 비조화 패턴 연구」, 중앙대학교 첨단영상대학원 박사논문, 2012.

최수임, 「몸짓의 꿈: 홍상수 영화 〈자유의 언덕〉에서 내레이션과 꿈, 몸짓의 관계에 대한 고찰: 아감벤의 「몸짓에 관한 노트」에 비추어」, 『현대영화연구』, 10권 3호

(2014), 241-267쪽.

Berg, Charles Ramires, "A Taxonomy of Alternative Plots in Recent Films: Classifying the "Tarantino effect"." *Film Criticism*, vol. 31, nos. 1-2 (2006): 5-61.

Bordwell, David, "Beyond Asian Minmalism: Hong Sang Soo's Geometry Lesson," in *Hong Sang Soo*, ed. Huh Moonyung, Seoul: Korean Film Council, 2007, 19-29.

Bordwell, David, "Film Futures." *Substance*, no. 97 (2002): 88-100.

Branigan, Edward, "Nearly True: Forking Plots, Forking Interpretations," *Substance*, no. 97(2002): 105-114.

Buckland, Warren, "Introduction: Puzzle Plots." Puzzle Films: Complex Storytelling in Contemporary Cinema, ed. Warren Buckland, West Sussex, UK: Wiley-Blackwell, 2009, 1-12.

Deutelbaum, Marshall, "Reversibility as Structuring Principle in Hong Sang-soo's *Turning Gate*," *New Review of Film and Television Studies*, vol. 12, no. 1 (2014): 60-65.

_____, "A Closer Look at the Structure of Hong Sangsoo's *Hahaha*," *Asian Cinema*, vol. 23, no. 2 (2012): 157-166.

_____, "The Pragmatic Poetics of Hong Sangsoo's *The Day a Pig Fell into a Well*," in *Puzzle Films*, 203-216.

Elsaesser, Thomas, "The Mind-Game Film," in *Puzzle Films*, 13-41.

Panek, Elliot, "The Poet and the Detective: Defining the Psychological Puzzle Film," *Film Criticism*, vol. 31, nos. 1-2 (2006): 62-88.

Raymond, Marc, "Hong Sang-soo and the Film Essay," *New Review of Film and Television Studies*, vol. 12, no. 1(2014): 22-36.

〈잡지 및 계간지, 인터넷 사이트〉

김병규, 「홍상수 감독의 전작들과 다르다 … '도망친 여자'가 멈추는 곳은 어디인가?」, 『씨네21』, 2020년 9월 29일, http://www.cine21.com/news/view/?mag_id=96236 (2021년 2월 1일 접근).

김영진, 「〈밤의 해변에서 혼자〉 그리고 〈싱글라이더〉와 〈재심〉」, 『씨네21』, 2017년 4월 11일 http://www.cine21.com/news/view/?mag_id=86903 (2021년 2

월 1일 접근).

박인호, 「홍상수의 삼면화", 〈도망친 여자〉 속 감희의 초상에 대하여」, 『FILO』, no. 16(2020년 9-10월), 22-38쪽.

박은영, 「보드웰, 홍상수를 만나다」, 『씨네21』, 2002년 12월14일 http://www.cine21. com/news/view/?mag_id=15813 (2021년 1월 29일 접근).

유운성, 「어떻게 밖으로 나갈 것인가: 홍상수의 〈풀잎들〉과 한국영화라는 문제」, 『현대비평』제 3호, 2020.6.30., http://annual-parallax.blogspot.com/2020/11/blog-post.html (2021년 1월 25일 접근).

남다은, 박인호, 이후경, 정한석, 허문영, 「"그 바닷물의 흐름을 찍을 때도 좋아했습니다": 〈도망친 여자〉 홍상수 감독 인터뷰」, 『FILO』, no. 16(2020년 9-10월), 8-21쪽.

Bordwell, David, "Lessons from BABEL," David Bordwell's Blog, November 27, 2006, http://www.davidbordwell.net/blog/2006/11/27/lessons-from-babel/(2021년 2월 1일 접근).

7장

〈단행본〉

데이비드 보드웰, 크리스틴 톰슨, 『세계영화사 I: 영화의 발명에서 무성영화까지』, 주진숙, 이용관 옮김, 시각과언어, 2000.

Jenkins, Henry, Sam Ford, and Joshua Green. *Spreadable Media: Creating Value and Meaning in a Networked Culture*. New York: NYU Press, 2013.

Jacobs, Steven, Eva Hielscher, and Anthony Kinik, eds. *The City Symphony Phenomenon: Cinema, Art, and Urban Modernity Between the Wars*. New York: Routledge, 2019.

Marcus, Laura. *Dreams of Modernity: Psychoanalysis, Literature, Cinema*. New York: Cambridge University Press, 2014.

빌 니콜스, 『다큐멘터리 입문』, 이선화 옮김, 한울, 2012.

Shirky, Clay, *Here Comes Everybody: The Power of Organizing without Organization*. New York: Penguin Books, 2008.

〈논문〉

김지현, 「디지털 담론이 매개하는 영화 민주주의에 대한 비판적 고찰: 〈라이프 인 어 데이〉와 〈지구에서의 하루〉에 나타난 참여 메커니즘 비교를 중심으로」, 『영상예술연구』 20호 (2012), 163-198쪽.

윤학로, 「장 비고와 도시교향곡 - 〈니스에 관하여〉 소고」, 『인문언어』 11권 2호 (2009), 209-226쪽.

함충범, 「1920년대 '도시교향곡 영화'에 나타난 테크놀로지의 유토피아적 표상」, 『사회과학연구』, 26권 1호 (2018), 118-150쪽.

차민철, 「트랜스미디어 콘텐츠-플랫폼으로서의 인터랙티브 다큐멘터리」, 『문학과영상』 19권 1호 (2018), 93-124쪽.

Boczkowska, Kornelia. "From Master Narratives to DIY Stories: On the Post-digital Sublime and Database Documentary in Two City Symphony Films." *Studies in Documentary Film*, 2019, https://doi.org/10.1080/17503280.2019.1696147 (2020년 6월 20일 접근).

Brabham, Daren C. "Crowdsourcing as a Model for Problem Solving: An Introduction and Cases," *Convergence*, vol, 14, no. 1 (2008), 75-90.

Gaudenzi, Sandra. "Strategies of Participation: The Who, what and When of Collaborative Documentaries," In *New Documentary Ecologies: Emerging Platforms, Practices and Discourse*, eeds. Kate Nash Craig Hight, Catherine Summerhayes, New York: Palgrave Macmillan, 2014, 129-148.

Graf, Alexander. "Paris-Berlin-Moscow: On the Montage Aesthetic in the City Symphony Films of the 1920s," In *Avant-garde Film*, eds. Alexander Graf and Dietrich Scheunemann, New York: Rodopi, 2007, 77-91.

Jovanovic, Nenad. "Life in a Day: Ideology of Form, Form of Ideology", *Studies in Documentary Film*, vol. 10, no. 1 (2016), 37-52.

McIntosh, Heather. "Producing The Crowdsourced Documentary: The Implications of Storytelling and Technology," in *Contemporary Documentary*, eds. Daniel Marcus and Selmin Kara, New York: Routledge, 2015, 57-71.

〈잡지 및 인터넷 웹사이트〉

김성훈, 「서울의 활력을 '유머러스하게' 담았다」, 『씨네21』, 2014.1.23., http://m.cine21.
　　　com/news/view/?mag_id=75725 (2020년 6월 10일 접근).

서울시청, 보도자료 「글로벌 시민이 함께한 서울 영화 '고진감래' 11일 공개」, 2014.
　　　2.13. https://www.seoul.go.kr/news/news_report.do#view/18903?tr_
　　　code=snews (2020년 6월 20일 접근).

〈고진감래〉 공식 유튜브 채널, https://www.youtube.com/user/seoulourmovie
　　　(2020년 6월 20일 접근).

〈고진감래〉 공식 유튜브 영문 채널, "Seoul, Our Movie_Guideline for Uploading
　　　Video #1–#3," https://www.youtube.com/watch?v=9976DGtc1zk
　　　(2020년 6월 20일 접근).

1장 「아날로그 비디오의 시간, 공간, 관람성-하네케와 고다르 영화에서의 반영성을 중심으로」, 『현대영화연구』 13권 2호 (2017), 103-136쪽.

2장 「포스트-시네마 시대의 노스탤지어 영화-디지털 시각효과와 필름 영화의 향수」, 『현대영화연구』 14권 3호 (2018), 55-87쪽.

3장 「디지털 슬로우 시네마: 페드로 코스타와 지아 장커의 경우」, 『한국예술연구』 19호 (2018), 51-72쪽.

4장 「알리스 기(Alice Guy)의 '기술적 작가성': 고몽(Gaumont) 시기 작품들의 시각적 스타일과 사운드 실험을 중심으로」, 『영화연구』 72호 (2017), 165-198쪽.

5장 「아녜스 바르다의 21세기 작품에서의 씨네크뤼튀르와 상호미디어성」, 『인문사회21』 11권 3호 (2020), 1921-1936쪽.

6장 「'도망치는 영화', 혹은 비가시적 세계의 확장 : 홍상수의 복잡성 내러티브 영화의 진화」, 『아시아영화연구』 14권 1호 (2021), 279-311쪽.

7장 「디지털 도시교향곡과 다성적 몽타주: 크라우드소스 다큐멘터리 〈고진감래〉」, 『한국예술연구』 29호 (2020), 297-318쪽.